幼儿园课程资源丛书

幼儿园音乐教育资源　律动

许卓娅　主编

人民教育出版社
·北京·

图书在版编目（CIP）数据

幼儿园音乐教育资源. 律动 / 许卓娅主编. —北京：人民教育出版社，2018.8（2020.6重印）
（幼儿园课程资源丛书）
ISBN 978-7-107-31524-4

Ⅰ. ①幼… Ⅱ. ①许… Ⅲ. ①音乐课—学前教育—教学参考资料 Ⅳ. ①G613.5

中国版本图书馆 CIP 数据核字（2018）第 209048 号

幼儿园课程资源丛书 幼儿园音乐教育资源 律动
责任编辑 焦 艳 向 导 王迎兰
装帧设计 房海莹

出版发行 人民教育出版社
（北京市海淀区中关村南大街 17 号院 1 号楼 邮编：100081）
网 址 http://www.pep.com.cn
经 销 全国新华书店
印 刷 保定市中画美凯印刷有限公司
版 次 2018 年 8 月第 1 版
印 次 2020 年 6 月第 3 次印刷
开 本 787 毫米×1 092 毫米 1/16
印 张 18
字 数 380 千字
印 数 6 001～12 000 册
定 价 38.00 元

幼儿园课程资源丛书

幼儿园健康教育资源　健康生活

幼儿园健康教育资源　体育活动

幼儿园语言教育资源

幼儿园社会教育资源

幼儿园科学教育资源

幼儿园数学教育资源　上册

幼儿园数学教育资源　下册

幼儿园音乐教育资源　唱歌

幼儿园音乐教育资源　律动

幼儿园音乐教育资源　打击乐

幼儿园美术教育资源　绘画

幼儿园课程资源丛书编写委员会

主任委员 邹海燕 刘雅琴

副主任委员 焦 艳 秦光兰

编　　委（按姓氏音序排列）

陈伊丽 刘峰峰 刘 丽 刘 馨 刘占兰

向 导 许卓娅 张 帆 张慧和 张念芸

周 菲 周 兢

出版说明

自20世纪80年代以来，尤其是在贯彻《幼儿园工作规程（试行）》的过程中，我国学前教育界就开始了全面改革，儿童观和教育观发生了深刻变化。教育者开始重新认识幼儿身心发展的规律和需求，认识儿童学习和发展的特点。在教育理念发生深刻变化的同时，幼儿园课程和教学的研究也在深入。幼儿园教育实践开始打破以往以学科逻辑为中心的分科课程模式，尝试围绕幼儿的经验和活动组织课程。各种课程模式、教育方案在幼儿园教育实践中应运而生，诸如领域课程、单元主题课程、整合课程、多元智能课程、项目活动或方案教学等。许多地方根据自己的实践，编写了多种课程用书。

为规范和引领幼儿园教育实践，2001年，教育部颁布了《幼儿园教育指导纲要（试行）》（以下简称《纲要》），对幼儿园教育的内容与要求、组织与实施、教育评价、教师角色和要求都做出了规定；2012年，教育部颁布《3—6岁儿童学习与发展指南》（以下简称《指南》），分五大领域提出了幼儿学习与发展的目标、各年龄阶段的典型表现及相应的教育建议。

《纲要》和《指南》为幼儿园课程与教学提供了明确的方向和指引。在实践中，教师需要根据幼儿的学习、发展特点和教育实际，以一种课程模式为主体，选取和组合丰富的教育资源，生成和发展课程。课程资源对教师的课程实施、教学设计起到十分重要的作用。

为了满足广大幼儿园教师对新型幼儿园课程资源的需求，我社课程教材研究所学前教育课程教材研究开发中心承担了中国教育学会“十二五”教育科研规划重点课题“幼儿园课程资源建设研究”，组织我国学前教育领域的有关专家学者、幼儿园园长和骨干教师，根据《纲要》和《指南》的精神，开展了幼儿园课程资源的理论与实践研究。本研究围绕如何开发教师的创新能力，引导教师以适宜的材料和方式去教育和指导幼儿，促进幼儿园的有效教学，促成幼儿的良好发展而进行，希望能够开发出一套既能突出教师在课程开发中的主体作用，又能够保证幼儿主动学习的课程资源，支持教师在教学实际中，根据幼儿发展和学习的需要，创设环境、设计活动，引导幼儿主动学习。

现在呈现给大家的“幼儿园课程资源丛书”正是上述研究的结晶。本丛书概括起来有以下几个主要特点。

1. 课程资源涵盖幼儿发展的各个方面

本套丛书涵盖幼儿园健康教育、语言教育、社会教育、科学教育和艺术教育五个领域，并围绕《纲要》和《指南》的内容组织资源素材。根据幼儿园的现实教学情况，为方便教学，我们将科学领域的内容划分为科学和数学两大部分，将艺术领域的内容划分为美术和音乐两大部分，并分别单独成书。

2. 不拘于课程模式，教师可灵活选用

本套丛书根据教师完成教育任务的需求，提供可适用于多种课程模式的教育素材，其中包括不同年龄班幼儿在不同学习领域的关键经验、基本教学内容和指导要点，大量的教育活动和游戏活动实例，丰富的素材，如诗歌、故事、绘画作品、手工作品、歌曲、舞蹈和小知识等，以及相关的幼儿操作材料和配套产品。在提供素材的同时，给予相关的教学提示，包括教师在组织相关教育活动时，如何创设环境、提供材料，如何设计教育活动实施步骤，如何指导幼儿探索等。

作为幼儿园最基本的课程资源，本套丛书适用于各种课程模式，无论是分领域教学还是综合教学，或其他各种课程模式的教学，都可以灵活选用，从而将过去那种固定搭配的教案改变为一系列备选的素材，同时对教师提出多种组织教育活动的建议。这样不仅有利于教师自主开展教育活动，而且可以使幼儿获得更有效的发展。

3. 实用性和操作性强

本套丛书为教师提供了教学时可供选择的多种教育活动方案、相关资源与操作材料。不仅包括文本形式，还提供了多媒体资源、幼儿操作材料、工具包等，在为幼儿提供大量动手动脑机会的同时，也可以减轻教师制作教具和学具的负担。

本套丛书得到中国教育科学研究院、北京师范大学、华东师范大学、南京师范大学、首都师范大学、北京市教育科学研究院、南京高等幼儿师范学校的有关专家、教师以及众多幼儿园的参与和支持，在此表示诚挚的感谢！

衷心希望广大读者在使用过程中提出宝贵的意见，以使本套丛书更臻完善和实用。

幼儿园课程资源丛书编写委员会
2017年4月

编写说明

近年来，教育部颁布了《幼儿园教育指导纲要（试行）》（以下简称《纲要》）和《3—6岁儿童学习与发展指南》（以下简称《指南》）等重要政策文件。在落实《纲要》和《指南》的过程中，幼儿教育工作者越来越认识到，为促进幼儿科学、健康的发展，需要大量结构松散的课程资源的支撑。这些课程资源不仅可以使幼儿教育活动更加丰富多彩，而且有助于教师与幼儿在活动中生成具有发展适宜性的课程内容，逐渐形成适合本地、本园幼儿特点的课程内容。

艺术教育作为幼儿园五大领域教育内容之一，其重要的价值已为人们广泛认知。艺术作为人类感受美、表现美和创造美的重要形式，是实施美育的重要途径，它对支持儿童富有个性和创造性的表达，促进儿童健全人格的发展起着至关重要的作用。幼儿园音乐教育就是艺术教育中通过音乐活动进行的审美教育过程，音乐既是教育的手段，又是教育的基本内容。

音乐堪称“人类的第二语言”，人们的生活离不开音乐，幼儿的成长也同样需要音乐的滋养。《指南》将幼儿艺术领域的学习与发展划分为感受与欣赏、表现和创造两个方面，对音乐的欣赏、表现以及创造性地表达是幼儿各个年龄阶段的重要目标。从最初的喜欢听、喜欢看，到愿意模仿、愿意参与；从节奏单一、内容简单的唱歌，到动作协调、手脑并用的律动；从组织有序、队形复杂的集体舞蹈，到即兴乐器伴奏、创造性歌舞表演……丰富多样的内容和形式使得音乐教育成为幼儿园艺术领域的重要组成部分，使得教育实践者愿倾其全力去探索、研究。

《幼儿园音乐教育资源》是一套幼儿园音乐教育活动集萃。它由南京师范大学许卓娅教授带领的幼儿园音乐教育的研究者们，精心设计、全力打造。编者根据幼儿年龄特点和集体活动需求，分类精选了优秀的原创活动和经典的幼儿园音乐教育活动，编辑成册，展现传承与创新、经典与现代的结合，希望这些优秀的活动能够成为幼儿园教师案头的“金库”，成为孩子们的乐享活动。

《幼儿园音乐教育资源》包含唱歌、律动、打击乐三册，选用了大量根据古今中外的优秀歌曲、乐曲设计的活动。每一册按小班、中班、大班的顺序排列，精选了60～100个活动。同一年龄班的活动安排按照由近及远、由易到难的顺序来安排，主题相同、乐曲相同的活动安排在一起，便于幼儿园教师在使用过程中进行对比、研究，生成新的园本活动。活动设计结合音乐特点和幼儿的年龄特点，并根据活动需要提供教学图片、图谱、游戏方法、动作参考，便于教师参考使用。

感谢许卓娅教授带领的幼儿园音乐教育的研究团队，感谢所有参与此次编写工作的全国各地的幼儿园教师、教研人员，感谢你们对幼儿园音乐教育的执着与热情；感谢人民教育出版社学前教育编辑室所有审稿老师对书稿的中肯建议。因为大家的通力合作，书稿才得以与广大幼儿园教育工作者见面。

本书选用了大量优秀的音乐作品，得到了作者们的大力支持。在此，我们深表谢意。但是，由于有些作品的作者姓名与地址不详，暂时无法取得联系，恳请这些作品的词曲作者尽快与我们联系，以便做出妥善处理。

编　者

2017年7月

目录

小 班

中　班

大 班

小　班

跟着妈妈走走

歌曲

跟着妈妈走走

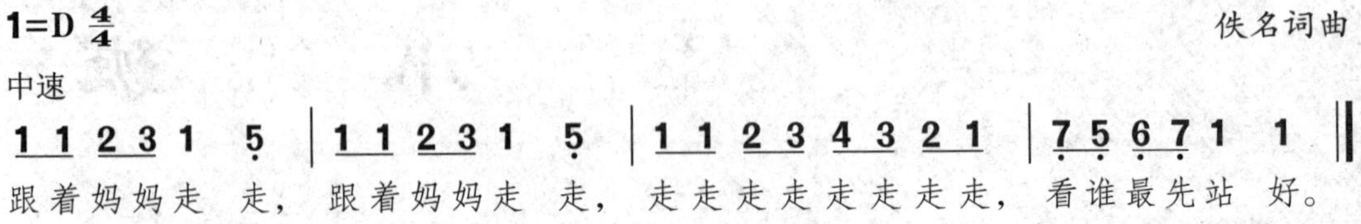

1=D $\frac{4}{4}$　　　　　　　　佚名词曲

中速

1 1 2 3 1　5̣ | 1 1 2 3 1　5̣ | 1 1 2 3 4 3 2 1 | 7̣ 5̣ 6̣ 7̣ 1　1 ‖

跟着妈妈走　走，跟着妈妈走　走，走走走走走走走走，看谁最先站　好。

活动分析

歌曲《跟着妈妈走走》旋律简单、节奏平稳，适合小班幼儿开展韵律活动时使用。在活动中，幼儿根据歌词，合拍地做出相应的游戏动作，并在熟悉旋律的基础上，尝试看图填词，即兴做出新的游戏动作。

活动准备

幼儿点鼻子、拍手、扭动、跑步的图片；在场地上贴出或画出一个大圆。

活动过程

1. 初步感知歌曲

（1）教师清唱歌曲，请幼儿欣赏。

（2）教师提问：歌曲中，小朋友跟着妈妈做了什么呀？帮助幼儿理解歌曲内容。

2. 跟着音乐做动作

教师播放歌曲，请幼儿跟随音乐摆动胳膊：请你们坐在座位上，摆动胳膊，跟着妈妈一起走走。

3. 伴随音乐走圆圈

（1）教师带领幼儿认识地上的大圆，在圈上一个跟着一个走。

（2）幼儿跟着教师按音乐节奏走，在音乐结束时停下来。

（3）幼儿学会一个跟着一个走以后，教师可以提出连续走的要求：我们要一个接着一个地走，不要断开哦！

4. 看图填词，即兴游戏

（1）教师提问，请幼儿说一说：除了可以跟着妈妈走走，还可以跟着妈妈干什么呢？

（2）教师出示图片，引导幼儿尝试跟着妈妈点鼻子、拍拍手、扭一扭、跑一跑。

（3）幼儿散点站立，在音乐的伴随下，根据图片内容做相应的动作。每听一遍歌曲，做一个动作；听下一遍歌曲时，做下一个动作。

教师可指导幼儿根据图片的提示，即兴做出相应的游戏动作。

活动延伸

1. 当幼儿熟悉游戏玩法后，教师可带领幼儿随音乐变换花样走，如沿螺旋线走、沿S形走，也可布置各种情境性的场地，如山洞、隧道等，让幼儿和教师、同伴一起走走。

2. 教师可在音乐角内布置各种路线及动作图片，让幼儿跟着音乐做走、跑、扭等动作。

不要妈妈抱

歌曲

乖孩子

王晨湖词
汪　玲曲

1=C $\frac{2}{4}$

中速

3 3 3 1 | 3 - | 5 5 3 5 | 2 - | 1 1 3 3 |
小鸟自己飞，小马自己跑。我们都是

2 3 1 | 2 1 2 3 | 5 3 ∨ | 2 1 3 2 | 1 - ‖
乖孩子，不要妈妈抱，不要妈妈抱。

走路

陈镒康词
苏勇、王平曲

1=C $\frac{2}{4}$

风趣地

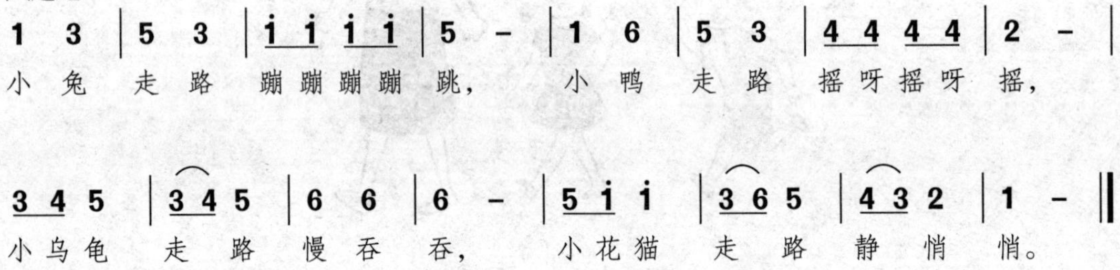

1 3 | 5 3 | 1̇ 1̇ 1̇ 1̇ | 5 - | 1 6 | 5 3 | 4 4 4 4 | 2 - |
小兔走路蹦蹦蹦蹦跳，小鸭走路摇呀摇呀摇，

3 4 5 | 3 4 5 | 6 6 | 6 - | 5 1̇ 1̇ | 3 6 5 | 4 3 2 | 1 - ‖
小乌龟走路慢吞吞，小花猫走路静悄悄。

活动分析

《乖孩子》和《走路》是两首节奏欢快、歌词简单的歌曲，适合刚入园的幼儿学习。教师在幼儿已经熟悉歌曲的基础上，带领幼儿根据歌曲内容愉快地边唱边做动作，让幼儿知道自己长大了，自己的事情自己做，不用妈妈抱，自己走路。幼儿在与教师和同伴的互动中，感受一起做音乐游戏的快乐。

活动准备

与幼儿数量相等的小鸟、小马头饰；幼儿已熟悉歌曲《走路》并能模仿其中提到的动物走路。

活动过程

1. 模仿小动物走路

（1）教师播放歌曲《走路》，带领幼儿边跟唱，边学小兔、小鸭、小乌龟、小猫走路的姿势进入活动室。

（2）幼儿选择自己喜欢的小鸟或小马头饰，扮演相应的动物，并模仿该动物走路的动作。

2. 跟随歌曲《乖孩子》进行身体律动

（1）幼儿听着音乐与教师一起根据歌词进行表演，边唱歌边做身体动作。

根据歌词内容，教师与幼儿一起说一说：小鸟长大了，自己飞；小马长大了，自己跑；小朋友长大了，自己走，不要妈妈抱。

（2）引导幼儿根据歌词做动作。

教师：小鸟怎么飞？谁用动作表演出来？

教师：小马跑起来是什么样的？你们看，老师做得好不好？

教师：可以用什么动作表示小朋友长大了？（两手向上举，将脚踮高）

（3）教师与幼儿一起佩戴小鸟和小马的头饰进行表演。

3. 结束活动

幼儿听着歌曲《走路》的音乐，学小动物走路的姿势走出教室。

活动延伸

离园时，请幼儿把自己喜欢的头饰带回家，第二天来园时戴着头饰扮演小动物，勇敢地自己走到幼儿园。如果幼儿能够高高兴兴地自己走来，教师就在他的入园卡上贴一张小贴画以示鼓励。

快来拍拍

歌曲

快来拍拍

1=C $\frac{2}{4}$ 佚名词曲

有趣地

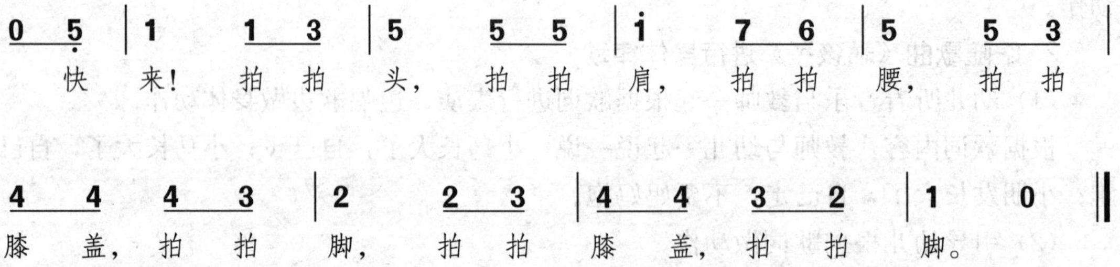

0 5 | 1 1 3 | 5 5 5 | 1 7 6 | 5 5 3 |

快 来！拍 拍 头，拍 拍 肩，拍 拍 腰，拍 拍

4 4 4 3 | 2 2 3 | 4 4 3 2 | 1 0 ‖

膝 盖，拍 拍 脚，拍 拍 膝 盖，拍 拍 脚。

活动分析

歌曲《快来拍拍》节奏欢快，适合小班幼儿随乐合拍地进行动作表演时使用。活动中，教师通过“默唱”的游戏方法，引导幼儿掌握合拍的动作，让幼儿喜欢并愿意随音乐做身体律动。

活动过程

1. 玩拍手游戏

（1）教师伸出双手，做拍手动作，请幼儿说说教师在做什么。

（2）教师：除了拍手，我的双手还会拍身体的什么地方呢？

2. 学习表演唱

（1）教师随歌曲伴奏边朗诵歌词边做相应的动作，然后随乐边唱边做动作。

（2）幼儿学唱歌曲，做动作。

教师：听着音乐，小朋友一定也想做动作了，我们一起来试试吧！

（3）教师指导幼儿将关键动作做到位。

在唱到“来”字时，双臂向前伸直，做一次召唤动作；在唱到“拍拍”时，做两次拍手动作；在唱到“头”“肩”“腰”“膝盖”“脚”时，做一次轻拍该部位的动作。

3. 尝试变化乐曲的速度，玩游戏

（1）教师弹奏歌曲旋律，请幼儿根据琴声速度的变化来变化动作的速度。

教师：音乐想和小朋友玩一个游戏。

教师：我们先来听听，音乐有什么变化？（琴声渐快）

（2）教师启发幼儿说说还可以用什么样的速度演唱和游戏，并试着做一做。（如快、慢、特快、特慢等，注意要在幼儿能跟上的范围内）

4. 加入“默唱”的方法，玩游戏

（1）教师示范游戏玩法，幼儿观察并尝试跟做。

教师：我还会变花样玩这个游戏。

教师：请你仔细看，我是怎么做的？这次玩的游戏和刚才的有什么不同？

教师示范边唱边做动作时，可将“头”“肩”“腰”“膝盖”“脚”中的任意一处处理成默唱（即只做动作，不唱出声），或将“快来”或“拍拍”处理成默唱。

（2）教师和幼儿共同讨论，决定将某一处或某几处歌词处理成默唱，并玩游戏。

5. 两两结伴玩游戏

教师启发幼儿迁移以往经验，两两结伴，边唱歌边轻拍对方身体的相应部位，进一步尝试用身体动作来交流和游戏。

活动延伸

可为每组幼儿准备一张大画纸，让组内一名幼儿躺在纸上，其他幼儿用蜡笔将其轮廓画下来（也可随后贴上五官）。大家共同选择喜欢的颜色，合作涂染名为《这是我》的画，进一步加深幼儿对身体各个部位的认知。

小 手 爬

歌曲

小 手 爬

$1={}^{\flat}B\ \frac{2}{4}$

汪爱丽词曲

中速

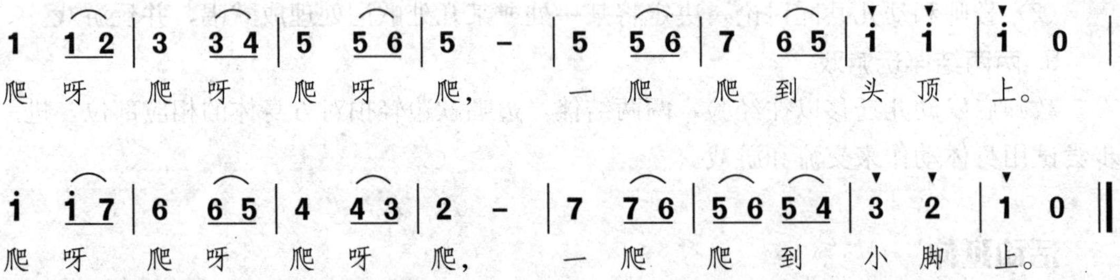

1 1 2 | 3 3 4 | 5 5 6 | 5 - | 5 5 6 | 7 6 5 | $\dot{1}$ $\dot{1}$ | $\dot{1}$ 0 |

爬 呀 爬 呀 爬 呀 爬， 一 爬 爬 到 头 顶 上。

$\dot{1}$ $\dot{1}$ 7 | 6 6 5 | 4 4 3 | 2 - | 7 7 6 | 5 6 5 4 | 3 2 | 1 0 ‖

爬 呀 爬 呀 爬 呀 爬， 一 爬 爬 到 小 脚 上。

活动分析

歌曲《小手爬》通过音乐的上行和下行表现小手爬的动作。活动中，教师引导幼儿在熟悉歌曲，能听出音乐由低到高、由高到低变化的基础上，根据歌词合拍地做小手爬的动作，并尝试创编出小手在身体不同部位爬行的动作，体验小手向上和向下爬的乐趣。

活动过程

1. 谈话，导入活动

教师：我们每人都有一双小手，你们知道小手都能做什么吗？

教师：小手还可以帮助我们在地上爬来爬去呢，你们谁想试试？

幼儿在地上爬来爬去，体会爬的乐趣。

2. 尝试随歌曲做动作

（1）教师演示，幼儿观察、模仿。

教师把自己的身体当作一座大山，演示双手在山上爬的动作，引导幼儿观察、模仿。

教师：你们看看，老师的手在哪儿爬啊？

（2）熟悉歌曲，学做动作。

教师边说歌词，边有节奏地做小手爬的动作。幼儿学唱这首歌，并学习像教师一样，一拍一拍地边唱边做相应的动作。

动作建议：双手从脚背开始，一拍一拍地轮流贴着腿、身体、脸部往上爬，一直爬到头顶上，正好唱完第一句；唱第二句时，双手从头顶开始，一拍一拍地向下爬，唱到最后一个字时，正好爬到双脚的脚背上。

3. 尝试创编双手爬到身体不同部位的动作

（1）教师提问：小手还可以爬到身体的什么地方呢？请幼儿说出身体上、下的任意两个部位。

（2）教师带领幼儿边唱，边做新编的动作，如从双脚脚背开始向上爬到耳朵上，又从耳朵开始向下爬到膝盖上。

（3）教师提问：这个游戏好玩吗？你最喜欢怎样玩？引导幼儿体验小手向上爬和向下爬的乐趣，再次游戏。

活动延伸

引导幼儿学习创编其他的小手爬的动作，可启发幼儿：你的小手还会用其他方法上山、下山吗？（如双手轮流上下跳动、滚动等）

摸摸鼻子拍拍手

歌曲

摸摸鼻子拍拍手

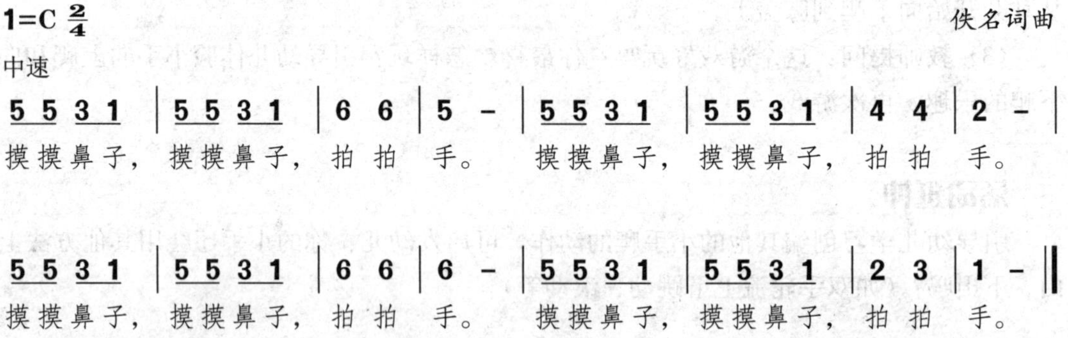

1=C $\frac{2}{4}$　　　　佚名词曲

中速

5 5 3 1 | 5 5 3 1 | 6 6 | 5 - | 5 5 3 1 | 5 5 3 1 | 4 4 | 2 - |
摸 摸 鼻 子， 摸 摸 鼻 子， 拍 拍 手。 摸 摸 鼻 子， 摸 摸 鼻 子， 拍 拍 手。

5 5 3 1 | 5 5 3 1 | 6 6 | 6 - | 5 5 3 1 | 5 5 3 1 | 2 3 | 1 - ‖
摸 摸 鼻 子， 摸 摸 鼻 子， 拍 拍 手。 摸 摸 鼻 子， 摸 摸 鼻 子， 拍 拍 手。

活动分析

歌曲《摸摸鼻子拍拍手》节奏欢快，歌词简单有趣，适合小班幼儿学习。活动中，教师引导幼儿在感知歌曲活泼、有趣的情绪，熟悉歌曲旋律的基础上，尝试按照歌曲的节奏创编简单的新动作并编到歌里唱出来，能够大胆地在集体面前表演，体验与同伴游戏及表演的乐趣。

活动过程

1. 感受歌曲的节奏和旋律

教师播放歌曲，带领幼儿自由律动，提示幼儿用拍手、拍肩的方式，初步感受音乐的节奏和旋律。

2. 熟悉歌词，合拍地做动作

（1）教师有节奏地做摸鼻子、摸鼻子、拍手的动作，鼓励幼儿按节奏说出歌词。

教师：我们刚才做了什么动作？（摸鼻子）还有呢？谁能连起来说？你会有节奏地说吗？一起来学一学！

（2）教师有节奏地做四次摸鼻子、摸鼻子、拍手的动作，提示幼儿有节奏地说出完整的四句歌词。

（3）了解歌曲名称。

教师：刚刚我们做的那些动作，还能变成一首好听的歌，歌的名字就叫《摸摸鼻子拍拍手》。

（4）教师演唱歌曲，幼儿聆听，尝试跟唱并做动作。可重复一两遍。

3. 创编新动作

（1）教师鼓励幼儿想出新动作，并大胆地编到歌里唱出来。

教师：除了摸摸鼻子、拍拍手之外，还能摸哪儿、拍哪儿呢？我们一起来试一试！可以先有节奏地念歌词，再尝试跟音乐，边唱边做动作。

（2）教师请几名幼儿上前，带领大家一起做游戏。

教师：你想带着大家摸摸哪儿，拍拍哪儿？可以怎么说呢？

4. 两人合作游戏

（1）教师引导幼儿每人找一个好朋友，和好朋友一起随音乐做游戏。

教师：你看，我找到好朋友了，你们呢？眼睛看着你的好朋友。

教师：我们和好朋友可以做什么动作呢？可以两个人商量一下。

（2）教师引导幼儿随跟音乐，边唱边互相做动作，如摸对方的鼻子、对拍小手等，感受与同伴游戏及表演的乐趣。

活动延伸

1. 将歌曲投放到活动区，鼓励幼儿自主随乐表演，或自由结伴，合作创编新的动作和歌词，深化学习，感受愉悦。

2. 请家长在家中与幼儿一起玩这个游戏，一方面复习、巩固所学内容，另一方面可增加亲子交流。

找 朋 友

歌曲

找 朋 友

1=D $\frac{4}{4}$

中速

佚 名词
韩德常曲

| 1 1 1 2 | 3 5 5 – | 5 6 5 3 | 2 3 2 – |
| 找 找 找， | 找 朋 友， | 找 到 一 个 | 好 朋 友。 |

| 3 1 1 – | 5 3 2 – | 1 2 3 5 | 2 3 1 – | X – X – ‖
| 敬 个 礼， | 握 握 手， | 你 是 我 的 | 好 朋 友。 | (白)再 见！

活动分析

《找朋友》是幼儿非常熟悉的一首歌谣，适合小班幼儿边唱边做游戏。教师引导幼儿在音乐伴奏下，用自然的声音唱歌，根据歌词做出相应的动作，特别是在唱到“敬个礼”“握握手”时，尝试创编动作表演。在活动中，幼儿愿意被别人邀请，也愿意邀请别人共同跳舞，体验和同伴一起游戏的快乐。

活动准备

幼儿已会唱歌曲《找朋友》。

活动过程

1. 复习歌曲《找朋友》

(1) 教师播放歌曲，请幼儿听一听，说一说这是什么歌。

(2) 教师鼓励幼儿用自然的声音跟着音乐一起唱。

2. 歌表演

(1) 谈话，引导幼儿自由、充分地讲述自己的感受。

教师：你在听这首歌的时候想到了什么？唱的时候想做什么动作？

(2) 请幼儿做一做自己设想的动作，其他幼儿学一学，尝试用动作表现歌曲。

(3) 教师和幼儿一起商定好动作，跟随伴奏边唱边表演。

动作建议如下。

第 1～2 小节：在场地中边走边有节奏地拍手。

第 3～4 小节：找到一个好朋友，两人面对面，有节奏地互相拍手。

第 5 小节：两人互相敬礼，或低头鞠躬。

第 6 小节：两人有节奏地握手。

第 7～8 小节：两人拉着手转一圈。

第 9 小节：两人互相摆手，说“再见”。

（4）表演可进行两三遍。教师鼓励幼儿在每遍结束后互相说“再见”，换不同的朋友，充分体验表演、互动的乐趣。

3. 结束活动

教师：和好朋友一起做游戏，真快乐！现在我们和好朋友一起去喝点水吧！

活动延伸

1. 当幼儿能熟练地进行歌表演后，可增加游戏难度，让幼儿佩戴不同颜色、形状的实物图片标记，去找和自己佩戴同样标记的朋友。

2. 教师可以提供多种图片、可操作的实物材料等，让幼儿观察、分辨物体的异同，会给相关物体“找朋友”（即进行对应匹配）。

碰 一 碰

歌曲

碰 一 碰

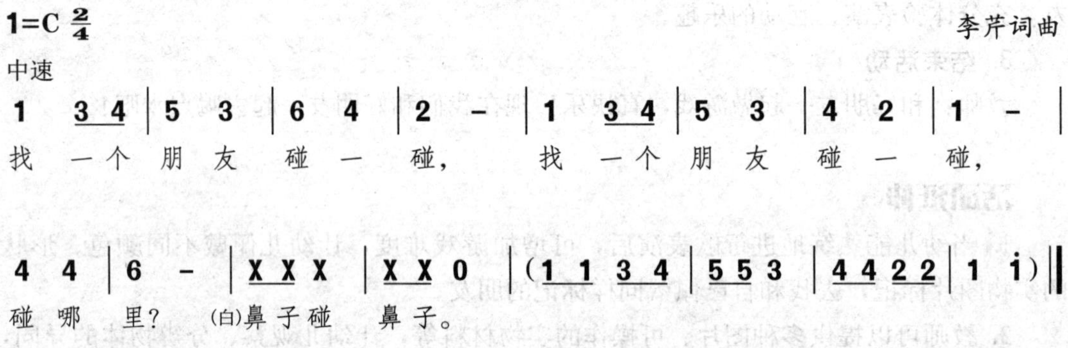

1=C $\frac{2}{4}$

李芹词曲

中速

1 3 4 | 5 3 | 6 4 | 2 - | 1 3 4 | 5 3 | 4 2 | 1 - |
找 一个 朋 友 碰 一 碰， 找 一个 朋 友 碰 一 碰，

4 4 | 6 - | X X X | X X 0 | (1 1 3 4 | 5 5 3 | 4 4 2 2 | 1 $\dot{1}$) ||
碰 哪 里？ (白)鼻 子 碰 鼻 子。

活动分析

《碰一碰》是一首适合小班幼儿进行身体接触游戏的歌曲。活动中，教师引导幼儿在初步学唱歌曲的基础上，根据动作提示，随乐边唱边游戏；在教师的语言提示下，尝试创编不同的身体部位相碰的动作；在尝试用身体动作接触交流时，体验碰一碰的快乐。

活动过程

1. 学习新游戏

（1）教师以游戏的口吻吸引幼儿：你愿意和我做朋友吗？你愿意和我抱一抱吗？

（2）教师将歌词中的“鼻子碰鼻子”替换成“小手碰小手”，边有节奏地说歌词，边邀请幼儿：找一个朋友碰一碰，找一个朋友碰一碰，碰哪里？小手碰小手。

（3）教师带领幼儿随着音乐，边有节奏地说歌词边玩“碰一碰”的游戏，并注意观察，及时表扬能跟说歌词和跟做动作的幼儿。

2. 学唱游戏歌曲

（1）教师范唱歌曲。

教师：我还能把这个游戏的儿歌唱出来呢！怎么唱呢？请你仔细听。

（2）幼儿学唱歌曲。

幼儿跟唱一两遍后，教师带领幼儿一边唱，一边做与歌词对应的游戏动作。

3. 边唱边游戏

（1）教师鼓励幼儿围绕“碰哪里”充分发挥想象力，创编出各种不同的身体相碰的动作（如肩膀碰肩膀，鼻子碰鼻子等）。

教师：想一想，还有什么地方可以碰一碰呢？那我们一起来试一试。

（2）教师鼓励幼儿尽快找到一个好朋友，边随音乐唱歌边做相应的动作，互动游戏。

4. 结束活动

幼儿和自己的好朋友手拉手，唱着歌曲离开场地。

活动延伸

1. 将歌曲作为早操音乐，带领幼儿随乐律动，体验节奏感和与同伴碰触的快乐。

2. 可将儿童的身体结构图投放到科学区，引导幼儿玩科学游戏“碰一碰”。玩法：幼儿自选小手要碰的部位，碰哪里，就打开身体结构图上相应部位的小图，观察小图背面的画面。例如，当小手碰耳朵时，就可将耳朵处的小图打开（画有耳朵的作用），以此来了解自己的身体，丰富相关科学知识。

头发肩膀膝盖脚

歌曲

头发肩膀膝盖脚

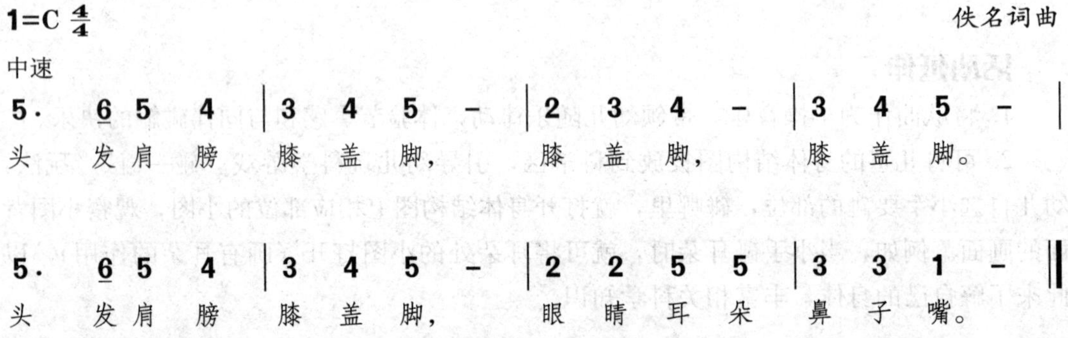

1=C $\frac{4}{4}$ 佚名词曲

中速

5. 6 5 4 | 3 4 5 - | 2 3 4 - | 3 4 5 - |
头 发肩 膀 膝 盖 脚， 膝 盖 脚， 膝 盖 脚。

5. 6 5 4 | 3 4 5 - | 2 2 5 5 | 3 3 1 - ‖
头 发肩 膀 膝 盖 脚， 眼 睛 耳 朵 鼻 子 嘴。

活动分析

《头发肩膀膝盖脚》是一首英国儿童歌曲，节奏欢快，歌词简单。活动中，教师引导幼儿在学唱歌曲的基础上，练习根据不同的速度，准确轻拍身体的相应部位，体验和同伴一起游戏的快乐。

活动准备

进行曲风格的音乐。

活动过程

1. 随音乐走步入场

教师带领幼儿随进行曲风格的音乐，有节奏地走步进入活动室。

2. 学唱歌，玩游戏

（1）教师带领幼儿边说边玩游戏。

教师：今天我们一起玩一个游戏，游戏的名字叫“头发肩膀膝盖脚”。

教师：老师说身体的某一个部位，你们就要赶紧拍到那个部位。

（2）教师唱歌，带领幼儿玩游戏。

教师：这个游戏还可以边唱边玩，我们一起来试试。

（3）幼儿学唱歌曲，边唱边玩游戏。

教师范唱歌曲，幼儿跟随教师的范唱，有节奏地拍手，熟悉旋律。然后，幼儿跟教师学唱两三遍，要求唱准旋律。幼儿会唱后，教师带领幼儿边唱歌，边玩游戏。

3. 变化速度玩游戏

（1）教师示范，用较慢的速度，边唱边轻拍相应的身体部位。

（2）幼儿练习在较慢速度的伴奏下，边唱边轻拍相应的身体部位。

（3）教师用中速弹奏音乐，幼儿随乐练习。

教师：现在音乐的速度变得怎样？谁能跟着音乐的速度，边唱边玩呢？

（4）教师用较快的速度弹奏，全体幼儿练习边唱边拍出身体各部位。

（5）教师更快速地弹奏，请幼儿随乐拍击身体。

教师：现在音乐的速度变得怎样？你们能跟着这个速度，边唱边拍出身体各部位吗？试试看！

（6）幼儿集体练习，用不同的速度，边唱边轻拍身体各部位。

活动延伸

启发幼儿创编关于其他身体部位的歌词，也可以用快慢相间的方法，边唱歌边游戏。

停 下 来

乐曲

停 下 来

1=C $\frac{4}{4}$ 佚名词曲

中速

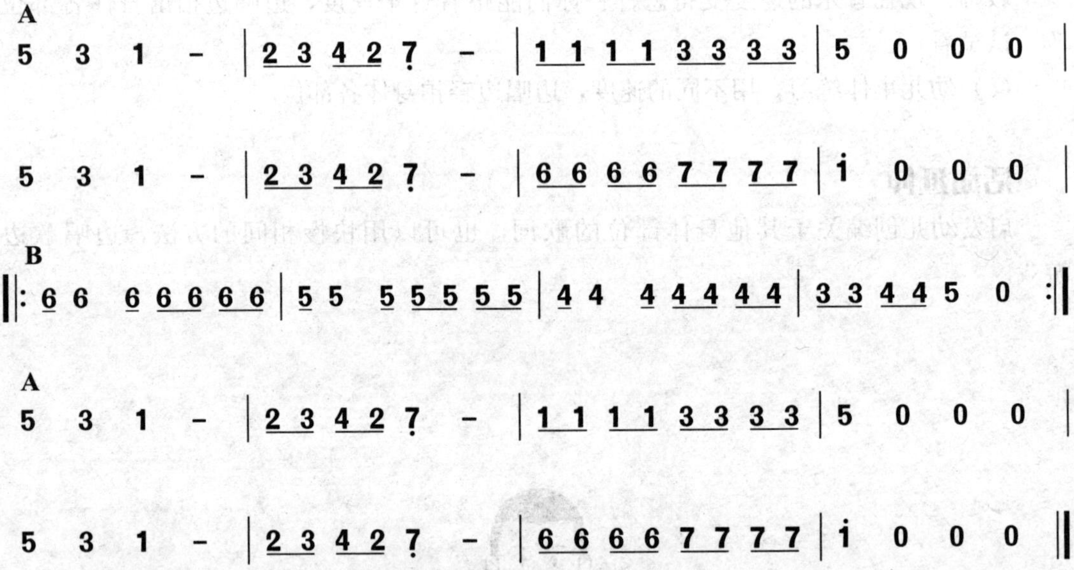

A

5 3 1 - | 2 3 4 2 7̣ - | 1 1 1 1 3 3 3 3 | 5 0 0 0 |

5 3 1 - | 2 3 4 2 7̣ - | 6 6 6 6 7 7 7 7 | i̇ 0 0 0 |

B

‖: 6 6 6 6 6 6 6 | 5 5 5 5 5 5 5 | 4 4 4 4 4 4 4 | 3 3 4 4 5 0 :‖

A

5 3 1 - | 2 3 4 2 7̣ - | 1 1 1 1 3 3 3 3 | 5 0 0 0 |

5 3 1 - | 2 3 4 2 7̣ - | 6 6 6 6 7 7 7 7 | i̇ 0 0 0 ‖

活动分析

乐曲《停下来》节奏欢快，可用于幼儿进行身体律动。活动中，幼儿通过观察教师正确地随乐做系安全带、开车、踩刹车和加油的动作，体验音乐的结构，感知音乐 A 段和 B 段的不同，并用踩刹车的动作感知音乐 A 段的休止，提高交通安全意识，体验律动活动的乐趣。

活动准备

教师用不织布、纸板、纸球等材料，创设“熊大叔的苹果园”情境（将苹果树上的苹果做成可摘下来的）。

活动过程

1. 明确活动任务

（1）幼儿扮演开心车队的小司机，教师扮演队长。教师接听电话，引出开心车队的新任务。

教师：您好，这里是开心车队，请问您有什么困难需要我们帮助呢？

教师：哦，您是熊大叔啊，您果园里的苹果熟了，需要我们帮助您运送苹果？哦，好的，我问问开心车队的小司机们是否愿意帮助您。

（2）教师提出挑战，吸引幼儿注意。

教师：你们知道是谁打来的电话吗？你们愿意帮助它吗？

教师：想要帮助熊大叔运送苹果可不是一件简单的事情，你们要仔细看，认真学。

2. 欣赏音乐 A 段，感受乐句中的休止

（1）幼儿欣赏音乐 A 段，教师示范随乐做系安全带、开车、踩刹车的动作。

（2）教师和幼儿回顾动作。

教师：刚才我是怎样开车的？

教师：我都做了哪些动作？

教师：为什么要先系安全带？（教师可带领幼儿模仿系安全带的动作）

（3）教师哼唱 A 段乐句，让幼儿感受，并尝试在乐句最后的休止时做踩刹车的动作。

（4）教师带领幼儿随音乐 A 段，在行进中练习。

3. 欣赏音乐 B 段，尝试创编加油的动作

（1）谈话，创编加油的动作。

教师：哎呀，不好了，我们的汽车没有油了，怎么办？

教师：加油站的叔叔阿姨是怎样给汽车加油的？谁愿意学一学？

（2）教师播放 B 段音乐，提取幼儿创编的加油动作并进行示范。

（3）教师哼唱 B 段乐句，幼儿做加油的动作。

4. 随完整的音乐进行练习和游戏

（1）幼儿跟随音乐，在行进中完整地练习。

教师：刚才我们遇到了红灯和没有油的问题，小司机们都解决了。

教师：现在我们出发去帮助熊大叔吧！

（2）游戏：帮熊大叔运送苹果。

教师带领幼儿排成车队，随乐律动来到熊大叔的苹果园，每人摘一个苹果，继续随乐律动，将苹果运送到指定位置。

为增加活动的情趣，可由配班教师扮演熊大叔，对小司机们表示感谢。

（3）教师用游戏化的口吻，提示幼儿听音乐，和同伴一起律动。

教师：刚才摘苹果的时候，有一些小司机摘得太专心了，没有看到我们的车队出

发，掉队了，这样很容易迷路的。

教师：下次摘苹果的时候，小司机一定要注意听，在音乐开始前就排好车队，我们一起出发，好吗？

（4）再次游戏，巩固练习。

教师：熊大叔的果园里还有很多苹果呢，我们去帮它运完吧！

（西安市第二保育院　韦　娜）

拉 大 锯

歌曲

拉 大 锯

1=F 4/4　　　　　　　　佚名词曲

中速

(2 2 6 2 2 6 | 2 3 1 6 2 3 5 4 | 3. 2 1 6 2 3 2) |

2 2 6 2 2 6 | 2 3 1 6 2 3 5 4 | 3. 2 1 6 2 3 2 | 6 3 6 3 :‖

拉 锯 呀，拉 锯 呀，姥 姥 门 前 唱 大 戏， 大 家 一 块 去 看 戏。 嘎 吱！嘎 吱！

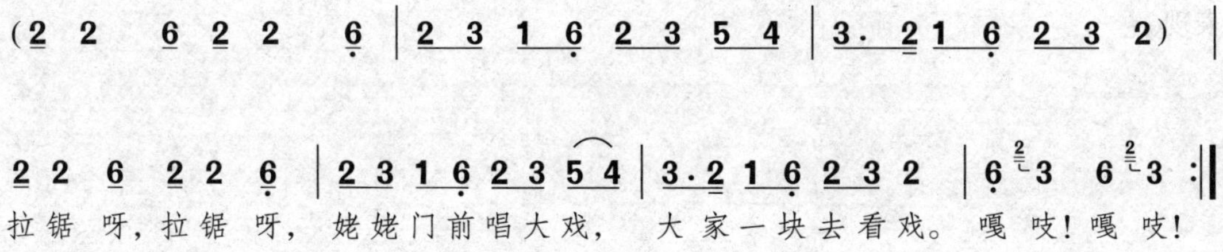

活动分析

《拉大锯》是一首幼儿非常熟悉的歌谣，适合小班幼儿开展活动时使用。活动中，教师引导幼儿在初步学习跟随音乐，较合拍地做双手拉大锯的动作的基础上，创编双手轮流拉大锯的动作；在与同伴合作拉大锯时，努力保持脚不移动，并能较快速地找到朋友。

活动准备

幼儿熟悉儿歌《拉大锯》（即歌词）。

活动过程

1. 复习儿歌《拉大锯》

教师邀请一名幼儿上前说儿歌《拉大锯》，鼓励其他会说的幼儿坐在座位上一起说。

2. 欣赏音乐，创编动作

（1）教师播放音乐，幼儿倾听，并思考如何随乐做动作。

（2）讨论如何随乐做双手拉大锯的动作。

教师带领幼儿探讨，跟随音乐双手做出握大锯的样子，有节奏地前倾、后仰，做拉大锯的动作。

（3）探索、创编两只手轮流拉大锯的动作。

教师：刚才我们是用两只手拉大锯，用一只手能拉吗？可以怎样拉？

教师：一只手拉累了，换一只手试试！两只手轮流拉大锯，怎么做呢？

（4）幼儿两两结伴，随乐进行律动。

3. 完整游戏

（1）幼儿在教师的引导下，两两结伴，先一起说儿歌《拉大锯》，再跟随音乐进行律动。一遍结束后，可以交换朋友，再次结伴律动。

教师提示幼儿：双人拉大锯时，脚要站稳。

（2）在教师的启发下，幼儿创编新的拉大锯的动作，并尝试随乐律动。

活动延伸

可引导幼儿了解各种各样的锯子，启发幼儿设计出更加新颖的锯子，并用动作加以表现。

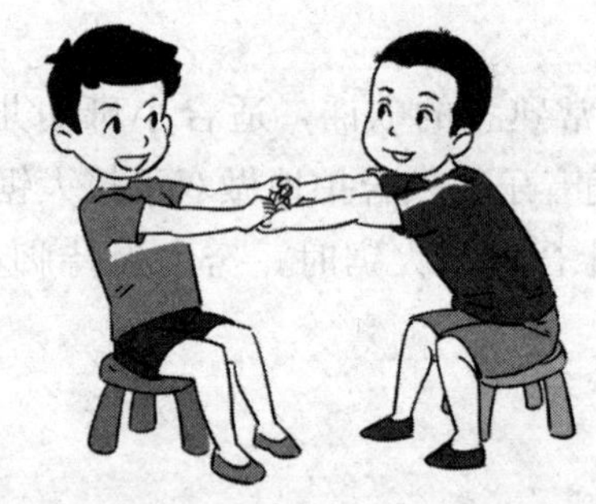

小朋友散步

乐曲

小　朋　友

汪爱丽曲

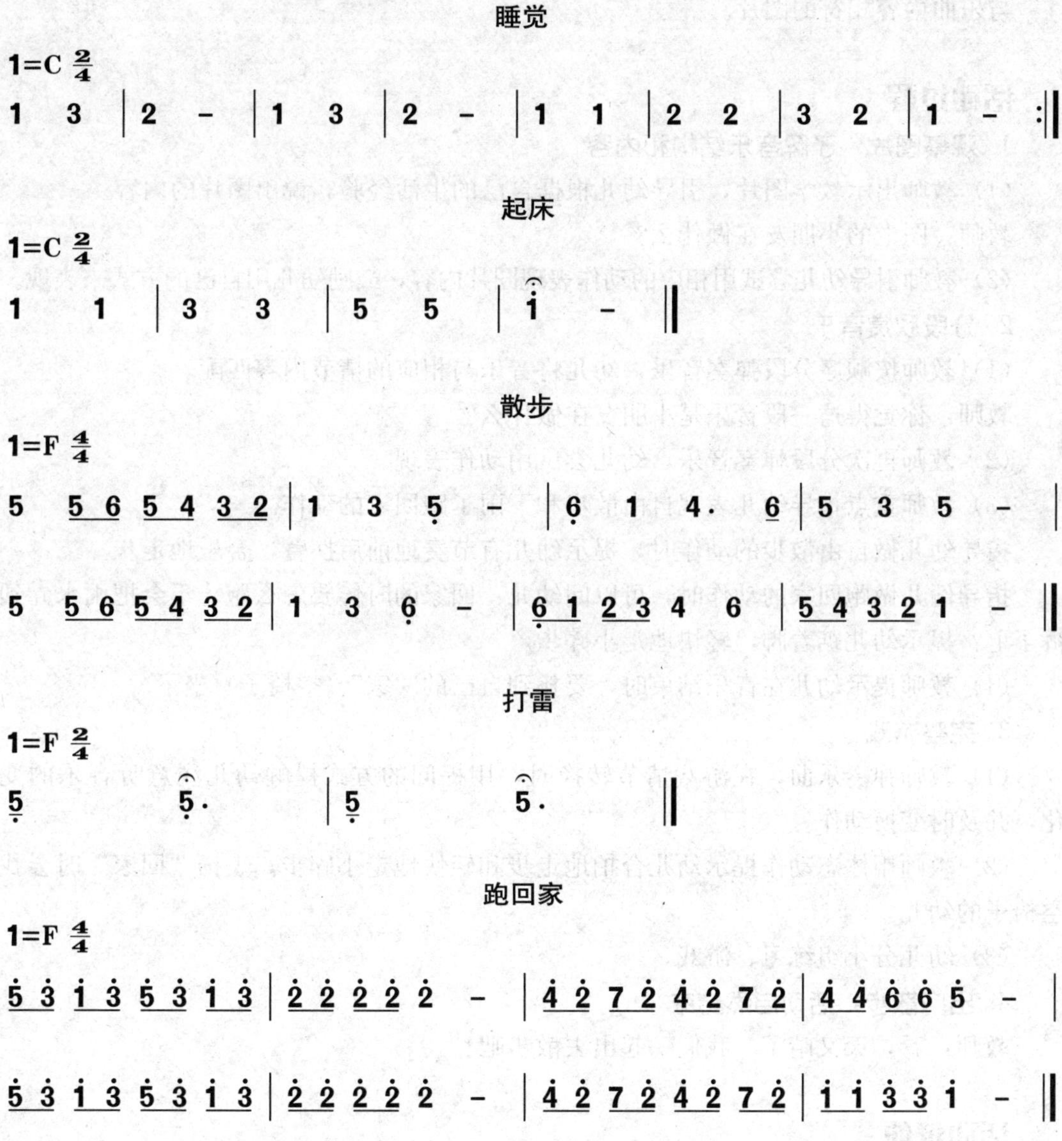

睡觉

1=C 2/4

1 3 | 2 - | 1 3 | 2 - | 1 1 | 2 2 | 3 2 | 1 - :||

起床

1=C 2/4

1 1 | 3 3 | 5 5 | i - ||

散步

1=F 4/4

5 56 54 32 | 1 3 5 - | 6 1 4. 6 | 5 3 5 - |

5 56 54 32 | 1 3 6 - | 61 23 4 6 | 54 32 1 - ||

打雷

1=F 2/4

5 5. | 5 5. ||

跑回家

1=F 4/4

53 13 53 13 | 22 22 2 - | 42 72 42 72 | 44 66 5 - |

53 13 53 13 | 22 22 2 - | 42 72 42 72 | 11 33 1 - ||

活动分析

《小朋友散步》包含《睡觉》等五首小乐曲，依次表现小朋友睡觉、起床、自由散步、听见打雷吓得捂住耳朵、下雨了赶紧跑回家的情节，十分贴近幼儿生活。活动中，教师引导幼儿注意倾听音乐，区分各个乐段表达的不同内容，能根据音乐的变化而变换动作。幼儿借助教师体态动作的提示，结合生活经验，学习合拍地走步和走小碎步，体验韵律活动的乐趣。

活动准备

与乐曲内容相符的图片。

活动过程

1. 观察图片，了解音乐结构和内容

（1）教师出示教学图片，引导幼儿根据自己的生活经验，说出图片的内容。

教师：图上的小朋友在做什么？

（2）教师引导幼儿尝试用相应的动作表现图片内容，鼓励幼儿用自己的方式来表现。

2. 分段欣赏音乐

（1）教师按顺序分段弹奏音乐，幼儿将音乐与相应的情节内容匹配。

教师：你觉得这一段音乐是小朋友在做什么？

（2）教师再次分段弹奏音乐，幼儿尝试用动作表现。

（3）教师重点指导幼儿表现自由散步和下雨了跑回家的动作。

指导幼儿做自由散步的动作时，提示幼儿有节奏地前后摆臂，合乐地走步。

指导幼儿做跑回家的动作时，可以问幼儿：回家的时候要怎么跑才不会把雨水弄到裤子上？提示幼儿踮着脚，轻快地走小碎步。

（4）教师提示幼儿在音乐结束时，要找到自己的“家”（空椅子）坐下。

3. 完整游戏

（1）教师弹奏乐曲，在游戏情节转换时，用提问的方式提醒幼儿注意听音乐的变化，并及时变换动作。

（2）教师用体态动作提示幼儿合拍地走步和轻快地走小碎步，表扬“回家”时会找空椅子的幼儿。

（3）幼儿分小组练习、游戏。

4. 出门散步，活动自然结束

教师：看，天又晴了，我们一起出去散步吧！

活动延伸

教师可在一日生活中播放音乐，带领幼儿跟随乐曲进行起床、睡觉、散步等活动。

伦　敦　桥

歌曲

伦　敦　桥

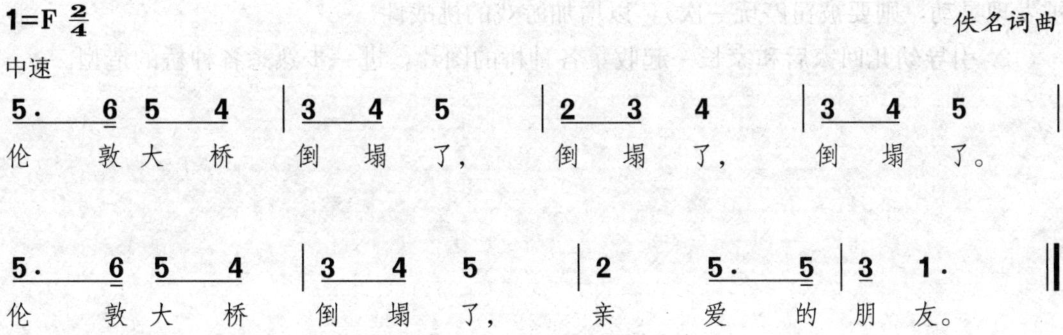

1=F $\frac{2}{4}$

佚名词曲

中速

5. 6 5 4 | 3 4 5 | 2 3 4 | 3 4 5 |
伦　敦 大 桥　倒　塌　了，　倒　塌　了，　倒　塌　了。

5. 6 5 4 | 3 4 5 | 2 5. 5 | 3 1. ‖
伦　敦 大 桥　倒　塌　了，　亲　爱　的　朋　友。

活动分析

《伦敦桥》是一首英国儿童歌曲，歌词及旋律简单，适合小班幼儿学习。活动中，教师引导幼儿在熟悉歌曲的内容和旋律的基础上，用身体动作表现桥的特征，并在音乐的结束处做出静止的造型动作，进行创造性地表演。

活动准备

幼儿见过桥，有一些关于桥的造型的初步经验。

活动过程

1. 欣赏歌曲

（1）教师演唱歌曲《伦敦桥》，引出活动主题。

（2）教师再次演唱歌曲，帮助幼儿熟悉歌曲的内容和旋律。

2. 用身体动作表现桥

（1）教师引导幼儿猜测：伦敦桥可能是什么样子的？

（2）教师引导和鼓励幼儿表现桥的样子。

（3）教师请幼儿观察同伴的造型动作，用语言描述其特征，如“像××形状一样”等。

3. 随音乐游戏

教师播放歌曲音乐，全体幼儿随乐在场地内走小碎步，随意行进，在歌曲结束时，做静止的造型动作表现桥。教师鼓励幼儿用不同的动作表现，并控制好身体。

4. 欣赏造型

幼儿分组游戏，教师引导幼儿欣赏同伴的造型，发现独特的、有创意的动作，及时给予鼓励，并请大家模仿学习。

活动延伸

1. 当幼儿熟悉游戏后，教师可以增加游戏规则（如：在做静止的造型动作时，若被发现晃动，则要被罚停玩一次），以增加游戏的挑战性。

2. 引导幼儿回家后和家长一起收集各种桥的图片，进一步熟悉各种桥的造型。

两只小鸟

歌曲

两只小鸟

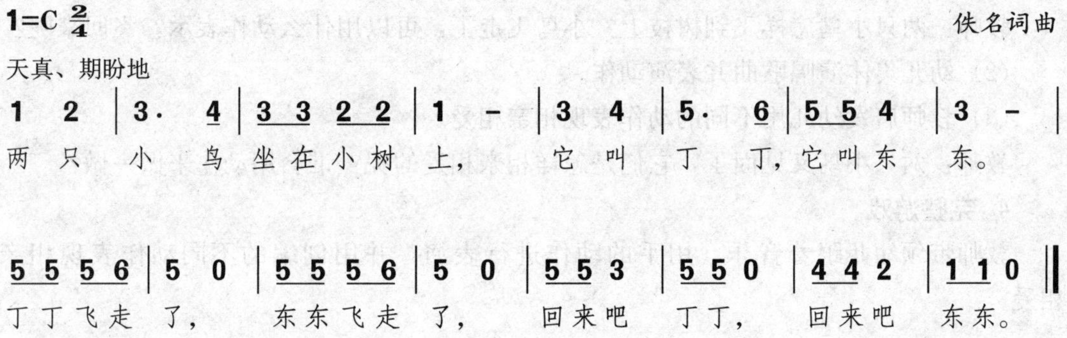

1=C $\frac{2}{4}$　　　　佚名词曲

天真、期盼地

1 2 | 3. 4 | 3 3 2 2 | 1 - | 3 4 | 5. 6 | 5 5 4 | 3 - |
两 只 小 鸟 坐 在 小 树 上， 它 叫 丁 丁，它 叫 东 东。

5 5 5 6 | 5 0 | 5 5 5 6 | 5 0 | 5 5 3 | 5 5 0 | 4 4 2 | 1 1 0 ||
丁 丁 飞 走 了， 东 东 飞 走 了， 回 来 吧 丁 丁， 回 来 吧 东 东。

活动分析

《两只小鸟》是一首幼儿熟悉的美国儿童歌曲。活动中，教师引导幼儿在熟悉歌曲的基础上，用简单的动作表现歌词内容，鼓励幼儿大胆创编不同的动作表现相亲相爱，在表演中学会与同伴友好地游戏。

活动准备

两个小鸟形象的手偶。

活动过程

1. 认识丁丁和东东

（1）教师出示小鸟手偶，激发幼儿参与活动的兴趣。

教师用小鸟的口吻跟幼儿打招呼，介绍两只小鸟的名字：一只叫丁丁，另一只叫东东。

（2）教师范唱歌曲，带领幼儿初步感知歌曲。

（3）教师提问，帮助幼儿理解歌曲内容：你听到丁丁怎么了？东东呢？我们怎么把它们喊回来？

2. 学唱歌曲

（1）教师用两只手的食指分别表示两只小鸟，边唱歌曲，边做动作。具体动作建议如下。

"两只小鸟坐在小树上"——两手指放在胸前。

"它叫丁丁，它叫东东"——两手指分别举起晃动。

"丁丁飞走了，东东飞走了"——两手指分别藏于身后。

"回来吧丁丁，回来吧东东"——两手指从身后移回胸前。

（2）教师带领幼儿跟着音乐学唱歌曲。

3. 创编动作

（1）教师引导幼儿逐句创编表演动作。

教师：两只小鸟怎样飞到树枝上？小鸟飞走了，可以用什么动作表示？飞回来呢？

（2）幼儿集体演唱歌曲并表演动作。

（3）教师启发幼儿用不同的动作表现相亲相爱。

教师：两只小鸟又见面了，它们是怎样相亲相爱的呢？谁会用动作来做一做？

4. 完整游戏

教师带领幼儿跟着音乐，用手的动作进行表演，并用创编的不同动作表现相亲相爱。

活动延伸

1. 提供两种分别代表丁丁和东东的胸饰，引导幼儿尝试用肢体动作表现歌曲内容，并分角色表演。

2. 请家长和孩子一起玩一玩这个游戏，运用手的动作、全身动作等表现歌曲内容，体验亲子互动的乐趣。

谁是小熊

歌曲

谁是小熊

1=F $\frac{2}{4}$

佚名词曲

富有情趣地

3. 5 3. 5 | 5 1 2 | 6. 1 6. 1 | 2 2 2 | X X X X | X 0 |

一 个娃 娃 一个 家， 小 熊小 熊 没 有家。(白)小 熊 是 谁 呀？

5 1 1 2 3 | 1 - | (3 5 6 5 i 5 6 5 | 3 5 6 5 i 5 6 5 | 3 5 6 5 i 5 6 5 |

我 们 要 找 到 他。

3 5 6 5 i 5 6 5 | i 0) | X X X X | X 0 | 5 1 2 3 | 1 - ‖

(问)小 熊 是 谁 呀？ (答)小 熊 就 是 他！

活动分析

《谁是小熊》旋律欢快，是一首有演唱、有念白的幼儿歌曲。活动中，教师在幼儿熟悉乐曲的基础上，带领幼儿随音乐较协调地做小跑步动作并玩游戏；使用对比的方法，让幼儿感受到音乐速度、力度变化与动作快慢、轻重的关系。

活动准备

幼儿熟悉歌曲内容，能跟着歌曲的节奏说唱问答部分。

活动过程

1. 回顾歌曲

教师播放歌曲，和幼儿一起讨论歌词内容。

2. 根据歌词创编动作

教师引导幼儿根据歌词逐句创编动作，鼓励幼儿做出不同的身体动作。对大胆创编的幼儿，教师及时反馈、鼓励，并请部分幼儿上前演示，其他幼儿模仿。

3. 听音乐玩游戏

（1）教师介绍游戏玩法，示范游戏。

游戏玩法如下。

将小椅子摆成圆形（椅子数比幼儿人数少 1）。幼儿站在圆外，随间奏音乐绕圆小跑。间奏音乐一停，每个幼儿要马上找一把空椅子坐下来。谁没找到座位，谁就是小熊。

动作建议如下。

第 1～8 小节：幼儿面向圆心，边唱歌边做动作。

第 9～13 小节：幼儿随音乐绕圆小跑，音乐停止时立即找一把椅子坐下。

第 14～17 小节：教师问“小熊是谁呀”，坐下的幼儿用手指着没有找到座位的幼儿，唱答“小熊就是他”；教师请没有坐到座位的幼儿到一旁休息，再移走一把椅子，游戏重新开始。

（2）教师带领幼儿重点练习随间奏音乐绕圆小跑。

教师引导幼儿顺着一个方向跑，注意动作协调，并在音乐停止时迅速找到座位。

（3）教师组织幼儿听音乐完整地做游戏。

4. 随音乐的变化变换动作

教师弹奏歌曲旋律，引导幼儿感受音乐间奏部分（第 9～13 小节）的速度与力度，引导幼儿随之变换动作的快慢与轻重，如快快地跑、慢慢地跑、轻轻地跑、重重地跑等。

活动延伸

1. 可以将这一音乐游戏与游戏“请你猜猜我是谁”结合。游戏开始时，全体幼儿闭上眼睛，教师悄悄指定一名幼儿，请他大声说“请你猜猜我是谁”，然后大家睁开眼睛，边唱歌边玩游戏。说唱完“小熊是谁呀”后停下，请没有抢到椅子的幼儿当小熊，猜测刚才说话的幼儿是谁。猜对了，小熊可以回家，猜不对则表演节目。

2. 在家长开放日或亲子活动的时候，组织幼儿与家长共同玩这个游戏，加深亲子之间的交流。

小雨和小草

歌曲

小雨和小草

1=F $\frac{4}{4}$

佚名词
李茹曲

清新、愉快地

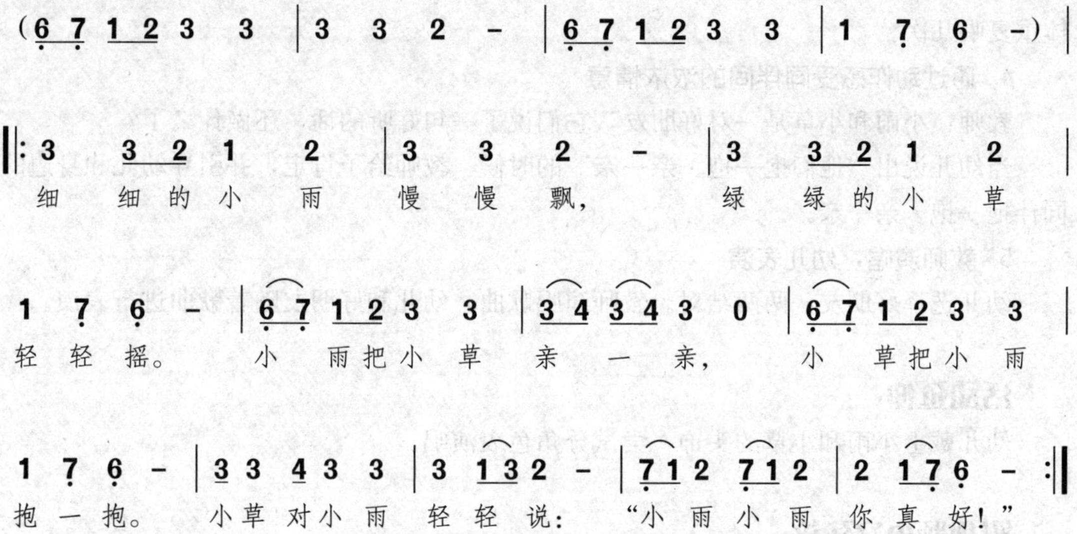

(6 7 1 2 3 3 | 3 3 2 - | 6 7 1 2 3 3 | 1 7 6 -) |

‖: 3 3 2 1 2 | 3 3 2 - | 3 3 2 1 2 |
细 细的小 雨 慢 慢 飘， 绿 绿的小 草

1 7 6 - | 6 7 1 2 3 3 | 3 4 3 4 3 0 | 6 7 1 2 3 3 |
轻 轻 摇。 小 雨把小 草 亲 一 亲， 小 草把小 雨

1 7 6 - | 3 3 4 3 3 | 3 1 3 2 - | 7 1 2 7 1 2 | 2 1 7 6 - :‖
抱 一 抱。 小草 对小 雨 轻 轻 说： “小 雨 小 雨 你 真 好！”

活动分析

《小雨和小草》是一首温馨、柔和的音乐作品，歌曲旋律比较工整，音域跨度适合小班幼儿。教师将原歌词进行了改编，简化为“小雨小雨慢慢飘，小草小草轻轻摇。小雨把小草亲一亲，小草把小雨抱一抱。啦啦啦啦啦啦啦啦，朋友朋友你真好”，减轻幼儿理解、记忆的负担。幼儿通过观看视频，了解歌曲内容，并尝试创编动作；通过学唱歌曲最后一句，感受歌曲意境，与同伴共同表演。

活动准备

表现歌曲内容的视频（含演唱歌曲的音频）。

活动过程

1. 观看视频，引出学习内容

教师播放视频，幼儿观看并讨论。

教师：你在视频里看到了什么？你听到歌里是怎么唱的？

2. 创编动作，表现小雨飘和小草摇的样子

当幼儿说出视频中有小雨、小草之后，教师请幼儿用小手做动作，表现小雨飘和小草摇的样子。从幼儿的反馈中选出两个动作，教师示范，幼儿猜。

3. 倾听并学唱“朋友朋友你真好”这一句

教师范唱歌曲。范唱前引导幼儿注意听：小草对小雨说了一句什么好听的话？

如果幼儿回答不出来，教师可以再次范唱。当幼儿回答正确以后，教师带领幼儿集体重复唱几次。

4. 通过动作感受同伴间的浓浓情意

教师：小雨和小草是一对好朋友，它们说了一句好听的话，还做什么了？

当幼儿说出“他们抱一抱、亲一亲”的时候，教师给予肯定，并引导幼儿和身边的同伴抱一抱、亲一亲。

5. 教师演唱，幼儿表演

幼儿选择好朋友，两两结对。教师演唱歌曲，幼儿和好朋友随着歌曲进行表演。

活动延伸

幼儿戴上小雨和小草的头饰，尝试分角色表演唱。

附视频内容建议

细细的小雨（卡通形象）从天空中慢慢地飘落，小草（也是卡通形象）在风中轻轻地摇动……最后小雨和小草抱在了一起。

（南京军区政治部小天鹅幼儿园　薛丽娟）

惊愕交响曲

乐曲

第九十四交响曲（“惊愕”）(片段)

1=C $\frac{2}{4}$　　　　[奥]海顿曲

行板

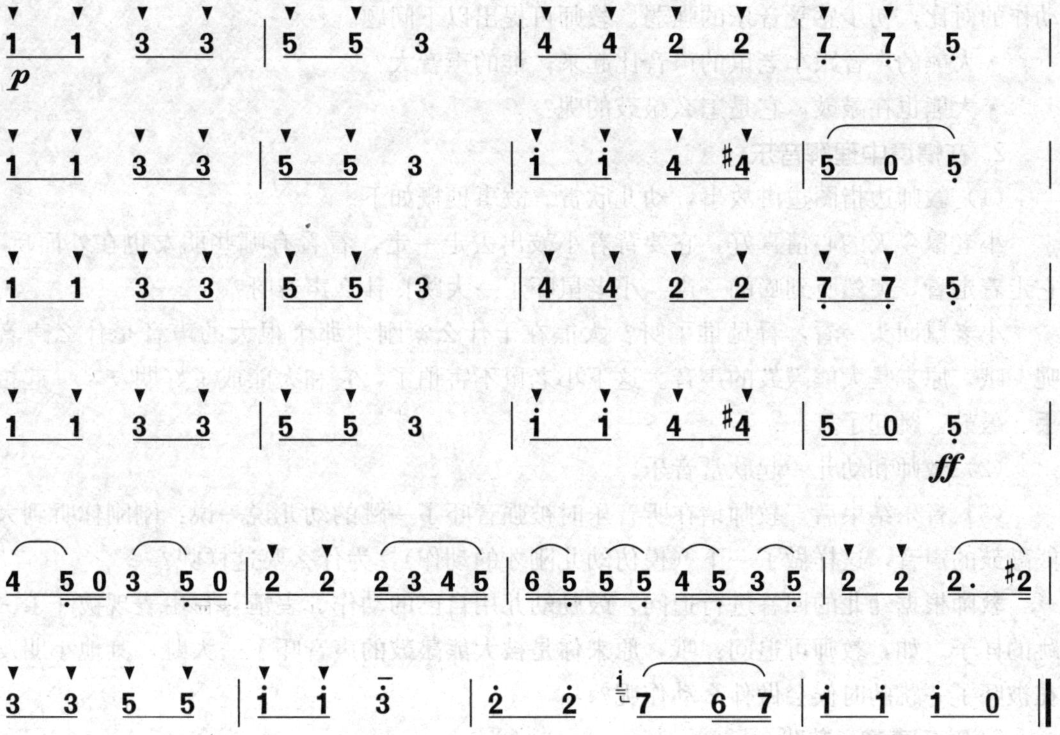

1 1 3 3 | 5 5 3 | 4 4 2 2 | 7 7 5 |
p

1 1 3 3 | 5 5 3 | i i 4 #4 | 5 0 5 |

1 1 3 3 | 5 5 3 | 4 4 2 2 | 7 7 5 |

1 1 3 3 | 5 5 3 | i i 4 #4 | 5 0 5 |
ff

4 5 0 3 5 0 | 2 2 2 3 4 5 | 6 5 5 5 4 5 3 5 | 2 2 2. #2 |

3 3 5 5 | i i 3 | 2 2 7 6 7 | i i i 0 ‖

活动分析

乐曲是奥地利作曲家海顿的作品。教师截取了其中的一段，让幼儿感受音乐由弱到极强的力度变化，尝试用不同的动作表现行进和舞蹈两种风格，并能用自己的动作、表情表现被吓了一大跳的样子，在与同伴游戏的过程中感受到快乐。

活动准备

小老鼠敲鼓、大熊敲鼓的图片各一张（图 1、图 2）。

活动过程

1. 通过图片感受强弱对比

（1）教师出示小老鼠敲鼓的图片（图 1），引导幼儿观察、体会。教师可提出以下问题或指令。

• 图片上是谁？小老鼠说话的声音是什么样的？

• 我们一起来学学小老鼠说话的声音！

• 老鼠在干什么呢？小老鼠是怎么敲鼓的？你们来敲敲看。

• 小老鼠长得小小的，说话的声音也是小小的，那小老鼠敲鼓的声音呢？

（2）教师出示大熊敲鼓的图片（图 2），引导幼儿通过大熊与小老鼠的外形、声音、动作的对比，初步感受音乐的强弱。教师可提出以下问题。

• 大熊的声音跟小老鼠的声音比起来，谁的声音大？

• 大熊也在敲鼓，它是怎么敲鼓的呢？

2. 在情境中理解音乐

（1）教师边指图边讲故事，幼儿欣赏。故事梗概如下。

小老鼠今天的心情真好，它要背着小鼓出去走一走，看看有哪些朋友也在外面玩。它走着走着，突然听到嘭的一声。小老鼠吓了一大跳！什么声音呀？

小老鼠回头一看，看见谁了呀？大熊在干什么？刚才那个很大的声音是什么声音呢？哦，原来是大熊敲鼓的声音。这下小老鼠不害怕了，它和大熊成了好朋友，一起拍手、敲鼓，跳起了舞。

（2）教师和幼儿一起欣赏音乐。

（3）音乐结束后，教师请在听音乐时被强音吓了一跳的幼儿说一说：刚刚你听到大熊敲鼓的声音，这样做了一下（模仿幼儿刚才的动作），为什么要这样呢？

教师根据幼儿的回答进行追问，鼓励幼儿用自己的动作、表情，自由表现被吓了一跳的样子。如，教师可追问：哦，原来你是被大熊敲鼓的声音吓了一大跳，其他小朋友在被吓了一跳的时候会做什么动作呢？

3. 随乐表演、游戏

（1）教师扮演大熊，幼儿扮演小老鼠。教师和幼儿坐在座位上，听音乐玩游戏。教师可提示幼儿：小老鼠听到大熊敲鼓的音乐时，要把吓一跳的动作做出来。

（2）教师根据幼儿的游戏情况提出要求，如表现出小老鼠走路的样子、小老鼠和大象一起跳舞的样子等，再次游戏。

活动延伸

1. 可引入蚂蚁和大象等其他大小、强弱对比明显的动物，再引导幼儿进行表演、游戏。

2. 幼儿熟悉音乐后，教师可进一步开展韵律活动，启发幼儿尝试用不同的动作表现乐曲不同乐段的行进和舞蹈两种风格。

3. 请幼儿回家后和家长一起继续玩此游戏。家长扮演大大的动物，幼儿扮演小小的动物，共同随乐表演。

附教学图片

图 1　小老鼠敲鼓

图 2　大熊敲鼓

小兔乖乖

乐曲

七式进阶(片段)

1=F 2/4　　　　　　　　　　　　　　　　　　　　佚名曲

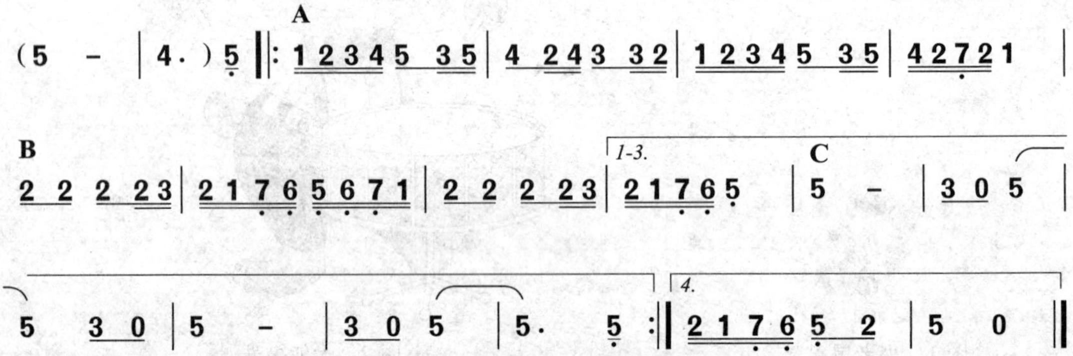

A

(5 - | 4.) 5 ‖: 12345 35 | 4 243 32 | 12345 35 | 42721 |

B　　　　　　　　　　　　　　　1-3.　　　　C

2 2 2 23 | 2176 5671 | 2 2 2 23 | 21765 | 5 - | 3 0 5 |

　　　　　　　　　　　　　　　　　　　　　4.

5 3 0 | 5 - | 3 0 5 | 5. 5 :‖ 21765 2 | 5 0 ‖

活动分析

《七式进阶》是一首丹麦民间舞曲，节奏欢快，结构清晰。教师选取其中的片段，与幼儿耳熟能详的故事《小兔乖乖》结合，设计出兔妈妈出门后，兔宝宝在家吃东西、做家务、玩游戏，以及大灰狼来敲门时，兔宝宝竖起耳朵听声音的情节，引导幼儿迁移生活经验，创编吃东西、做家务、玩游戏的动作，并能随乐律动。在游戏情境中，幼儿体验到与妈妈相亲相爱的亲情，以及不上当、赶跑大灰狼的成就感。

活动准备

幼儿听过故事《小兔乖乖》，熟悉其中的角色。

活动过程

1. 听音乐，想故事

教师：兔妈妈出门了，小兔子们可乖了！它们在家里吃好吃的东西，玩好玩的游戏，真开心！请你们仔细听音乐，想想小兔子都做了哪些事情？

教师播放音乐，随乐做动作。

2. 初步感知音乐，学做动作

教师：小兔子在吃什么？它是怎么吃的？

教师：小兔子还做了什么动作？（听）它在听什么？（敲门声）它是怎么听的？（这边听一听，那边听一听）

教师播放第一段音乐，鼓励幼儿随乐做动作。

3. 听辨兔妈妈与大灰狼的不同声音

（1）执教教师带领幼儿随乐做动作，配班教师扮演兔妈妈，在C段音乐开始前敲门，并说话请小兔子开门。

教师：是谁回来了？（妈妈）你是怎么知道的？

（2）配班教师跟幼儿告别，表示兔妈妈又出门了。执教教师启发幼儿思考：这次，我们在家里能帮妈妈做点什么事呢？引导幼儿随B段音乐创编出扫地、拖地、擦桌子等动作。

教师播放第二段音乐，幼儿随乐做动作。配班教师扮演大灰狼，在C段音乐开始前敲门，并说话请小兔子开门。

教师：这回是谁敲门？（大灰狼）你是怎么知道的？那我们开门吗？

（3）配班教师扮演大灰狼灰溜溜地离开，执教教师带领幼儿散点游戏，创编玩游戏的动作。

教师：家里都打扫干净啦，我们玩会儿游戏等妈妈回来吧！我们可以玩什么游戏呢？怎么做动作？

教师播放第三段音乐，配班教师扮演大灰狼，在C段音乐开始前敲门，并捏着鼻子学兔妈妈的声音说话，请小兔子开门。

教师：是妈妈回来了吗？（不是，是大灰狼）你有什么好办法？

（4）教师播放第四段音乐，带领幼儿随乐律动，并在乐曲的后半部分用想出的好办法赶跑大灰狼。

4. 随乐完整游戏

教师播放完整的四段音乐，带领幼儿随乐律动。

结束后，配班教师扮演兔妈妈出现，夸夸兔宝宝懂事、会想办法，并与执教教师共同带领幼儿庆祝胜利。

附动作建议

第一段

A段：将双手两指竖在头侧，随乐学小兔子蹦蹦跳。

B段：双手放嘴边，做吃东西的动作。

C段：单手交替放耳边，听敲门的声音。

第二段

A段：将双手两指竖在头侧，随乐学小兔子蹦蹦跳。

B段：做小兔子做家务的动作。

C段：单手交替放耳边，听敲门的声音。

第三段

A段：将双手两指竖在头侧，随乐学小兔子蹦蹦跳。

B段：做小兔子玩游戏的动作。

C段：单手交替放耳边，听敲门的声音。

第四段

A段：将双手两指竖在头侧，随乐学小兔子蹦蹦跳。

B段：做小兔子用想出的办法赶跑大灰狼的动作，如假装开一条门缝，夹住大灰狼的尾巴，让大灰狼疼得跑掉等；在最后一小节做自由造型，表示庆祝。

（南京市石杨路幼儿园　徐　宁）

兔 跳

乐曲

兔 跳

1=C $\frac{2}{4}$ 鲍贤琨曲

欢快地

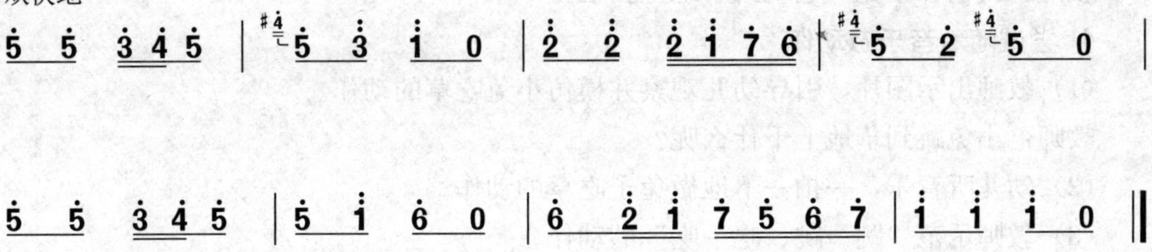

5 5 3 4 5 | 5 3 1 0 | 2 2 2 1 7 6 | 5 2 5 0 |

5 5 3 4 5 | 5 1 6 0 | 6 2 1 7 5 6 7 | 1 1 1 0 ‖

活动分析

乐曲《兔跳》节奏欢快、轻盈，容易激发幼儿随乐律动的兴趣。活动中，幼儿在熟悉乐曲的基础上，尝试根据音乐的节拍较协调地做蹦跳步；在教师提示“跳一跳、吃一吃”的帮助下，发现动作结构是兔跳及兔吃草两个动作的交替，并能随乐控制住自己，变换相应的动作。

活动准备

小兔子手偶一个，小兔吃草的图片一张。

活动过程

1. 律动进场

教师带领幼儿轻快地走小碎步，学小鸟飞的动作进入教室。

2. 谈话，引出活动

(1) 教师出示小兔子手偶，引起幼儿学习的兴趣。

教师：谁到我们班来做客了？

(2) 教师播放音乐，操作手偶，演示小兔子跳进来的样子。

教师：小兔子是怎么来的？

(3) 教师再次播放音乐并操作手偶，幼儿听音乐有节奏地拍手。

教师：小兔子来做客，我们拍手欢迎吧！

3. 学习兔跳的动作

（1）教师引导幼儿尝试做兔跳动作。

教师：小兔子是怎么跳的？谁来学一学？

请个别幼儿示范兔跳动作，其余幼儿模仿。

（2）教师示范兔跳：双脚并拢，双手置于胸前向前跳，一拍一跳。幼儿仔细观察兔跳时脚和手的动作。

（3）教师带领幼儿学习兔跳，分组练习。一组练习时，其余幼儿可用双手在桌面上有节奏地点手指，表示小兔跳。

（4）全体幼儿练习兔跳，教师要求幼儿在行进间做蹦跳步。

教师：我们和小兔一起跳到草地上去吧！

4. 尝试随着音乐做动作

（1）教师出示图片，引导幼儿观察并模仿小兔吃草的动作。

教师：小兔跳到草地上干什么呢？

（2）幼儿听音乐，一拍一下地做兔子吃草的动作。

（3）教师示范“跳一跳、吃一吃”的动作。

教师：草地上有许多嫩嫩的小草，小兔跳到这儿吃吃，跳到那儿吃吃。

（4）教师带领幼儿听音乐，合拍交替地做兔跳和兔吃草的动作。

活动延伸

当幼儿熟练掌握以上内容后，可引导幼儿听音乐做小兔采蘑菇、拔萝卜等动作，增加幼儿继续活动的兴趣，丰富幼儿随乐律动的经验。

小动物与大石头

歌曲

小花狗与大石头

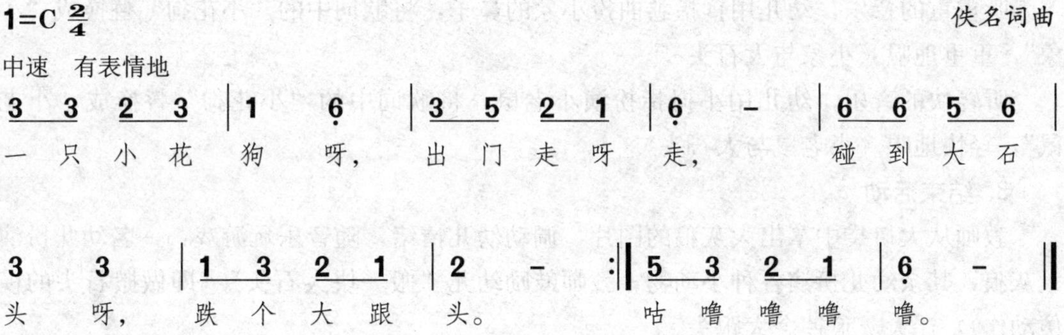

1=C $\frac{2}{4}$ 佚名词曲

中速 有表情地

3 3 2 3 | 1 6 | 3 5 2 1 | 6 - | 6 6 5 6 |
一 只 小 花 狗 呀， 出 门 走 呀 走， 碰 到 大 石

3 3 | 1 3 2 1 | 2 - :‖ 5 3 2 1 | 6 - ‖
头 呀， 跌 个 大 跟 头。 咕 噜 噜 噜 噜。

活动分析

歌曲《小花狗与大石头》节奏欢快，歌词简单，适合小班幼儿进行律动时使用。活动中，教师引导幼儿在熟悉歌曲旋律的基础上，学习根据不同的动物形象变换速度、力度演唱歌曲，将动物形象与音乐形象匹配，并用动作表现出来，体验与同伴一起游戏的乐趣。

活动准备

一个大口袋，里面装有小花狗、小乌龟、小兔子、小象、小老鼠、大灰狼等图片；幼儿已会唱歌曲《小花狗与大石头》。

活动过程

1. 手指游戏：小花狗与大石头

（1）教师从大口袋里拿出小花狗的图片，边说儿歌《小花狗与大石头》（即歌词），边带领幼儿玩手指游戏。

动作建议如下。

伸出一根手指扮小狗，另一只手握拳扮大石头。扮小狗的手指从一边向另一边移动，手指碰上拳头，手指歪斜，表示倒下。

（2）教师边唱歌，边带领幼儿玩手指游戏。

（3）幼儿边唱歌，边玩手指游戏。

2. 演唱歌曲，玩新的手指游戏

（1）听辨音乐的快慢，与两种动物匹配。

教师从大口袋中拿出小乌龟和小兔子的图片，请幼儿听音乐，猜猜是小兔子先来还是小乌龟先来。

听慢慢的音乐，幼儿用大拇指扮演小乌龟，将歌词中的“小花狗”替换成“小乌龟”，慢慢地唱《小乌龟与大石头》。

听快快的音乐，幼儿用两根手指扮小兔子，将歌词中的“小花狗”替换成“小兔子”，快快地唱《小兔子与大石头》。

（2）感知音乐的轻重，玩手指游戏。

听重重的音乐，幼儿用食指卷曲扮小象的鼻子，将歌词中的“小花狗”替换成“小象”，重重地唱《小象与大石头》。

听轻快的音乐，幼儿用小拇指扮演小老鼠，将歌词中的“小花狗”替换成“小老鼠”，轻快地唱《小老鼠与大石头》。

3. 结束活动

教师从大口袋中拿出大灰狼的图片，调动幼儿情绪，随音乐玩游戏：一名幼儿扮演大灰狼，其余幼儿扮演各种小动物，教师鼓励幼儿“搬一块大石头”（即做搬石头的模仿动作），让大灰狼摔个大跟头。

活动延伸

引入更多具有鲜明对比的动物形象，进一步帮助幼儿完成对音乐速度和力度的理解与表现。

找 小 猫

歌曲

找 小 猫

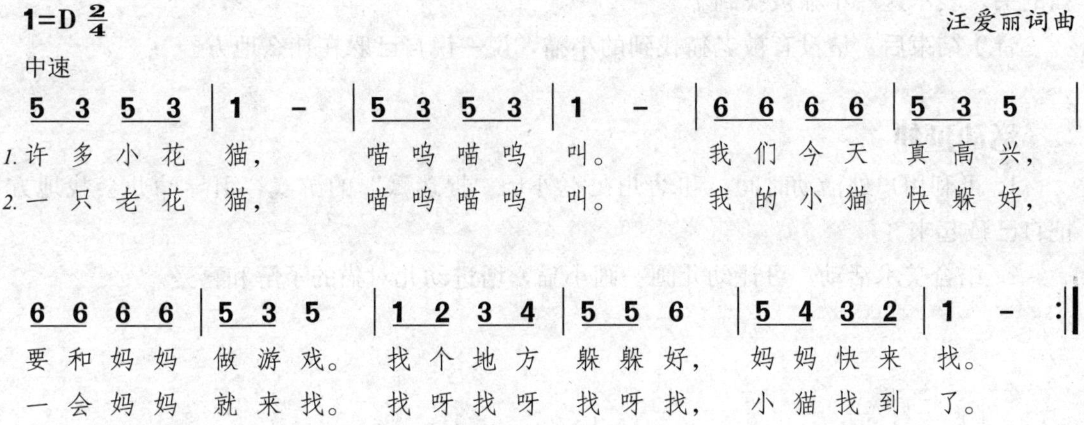

1=D $\frac{2}{4}$

汪爱丽词曲

中速

5 3 5 3 | 1 - | 5 3 5 3 | 1 - | 6 6 6 6 | 5 3 5 |

1.许 多 小 花 猫， 喵 呜 喵 呜 叫。 我 们 今 天 真 高 兴，

2.一 只 老 花 猫， 喵 呜 喵 呜 叫。 我 的 小 猫 快 躲 好，

6 6 6 6 | 5 3 5 | 1 2 3 4 | 5 5 6 | 5 4 3 2 | 1 - :||

要 和 妈 妈 做 游 戏。 找 个 地 方 躲 躲 好， 妈 妈 快 来 找。

一 会 妈 妈 就 来 找。 找 呀 找 呀 找 呀 找， 小 猫 找 到 了。

活动分析

《找小猫》是一首节奏欢快、故事性强的歌曲。活动中，幼儿在熟悉歌曲的基础上，根据歌词内容做相应的动作，体验和同伴共同游戏的快乐。

活动准备

老猫头饰一个。

活动过程

1. 念歌词，玩游戏

（1）教师佩戴老猫头饰，和幼儿一起玩“找小猫”的游戏，即：幼儿自由躲起来，教师边念歌词，边找小猫。

（2）教师以自己还想再玩一次为由，请幼儿和教师一起念歌词，再次游戏，帮助幼儿熟悉歌词。

2. 学唱歌曲

（1）教师范唱歌曲，幼儿熟悉曲调和节奏。

（2）幼儿学唱歌曲，教师鼓励幼儿用好听的声音唱歌。

3. 边唱歌，边玩游戏

（1）教师请幼儿随音乐边唱歌边做动作，启发幼儿根据歌词做相应的动作。

教师：小猫叫的时候做什么动作？“真高兴”可以怎么表现？

（2）教师和幼儿边唱歌边玩游戏。

唱第一段时，幼儿扮演小猫，边唱边表演，在唱到“找个地方躲躲好”时，在指定的范围内找一个地方躲起来。

唱第二段时，教师扮演老猫，边唱边表演，唱到最后四小节时，边唱边按节奏摸小猫的头，表示这些小猫被找到了。

音乐结束后，请没有被老猫找到的小猫，说一说自己躲在什么地方。

活动延伸

1. 可利用户外活动时间，和幼儿在室外玩“捉迷藏”的游戏，引导幼儿会找地方把自己藏起来。

2. 结合美术活动，可让幼儿画一画小猫，增进幼儿对猫的了解和喜爱。

小青蛙和笨笨蛇

乐曲

小跳蛙(片段)

1=C $\frac{4}{4}$

彭钧曲

欢快地

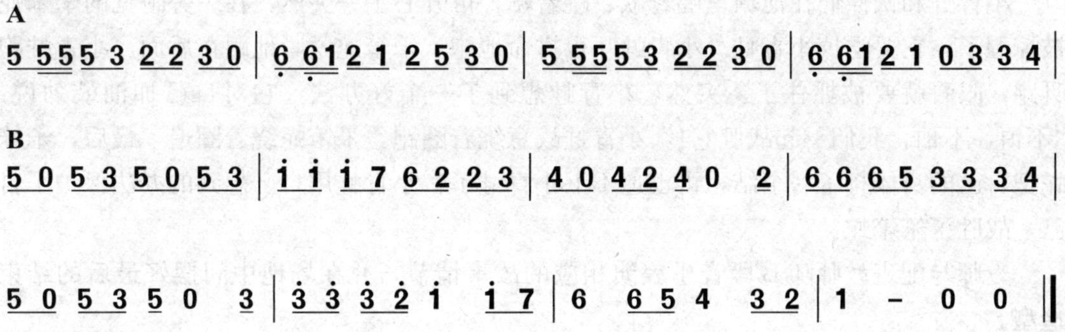

A

5 55 5 3 2 2 3 0 | 6 61 2 1 2 5 3 0 | 5 55 5 3 2 2 3 0 | 6 61 2 1 0 3 3 4 |

B

5 0 5 3 5 0 5 3 | 1̇ 1̇ 1̇ 7 6 2 2 3 | 4 0 4 2 4 0 2 | 6 6 6 5 3 3 3 4 |

5 0 5 3 5 0 3 | 3̇ 3̇ 3̇ 2̇ 1̇ 1̇ 7 | 6 6 5 4 3 2 | 1 - 0 0 ‖

活动分析

幼儿读完图画书《999个青蛙兄弟》（[日] 木村研著，[日] 村上康成绘，[日] 猿渡静子译，新星出版社2015年版）后，对书中的故事情节念念不忘。教师结合幼儿的这一兴趣点，截取了曲风欢快、活泼的《小跳蛙》片段，带领幼儿感受乐曲A段和B段的不同风格，再现小青蛙和笨笨蛇的的故事，并尝试随乐进行角色扮演，体验动脑筋克服困难后成功的喜悦。

活动准备

青蛙形象的手偶一个。

活动过程

1. 感知A段音乐节奏，并随乐表演

(1) 教师用打招呼的方式帮助幼儿感知A段音乐节奏。

教师出示青蛙手偶，以小青蛙的口吻跟幼儿打招呼，同时有节奏地学小青蛙左右跳动：

| X　X | X X X |

呱，呱，呱 呱 呱！

幼儿跟教师学一学，用同样的节奏跟小青蛙打招呼。

（2）幼儿熟悉 A 段音乐并随乐表演。

教师：我们是一群有礼貌的青蛙，让我们一起跟着音乐来唱唱歌、打打招呼吧。

第一遍，教师带领幼儿练习，并梳理动作：先唱歌，再打招呼，轮换进行。

第二遍，幼儿之间相互打招呼。教师引导幼儿用自己的眼睛找到一个新的好朋友，看着好朋友，和他/她打招呼。

2. 听故事，想办法，并尝试用肢体动作随乐表现

（1）教师讲述故事，与配班教师随 B 段音乐表演。

故事大意如下。

小青蛙和伙伴们在池塘里唱着歌、跳着舞，可开心了。突然，在一旁睡觉的笨笨蛇被惊醒了，它要吃掉小青蛙。小青蛙吓得拼命地跑，笨笨蛇紧紧地跟在后面。小青蛙跑呀跑，眼看就要被抓住了。突然，小青蛙想到了一个好办法，它对自己加油鼓劲说："不怕，不怕，我们一起战胜它！"小青蛙故意绕着圈跑，笨笨蛇绕着圈追，最后，笨笨蛇把自己的身体打了一个结，再也追不上小青蛙了！小青蛙用自己想到的办法保护了自己，战胜了笨笨蛇。

教师与配班教师随 B 段音乐表演相应的故事情节，并在场地中间摆好最后的结束造型。

（2）教师引导幼儿想出更多战胜笨笨蛇的办法，并尝试用肢体动作随乐表现。

教师：小青蛙想到办法后，对自己加油鼓劲说了什么？（不怕，不怕，我们一起战胜它）这时可以做什么动作？

幼儿随乐用动作表现自己想到的办法，教师观察并随机指导，对想法有创意的幼儿及时肯定和鼓励。

3. 结伴随乐游戏

（1）教师扮演笨笨蛇，配班教师和几名幼儿共同扮演小青蛙，随完整的音乐游戏。游戏结束后，教师带领幼儿梳理、明确游戏玩法：在 A 段音乐处学小青蛙唱歌、打招呼，在 B 段音乐处用动作表现自己想到的好办法，战胜笨笨蛇，在音乐的最后做造型动作结束。

（2）教师带领一名幼儿扮演笨笨蛇，其他幼儿扮演小青蛙，随乐完整地游戏。

（3）教师带领部分幼儿扮演小青蛙，配班教师带领其他幼儿共同扮演一条大蛇，随乐完整游戏。

教师与幼儿共同商量出一个战胜笨笨蛇的办法，并提醒幼儿随乐游戏；配班教师引导幼儿合作扮演笨笨蛇，并在音乐结束时合作做出最后打结的造型。

4. 结束活动

教师：今天，我们一起想了很多办法战胜了笨笨蛇，保护了自己的安全。

教师：今后我们在生活中如果遇到困难，也可以像今天一样，开动脑筋想办法，一定能够克服困难。

附动作建议

A 段

第 1～4 小节：小青蛙随乐唱歌、打招呼。

B 段

第 5～6 小节：（蛇）用手臂做蛇的造型，并左右张望；每两拍做一次。

第 7～8 小节：（蛇）找到一只小青蛙，向前移动；每两拍走一次。

第 9～10 小节：小青蛙在前面跑，蛇在后面追。

第 11～12 小节：小青蛙边说“不怕不怕，我们一起战胜它”，一边用动作表现自己想到的好办法；最后两拍时，蛇把自己的身体打成结，小青蛙做出表示胜利的造型。

（湖南省长沙师范学院附属第二幼儿园　莫　念）

无尾熊抱抱

歌曲

无尾熊抱抱(片段)

1=C 4/4　　　　阿牛词曲

诙谐地

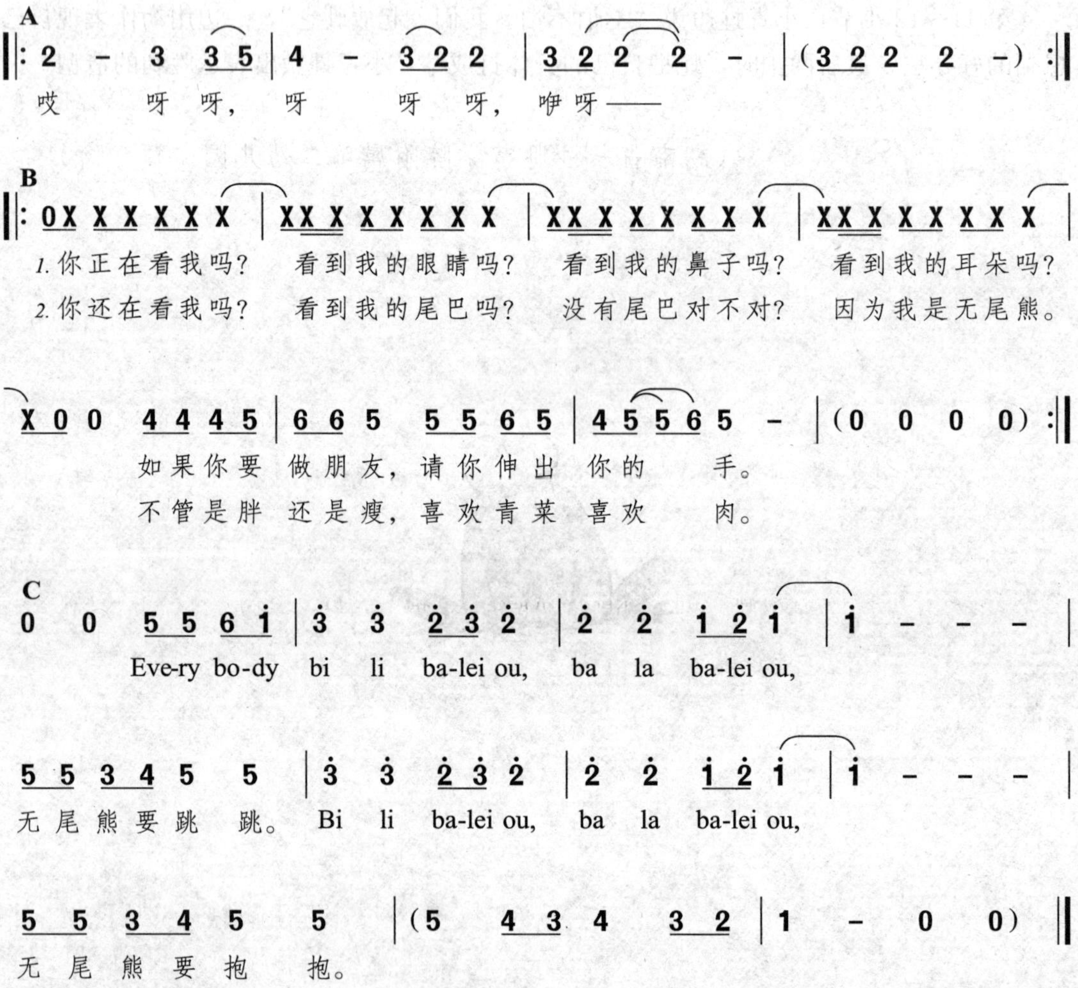

A

|: 2 - 3 35 | 4 - 322 | 3 22 2 - | (322 2 -) :|

哎 呀 呀，呀 呀 呀，咿呀——

B

|: 0X XX XX X | XXX XX XX X | XXX XX XX X | XXX XX XX X |

1.你正在看我吗？ 看到我的眼睛吗？ 看到我的鼻子吗？ 看到我的耳朵吗？

2.你还在看我吗？ 看到我的尾巴吗？ 没有尾巴对不对？ 因为我是无尾熊。

X 0 0 4445 | 665 5565 | 45565 - | (0 0 0 0) :|

如果你要做朋友，请你伸出你的手。

不管是胖还是瘦，喜欢青菜喜欢肉。

C

0 0 55 6i | 3 3 232 | 2 2 12i | i - - - |

Eve-ry bo-dy bi li ba-lei ou, ba la ba-lei ou,

55 345 5 | 3 3 232 | 2 2 12i | i - - - |

无尾熊要跳跳。Bi li ba-lei ou, ba la ba-lei ou,

55 34 5 5 | (5 43 4 32 | 1 - 0 0) ‖

无尾熊要抱抱。

活动分析

歌曲《无尾熊抱抱》含说唱元素，词曲诙谐幽默，深受幼儿喜爱。教师在幼儿已经熟悉乐曲，且能跟做基本动作的基础上，引导幼儿进一步感受音乐诙谐的风格，丰富幼儿用肢体动作表现音乐的经验，鼓励幼儿自主选择同伴，与同伴互动游戏，体验音乐活动的乐趣。

活动准备

幼儿已经熟悉乐曲，并能跟做基本动作。

活动过程

1. 随音乐复习基本动作

（1）教师播放音乐，带领幼儿坐在座位上，复习已经学过的基本动作。

A 段：双手叉腰，随乐有节奏地左右点头。

B 段：

说唱第一段歌词时，依次做看、指眼睛、指鼻子、指耳朵、向前伸出双手的动作；

说唱第二段歌词时，依次做看、摸尾巴、摊开双手表示没有尾巴、举起双拳扮作无尾熊的前掌、吃东西的动作。

C 段：双手随乐绕环。

（2）教师根据幼儿的表现及时反馈，表扬幼儿把动作记得真清楚。

2. 学习新动作“跳跳”和“抱抱”

（1）教师示范，请幼儿认真观看。

教师坐在座位上，随乐表演，注意在 C 段音乐处，根据歌词增加“跳跳”和“抱抱”的动作。

（2）幼儿讨论、学做新动作。

教师：我刚才加入了哪些新动作？

教师：我是怎么“跳跳”的？你能试试吗？“抱抱”可以怎么做？

（3）教师带领幼儿坐在座位上，随乐做动作。

3. 学习新动作“找朋友”

（1）教师示范，请幼儿观察无尾熊是怎样找朋友的。

教师播放 A 段音乐，将原先坐着点头的动作替换成站起来摆臂踏步的动作，并在 A 段音乐结束时找到一个好朋友，跟他面对面站好。

教师带领幼儿梳理，明确找朋友的动作。

（2）教师示范在游戏中交换位置的方法。

教师播放完整的音乐，随乐做动作，在 A 段结束时找到一名幼儿面对面站好，鼓励幼儿与自己一起做动作；在 C 段的结束处，大声对幼儿说：“我们交换吧！”然后和幼儿交换位置，坐到幼儿的椅子上。

教师：你是我的好朋友，把你的家都让给我住了，你真好！谢谢你！那你没有家住了，怎么办？

启发幼儿说出可以去别的好朋友家里住。

(3) 请两三名幼儿同时当无尾熊，随乐找朋友、玩游戏。结束后，教师带领幼儿梳理，再次明确游戏动作。

4. 同伴游戏

教师请更多的幼儿（少于幼儿人数的一半）同时当无尾熊，随乐找朋友，并与朋友用肢体动作进行交流，感受活动的乐趣。

5. 结束活动

教师：无尾熊玩得真开心呀，现在肚子饿了，我们去找些好吃的食物吧。

幼儿随音乐结束游戏。

（南京市秦淮晨光幼儿园　魏　云）

虫　虫　飞

乐曲

虫　儿　飞

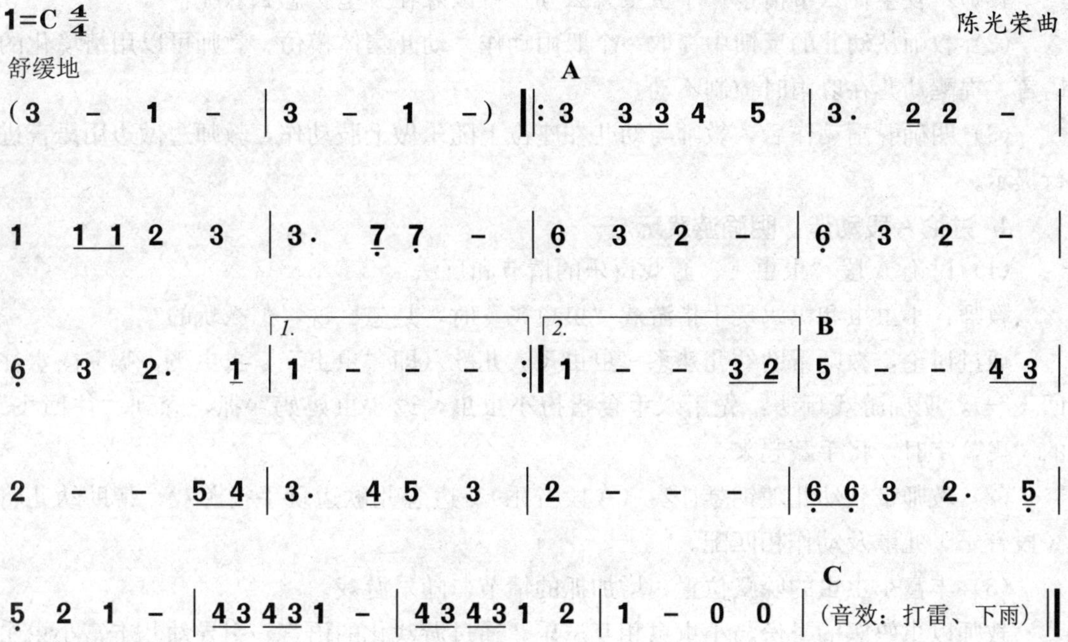

1=C 4/4　　　　陈光荣曲

舒缓地

(3 – 1 – | 3 – 1 –) ‖: A 3 33 4 5 | 3. 22 – |

1 11 2 3 | 3. 77 – | 6 3 2 – | 6 3 2 – |

6 3 2. 1 | 1. 1 – – – :‖ 2. 1 – – 32 | B 5 – – 43 |

2 – – 54 | 3. 45 3 | 2 – – – | 66 3 2. 5 |

5 2 1 – | 4343 1 – | 4343 1 2 | 1 – 0 0 | C (音效：打雷、下雨) ‖

活动分析

本次活动选用《虫儿飞》这首比较舒缓、柔和的乐曲，通过对音乐进行剪辑，并在最后增加打雷、下雨的音效，营造出在宁静的夜晚，可爱的小虫虫悠闲地喝露水，和小伙伴们一起飞舞、游戏、躲雨的情境。活动将音乐与民间手指游戏“虫虫飞”相结合，带领幼儿感受音乐的舒缓与紧张，随音乐玩手指游戏和躲藏游戏，引导幼儿在初步熟悉乐曲结构的基础上，不断丰富用肢体动作表演的经验。

活动过程

1. 故事导入

教师通过简短的故事，帮助幼儿初步了解游戏情节与内容。故事大意如下。

在一个静悄悄的晚上，小虫虫们从梦里醒来。它们揉揉眼睛，洗洗脸，拍拍小翅膀，和虫妈妈玩“虫虫飞”的游戏！它们飞来飞去，好开心啊！后来发生了一件事情。

到底是什么事呢？

2. 观看教师示范，整体感知音乐

教师随乐示范上肢动作，并借助语言提示，帮助幼儿理解动作内容。当播放到C段打雷、下雨的音效时，教师用静止的动作与表情，提示幼儿在此处要控制不动。

3. 讨论C段动作，创编躲雨造型

（1）教师引导幼儿讨论，了解下雨时虫虫可以躲在小花、叶子、房子等不同物体下。

教师：发生什么事情了？小虫虫怎么办？可以躲在哪里？怎么躲呢？

（2）教师从幼儿的反馈中提取一个躲雨动作，幼儿集体模仿。教师可以用情境化的语言，提醒幼儿在躲雨时控制不动。

（3）明确躲雨动作后，教师与幼儿在座位上随乐做上肢动作，教师边做边用语言进行提示。

4. 讨论A段动作，明确游戏玩法

（1）讨论A段“虫虫飞”游戏逗乐的情节和玩法。

教师：小虫虫和妈妈玩手指游戏“虫虫飞”时，是怎么说，怎么玩的？

通过讨论，教师帮助幼儿熟悉《虫虫飞》儿歌（即“虫虫飞，虫虫飞，喝完露水往回飞”），明确游戏玩法：先用双手食指扮小虫虫，逗“虫妈妈”抓，念到“往回飞”的“飞”字时，将手藏起来。

（2）教师带领幼儿随钢琴伴奏（A段音乐），边念儿歌边玩手指游戏，帮助幼儿将A段音乐、儿歌及动作相匹配。

（3）丰富小虫虫的躲藏位置，增加抓的情节，随乐游戏。

教师以虫妈妈的身份与小虫虫相互逗乐，通过游戏化的语言，引导幼儿丰富小虫虫（双手手指）躲藏的位置，除了可藏到背后，还可藏到身体的不同位置。

幼儿明确玩法后，教师带领幼儿坐在座位上随乐游戏，虫妈妈只需象征性地抓，通过富有情趣的互动交流，给予幼儿适度的紧张感，使其感受挑战成功后的快乐。

5. 创编躲雨造型，随乐完整游戏

（1）教师鼓励幼儿尝试创编不同的动作造型表现躲雨，给予幼儿独立表达的机会。

教师：小虫虫还可以在哪里躲雨？怎么做动作？

教师和幼儿随乐站在座位前完整地游戏，鼓励幼儿在C段音乐处快速摆好躲雨造型并保持不动。

（2）教师在“雨停”后及时通过情境化的语言，如“这里怎么有棵高高的树（或漂亮的小花等）”，假装找不到小虫虫，激励幼儿保持造型不动，享受活动的乐趣。

6. 增加空间的变化，完整游戏

教师与幼儿讨论，明确：随A段音乐原地做起床、和妈妈玩“虫虫飞”游戏的动作；随B段音乐自由走小碎步，做开心地飞一飞的动作，可以抱抱自己，也可找朋友抱一抱；在C段音乐处，摆一个自己喜欢的躲雨造型，静止不动。

教师根据幼儿的游戏情况逐渐退位，引导幼儿自由随乐完整地游戏。

附动作建议

前奏

做睡觉的动作。

A段

第一遍：一边说“小虫虫醒来啦，揉揉眼睛，洗洗脸，拍拍小翅膀”，一边做相应的动作，准备玩“虫虫飞”的游戏。

第二遍：以每四个小节为单位，一边说“虫虫飞，虫虫飞，喝完露水往回飞”，一边做相应的动作（两手指相碰后马上分开，两手模仿拍翅膀，在最后一拍时藏于背后）。

B段

以每四小节为单位，一边说“飞一飞，飞一飞，好开心，好开心”，一边做相应的动作（飞一飞、抱一抱）。

C段

任意做躲雨造型，保持不动。

（南京市石杨路幼儿园　朱　莉）

毛毛虫和蝴蝶

歌曲

毛毛虫和蝴蝶

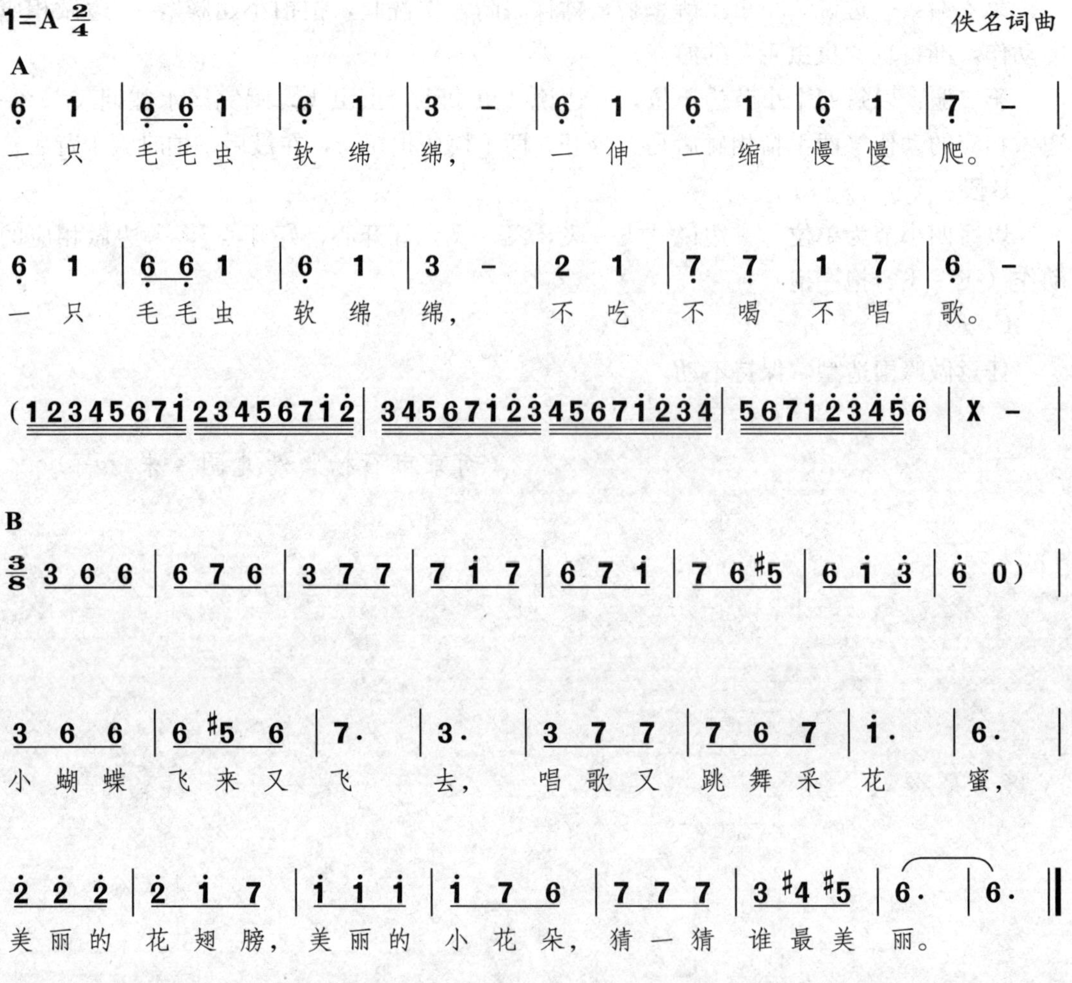

1=A 2/4　　　　　　　　　　　　　　　　　　佚名词曲

A

6 1 | 6 6 1 | 6 1 | 3 - | 6 1 | 6 1 | 6 1 | 7 - |
一 只 毛 毛 虫 软 绵 绵， 一 伸 一 缩 慢 慢 爬。

6 1 | 6 6 1 | 6 1 | 3 - | 2 1 | 7 7 | 1 7 | 6 - |
一 只 毛 毛 虫 软 绵 绵， 不 吃 不 喝 不 唱 歌。

(1234567i23456 7i2 | 34567i234567i234 | 567i23456 | X - |

B

3/8 3 6 6 | 6 7 6 | 3 7 7 | 7 i 7 | 6 7 i | 7 6 #5 | 6 i 3 | 6 0) |

3 6 6 | 6 #5 6 | 7. | 3. | 3 7 7 | 7 6 7 | i. | 6. |
小 蝴 蝶 飞 来 又 飞 去， 唱 歌 又 跳 舞 采 花 蜜，

2 2 2 | 2 i 7 | i i i | i 7 6 | 7 7 7 | 3 #4 #5 | 6. | 6. ‖
美 丽 的 花 翅 膀， 美 丽 的 小 花 朵， 猜 一 猜 谁 最 美 丽。

活动分析

《毛毛虫和蝴蝶》是一首情绪变化十分鲜明的乐曲，A段情绪悲伤、难过，节奏缓慢，B段情绪高兴、节奏欢快。整首音乐作品工整，适合小班幼儿。乐曲讲述了一个充满童趣的故事。故事情节有趣，音乐形象深受幼儿喜爱。幼儿在感受歌曲中不同速度、节奏所表达的情绪的同时，尝试用身体动作创造性地表现毛毛虫和蝴蝶。

活动过程

1. 听故事，欣赏音乐

教师讲述故事。故事大意如下。

一只毛毛虫准备参加森林里的选美大赛，可是蜘蛛阿姨却嘲笑它很丑，一点也不漂亮。毛毛虫十分伤心，它慢慢地爬到树上，变成了一个蛹……没想到，神奇的事情发生了！毛毛虫经过漫长地蜕变，竟然变成了一只美丽的蝴蝶，在空中翩翩飞舞。

2. 欣赏 A 段音乐，尝试用身体动作表现毛毛虫

教师播放 A 段音乐，请幼儿欣赏。幼儿感受音乐的缓慢、平稳，并跟随音乐用身体动作表现毛毛虫慢慢蠕动身体的样子。

教师：音乐听起来让你有什么感觉？（慢）

教师：毛毛虫怎样慢慢地蠕动身体呢？

教师引导幼儿一起学学毛毛虫蠕动身体的样子，表扬大胆表现的幼儿。

3. 欣赏 B 段音乐，尝试用身体动作表现蝴蝶，感受与 A 段音乐的快慢对比

教师播放 B 段音乐，幼儿欣赏，并尝试随音乐表现蝴蝶飞舞的样子。

教师：毛毛虫长大了，会变成什么样子呢？

教师：这段音乐与前面慢慢的音乐相比，听起来又让你有什么感觉？

教师引导幼儿共同表现蝴蝶飞舞的样子。

4. 完整欣赏音乐，感受音乐间奏，了解音乐情绪转换的时间点

教师：注意听，毛毛虫是在什么时候变成蝴蝶的？

引导幼儿发现，音乐演奏到间奏的| X – |后情绪突然变得欢快，表示毛毛虫变成了蝴蝶，破茧而出，快乐地飞舞。

教师带领幼儿练习两三遍，在| X – |处表现毛毛虫变成蝴蝶的喜悦和欢快，去闻闻花香，采采花蜜。

5. 随音乐游戏

A 段音乐开始时，幼儿双手合十贴在自己的耳边，扮演沉睡的毛毛虫，教师扮演蝴蝶妈妈，逐个点醒毛毛虫，被点醒的毛毛虫随音乐慢慢扭动自己的身体。

随着间奏中的| X – |，音乐进入 B 段，毛毛虫蜕变成美丽的蝴蝶，破茧而出，飞舞着去找花，闻闻花香，采采花蜜。这时教师悄悄撤走一张小椅子，在音乐渐止时引导幼儿都回“家”。这时会有一名幼儿找不到座位，回不了“家”。请这名幼儿替换教师扮演蝴蝶妈妈，再次游戏。

教师和幼儿共同游戏，适时指导。

（南京市秦淮晨光幼儿园 魏 云）

锤 锤 乐

歌曲

巴拉怪在跳舞

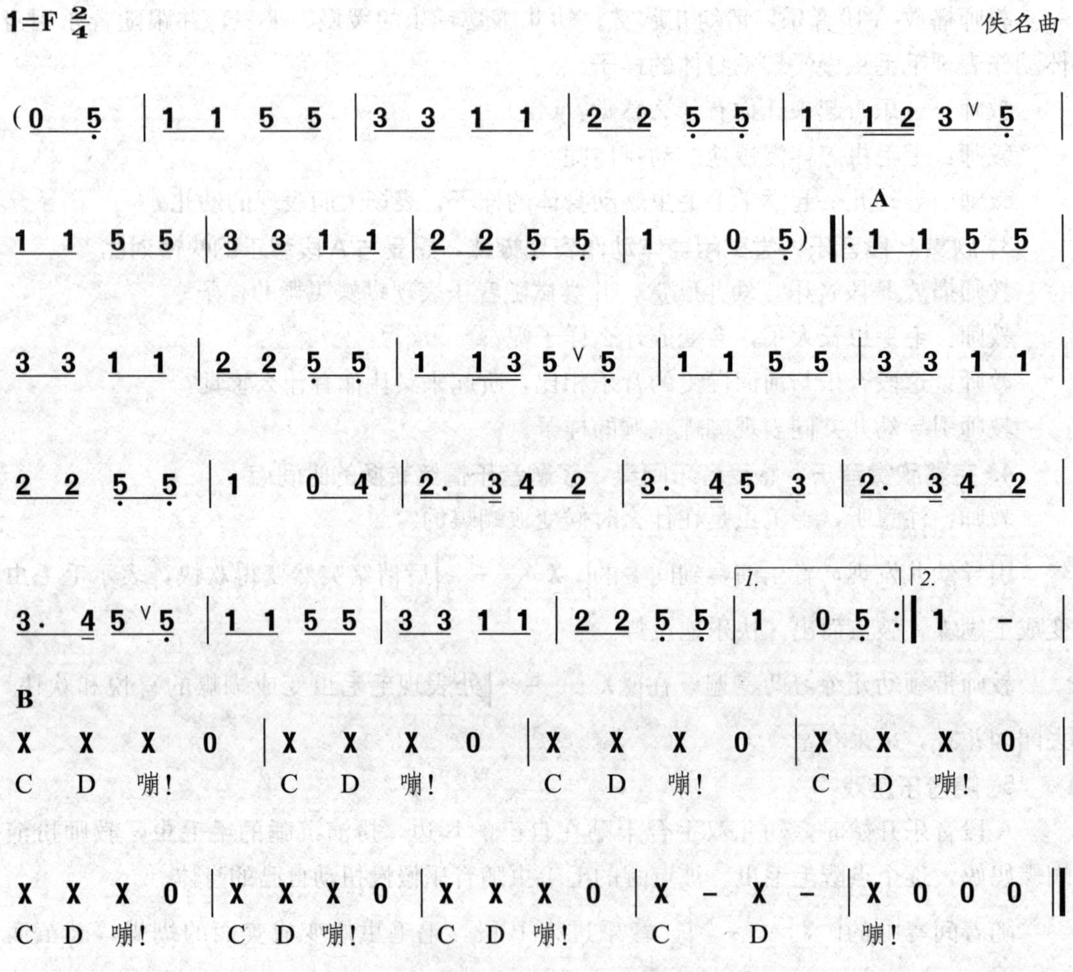

1=F 2/4 佚名曲

(0 5 | 1 1 5 5 | 3 3 1 1 | 2 2 5 5 | 1 1 2 3 ∨ 5 |

1 1 5 5 | 3 3 1 1 | 2 2 5 5 | 1 0 5) ‖: A 1 1 5 5 |

3 3 1 1 | 2 2 5 5 | 1 1 3 5 ∨ 5 | 1 1 5 5 | 3 3 1 1 |

2 2 5 5 | 1 0 4 | 2. 3 4 2 | 3. 4 5 3 | 2. 3 4 2 |

3. 4 5 ∨ 5 | 1 1 5 5 | 3 3 1 1 | 2 2 5 5 |1. 1 0 5 :‖2. 1 - |

B
X X X 0 | X X X 0 | X X X 0 | X X X 0 |
C D 嘣! C D 嘣! C D 嘣! C D 嘣!

X X X 0 | X X X 0 | X X X 0 | X - X - | X 0 0 0 ‖
C D 嘣! C D 嘣! C D 嘣! C D 嘣!

活动分析

《巴拉怪在跳舞》是一首节奏感强、情绪欢快的外国儿童歌曲。活动中，教师利用充气小锤，设计了“锤锤乐”的游戏情境，通过“小锤找朋友”和“抱锤转圈”等环节，带动幼儿随乐合拍地与小锤玩身体接触游戏，并在音乐 B 段的“嘣”处做出捶、跑的快速反应。不断变化的游戏保持了幼儿的参与热情，使幼儿享受到音乐游戏的愉悦。

活动准备

塑料充气小锤一个。

活动过程

1. 猜猜这是什么

教师将小锤藏于身后，若隐若现，引发幼儿猜测。

教师：这是一个软软的、鼓鼓的、摸上去好舒服的——什么？

幼儿猜测后，教师出示小锤，引发幼儿对活动的兴趣。

2. 和小锤交朋友

教师：小锤子会和每个小朋友交朋友。

教师：小锤子来喽！

教师持锤与幼儿互动，随音乐的前奏依次轻点幼儿的头部，尽量合拍地快速点过每一名幼儿的头，让幼儿享受与小锤接触时的激动心情。

教师：小锤子告诉我，你们都是它的好朋友啦！你们喜欢吗？想不想跟小锤子做游戏？

3. 游戏：小锤找朋友

教师：小锤子找到你时，请抱着小锤跟着走出来，它还会送你回去的。

教师走近一名幼儿，伸出小锤邀请幼儿，边慢速地说“抱着小锤跟我——”，边将幼儿拉出座位，然后边说“走”边反推幼儿回座位。

待幼儿逐渐熟悉动作后，教师快速哼唱音乐 A 段，依次和所有幼儿游戏。

4. 游戏：抱锤转圈

教师：你们都会转圈吗？

教师：一会儿小锤子找到你时，你要抱着它走出来，转个圈，小锤才会送你回去呢。

教师举锤走近幼儿，依次与幼儿游戏。由慢速地说“抱着小锤转个圈”，逐渐过渡到哼唱 A 段音乐，每一个八拍邀请一名幼儿。

5. 随前奏和 A 段音乐游戏

教师：小锤子好不好玩？找朋友的游戏好不好玩？

教师：让我们跟着好听的音乐玩“找朋友”的游戏吧。

教师跟随音乐前奏依次用小锤点过幼儿的头，在最后一拍找到一名幼儿随 A 段音乐开始“找朋友”游戏，到 A 段音乐结束时，依次和八名幼儿完成“找朋友”游戏。

6. 听辨 B 段音乐，模唱语言节奏

（1）幼儿听辨 B 段音乐、模唱语言节奏，并在教师的引导下，感受小锤在“嘣”处捶击的重音。

教师：小锤子要请你们听一段好玩的音乐，找一个好玩的声音。

教师：仔细听听好玩的声音唱的是什么？

（2）在游戏中巩固练习语言节奏。

教师引导幼儿用小手握拳当小锤，自由地在身上捶击，突出“嘣”处的重音；再用小手捶击不断走动的教师，巩固练习“嘣”处的重音。最后，教师用小锤引逗、捶击幼儿，鼓励幼儿大声地说出“C——D——嘣”的语言节奏。

（3）随B段音乐完整地游戏。

7. 全体幼儿拉成圈，变换形式玩游戏

全体幼儿起立，围成大圈，随完整的音乐游戏，充分享受捶击游戏的快乐。

教师：刚才我们是坐着玩的，现在我们要站起来拉成圈玩“锤捶乐”游戏。

活动延伸

1. 当幼儿能够熟练地游戏后，教师可提出新的游戏玩法，引导幼儿在“嘣”处完成一锤后跑至圆上的任意位置，增加游戏性。

2. 多次游戏之后，可以尝试让幼儿持锤游戏，让幼儿真正体验到自我娱乐和娱乐他人的快乐。

（中国科学技术大学幼儿园　王咏梅）

中班

十个小矮人

歌曲

十个小矮人

1=F $\frac{4}{4}$

美国儿童歌曲
汪爱丽译配

中速

1 1 1 1 | 3 5 5 3 1 | 2 2 2 2 | $\underset{\cdot}{7}$ 2 2 $\underset{\cdot}{7}$ $\underset{\cdot}{5}$ |
一 个 两 个 三 个小矮 人， 四 个 五 个 六 个小矮 人。

1 1 1 1 | 3 5 5 3 1 | 2 2 $\underset{\cdot}{5}$ $\underset{\cdot}{5}$ | 1 - - - :‖
七 个 八 个 九 个小矮 人， 十 个 小 矮 人。

活动分析

歌曲《十个小矮人》是一首欧美童谣，节奏欢快。活动中，教师引导幼儿在熟悉歌曲的基础上，根据音乐旋律，有节奏地进行点唱，合拍地做动作，并在向相反方向行走时，能清楚自己的行进方向，跟好同伴。

活动准备

幼儿熟悉歌曲《十个小矮人》并能跟唱；了解大巨人和小矮人的特点，并能用相应的动作表现；有站双圈游戏的经验。

活动过程

1. 复习歌曲，练习走步

（1）教师带领幼儿边唱歌曲，边模仿大巨人、小矮人，走成单圈队形。

（2）幼儿练习边唱歌曲，边按歌词拍手（即唱到数字时拍一下手）。

2. 学习“点小矮人”的方法

（1）幼儿看教师示范，明确“点小矮人”的方法：大家面向圆心唱歌，点人者沿逆时针方向，按歌曲的节奏点圈上的幼儿；唱到数字时，被点到的幼儿要屈膝一下，扮演小矮人。

（2）幼儿和教师一起边唱歌边练习“点小矮人”。

3. 学习玩游戏

（1）幼儿站成一圈，边唱歌边拍手。教师提示幼儿记住自己两边的同伴是谁。

（2）教师请一名幼儿当点人者，随歌曲点出十个小矮人。

（3）教师指导被点到的十个小矮人在歌曲的第 7～8 小节处边拍手边走到圈内，站成内圈。

（4）音乐重新开始时，内圈的小矮人沿顺时针方向，两手叉腰蹲着走；外圈的幼儿扮演大巨人，两手斜上举，沿逆时针方向踮着脚走。

（5）教师指导内圈的幼儿在听到钢琴奏出的下划音时，迅速回到外圈的原位上。

4. 做游戏

（1）幼儿边唱歌，边完整地游戏。教师提醒幼儿在游戏过程中注意与同伴保持合适的距离。

（2）幼儿熟悉游戏后，教师可逐渐退出，让幼儿自主游戏。

活动延伸

教师可在活动之后带领幼儿玩体育游戏“大巨人、小矮人”，让幼儿进一步熟悉大巨人和小矮人的动作，并锻炼反应速度。

鸟 飞

乐曲

小狂欢节圆舞曲(片段)

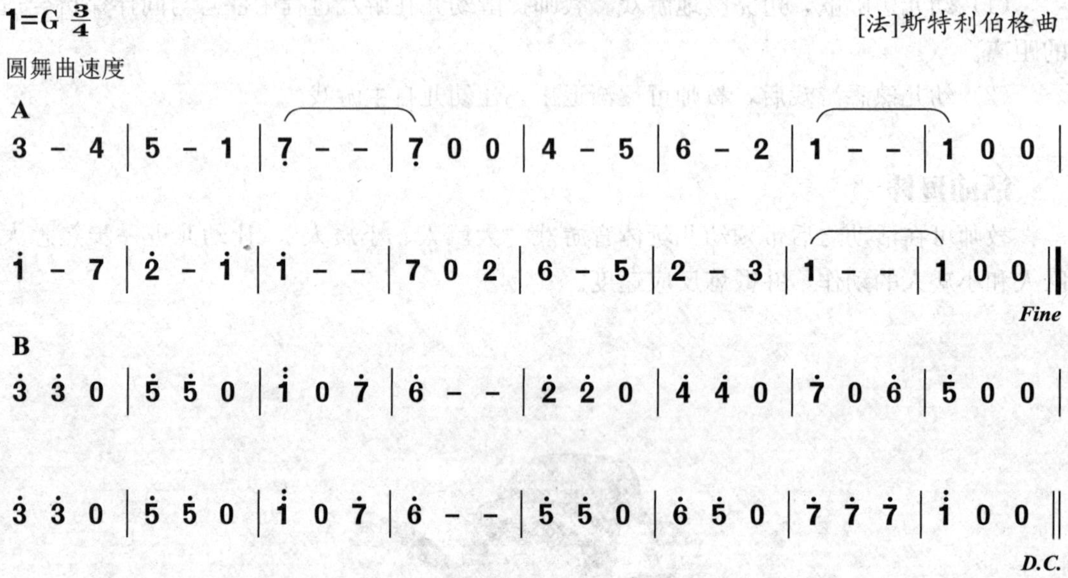

1=G $\frac{3}{4}$ [法]斯特利伯格曲

圆舞曲速度

A

3 - 4 | 5 - 1 | 7̣ - - | 7̣ 0 0 | 4 - 5 | 6 - 2 | 1 - - | 1 0 0 |

1̇ - 7 | 2̇ - 1̇ | 1̇ - - | 7 0 2 | 6 - 5 | 2 - 3 | 1 - - | 1 0 0 ‖

Fine

B

3̇ 3̇ 0 | 5̇ 5̇ 0 | 1̇ 0 7̇ | 6̇ - - | 2̇ 2̇ 0 | 4̇ 4̇ 0 | 7̇ 0 6̇ | 5̇ 0 0 |

3̇ 3̇ 0 | 5̇ 5̇ 0 | 1̇ 0 7̇ | 6̇ - - | 5̇ 5̇ 0 | 6̇ 5̇ 0 | 7̇ 7̇ 7̇ | 1̇ 0 0 ‖

D.C.

活动分析

乐曲节选自《小狂欢节圆舞曲》，经剪辑呈现为“A—B—A”结构，A 段旋律悠扬，B 段节奏欢快。活动中，教师引导幼儿在熟悉音乐的基础上，听辨两段音乐的不同，学习听 A 段音乐做鸟飞动作，尝试用手臂朝不同方向摆动，创造性地表现鸟飞的姿态；知道走小碎步时要将脚踮起轻轻地交替移动；尝试听 B 段音乐做鸟吃虫的动作；形成初步的随音乐变化做不同动作的意识。

活动准备

小鸟头饰每人一个。

活动过程

1. 讨论，导入活动

教师：小朋友们知道小鸟是怎么飞吗？谁来表演一下？

教师根据幼儿的表演，进行总结。

2. 伴随A段乐曲，学习鸟飞的动作

（1）教师戴上头饰，引导幼儿观察。

教师：我是谁？（鸟妈妈）

教师请幼儿也戴上头饰，扮演鸟宝宝。

（2）教师用游戏的口吻引导幼儿自由模仿鸟飞。

教师：孩子们，你们长大了，要学会飞才能找到虫子。

教师：小鸟是怎么飞的？我们一起来练习练习吧。

（3）集体练习手臂上、下摆动，教师带领幼儿听音乐合拍地摆动。

（4）教师示范鸟飞，重点引导幼儿观察脚的动作。

教师：鸟妈妈是怎样飞得又轻又快的？

（5）幼儿学习小碎步，教师提醒幼儿踮起脚，双脚快速交替，向前行进。

动作说明：双脚踮起，无节奏或有节奏地用前脚掌交替、均匀地向前后左右或原地走动，膝关节放松，双手在体侧上下摆动。

（6）幼儿练习手脚配合地做鸟飞动作，教师带领幼儿随乐在教室中自由“飞行”。

3. 随B段音乐进行游戏：小鸟捉虫

（1）教师以鸟妈妈的口吻说：我们要到树林里去，看到虫子就一口一口地吃掉。

（2）教师边哼唱B段音乐，边扮鸟妈妈做吃虫的动作，幼儿在教师的动作提示下做小鸟吃虫的动作。

动作说明：用手或头向不同方位啄动，嘴里有节奏地发出啄食声，模仿小鸟吃虫的样子。

4. 完整游戏

（1）教师请部分幼儿上前，随乐游戏，并在B段音乐开始时，用语言提示幼儿：这儿有好多虫，我们快吃吧。帮助幼儿理解随音乐变化变换动作的游戏要求。

（2）全体幼儿游戏。教师提醒幼儿做鸟飞动作时要随音乐合拍地飞。

5. 结束活动

幼儿做鸟飞动作离开教室。

活动延伸

可在科学活动中引导幼儿观察鸟，让幼儿更直观地了解鸟的特点，更加生动地表演。

滑稽的脚先生

歌曲

滑稽的脚先生

1=D $\frac{4}{4}$

佚　名词曲
汪爱丽译配

滑稽地

1 3 2 4 | 3 5 1̇ – | 7 6 5 4 | 3 4 5 5 5 |
先 用 脚 尖 踮 着 走， 再 用 脚 跟 翘 着 走，还 用

6 6 5 5 5 | 4 4 3 2 5 5 | 1̇ 5 5 6 5 4 | 3 5 1̇ – ‖
脚 边 走，走 得 歪 歪 扭 扭，两 脚 并 拢 还 能 跳 跳 跳。

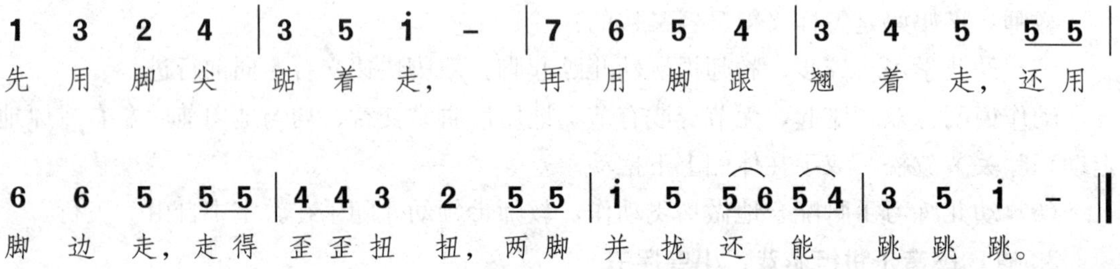

活动分析

《滑稽的脚先生》是一首外国儿童歌曲，旋律活泼，歌词生动地描绘了用脚的不同部位走、跳的有趣情景。在活动中，幼儿探索用脚的不同部位走路，在初步学会律动的基础上，基本掌握随音乐向圆圈内走、退回原位、在圆圈上走等队形变化，体验和表现"脚先生"走路时的滑稽与风趣，享受活动带来的快乐。

活动准备

内容分别为踮着脚走、用脚跟走、用脚边走、两脚并拢跳的图片。

活动过程

1. 谈话，引出脚先生

教师：我们每个小朋友都有两只小脚丫，可别小瞧这两只小脚丫，它们呀，可神气了，不仅会跑、跳，而且还会用不同部位走路呢！试试看，你们的小脚丫是不是这样啊？

2. 探索用脚的不同部位做走路的动作

（1）教师逐张出示图片，请幼儿看一看，说一说可以用脚的什么部位走路，并站在座位前试一试。

（2）教师清唱歌曲，幼儿自由寻找空间，随教师的歌声合拍地练习每个不同的走路动作。（唱一遍歌曲，练习一个动作；唱第二遍歌曲时，练习下一个动作）

3. 熟悉歌曲内容

教师边指图边演唱歌曲，幼儿初步了解脚先生走路的动作顺序。

4. 在座位上随音乐合拍地做动作

（1）幼儿看教师指图，按动作顺序随音乐合拍地做动作。

（2）在没有图片提示的情况下，幼儿随音乐合拍地做动作。

5. 随音乐进行练习

（1）幼儿站成单圈队形，边听教师讲故事，边用动作表现。故事内容如下。

滑稽的脚先生走着走着，来到一个大花园。它看见花园里的花美丽极了，于是踮起脚走进花园看花（踮起脚，用脚尖向圆内走），然后走到远处看花（翘着前脚掌，用脚跟向圆外退着走），接着又围着花园，边走边看花（朝同一个方向转身，在圆上用脚边歪歪扭扭地走）。脚先生越看越喜欢，最后，它看着美丽的花开心地跳起来（转身面向圆心，两脚并拢跳）。

（2）教师慢速清唱歌曲，幼儿练习动作。具体动作建议如下。

全体幼儿围成圆圈，面向圆心站立。

第 1～2 小节：踮起脚，用脚尖向圆心方向走。

第 3～4 小节：翘着前脚掌，用脚后跟向圆外退着走。

第 5～6 小节：在圆上用脚边歪歪扭扭地走。

第 7 小节：转身，面向圆心，并拢双脚。

第 8 小节：双脚并拢，原地跳。

（3）教师带领幼儿随音乐多练习几遍，指导幼儿随音乐较准确地变换队形，并合拍地做动作。

活动延伸

教师可在活动后，开展体育活动“脚印之旅”，继续带领幼儿尝试不同于平时的走路方式。

椅子律动

乐曲

泼水歌

1=F $\frac{2}{4}$　　　　　　　　　　　　　　　　　　　　　　佚名词曲

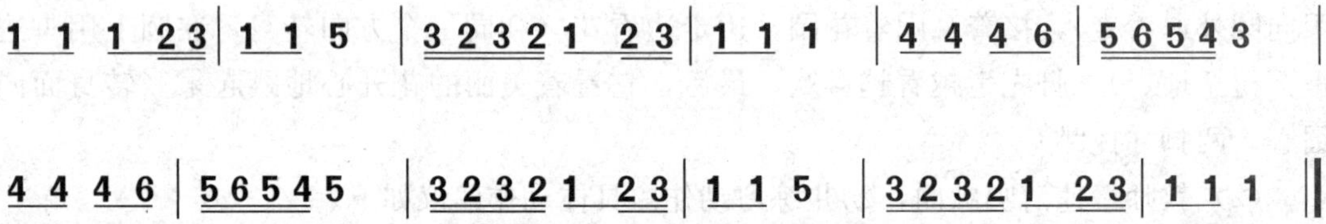

1 1 1 23 | 1 1 5 | 32321 1 23 | 1 1 1 | 4 4 4 6 | 56543 |

4 4 4 6 | 56545 | 32321 1 23 | 1 1 5 | 32321 1 23 | 1 1 1 ‖

活动分析

《泼水歌》是一首有着少数民族风情的歌曲，节奏欢快，适合幼儿随乐律动。活动中，教师引导幼儿将小椅子作为道具创编动作，随音乐合拍地做游戏，在游戏中体验、表现律动的情趣，感受活动的快乐。

活动准备

每人一张小椅子，排列成秧田式。

活动过程

1. 倾听音乐

教师带领幼儿听音乐，随音乐拍手。

2. 创编游戏动作

（1）幼儿根据教师的启发，将小椅子作为道具，自由创编躲藏、探身等游戏动作（如图 3 所示）。

（2）请 2～3 名幼儿在集体前展示自己创编的游戏动作，教师合着幼儿的动作哼唱乐曲旋律。

（3）教师带领全体幼儿共同讨论后，加工整理并学习。

3. 练习游戏动作

（1）幼儿随着较慢的旋律，练习游戏动作。

在幼儿做动作的过程中，教师可提示幼儿朝不同的方向做动作。

（2）教师指导幼儿重点练习按 | X　X | $\underline{X\ X}$ X | 的节奏做动作。

（3）幼儿随着音乐完整地游戏。

活动延伸

因活动所需空间小，道具方便易得，教师可以将乐曲上传到家长群中，让家长带领幼儿反复游戏，鼓励幼儿创编更多的动作。

附动作建议

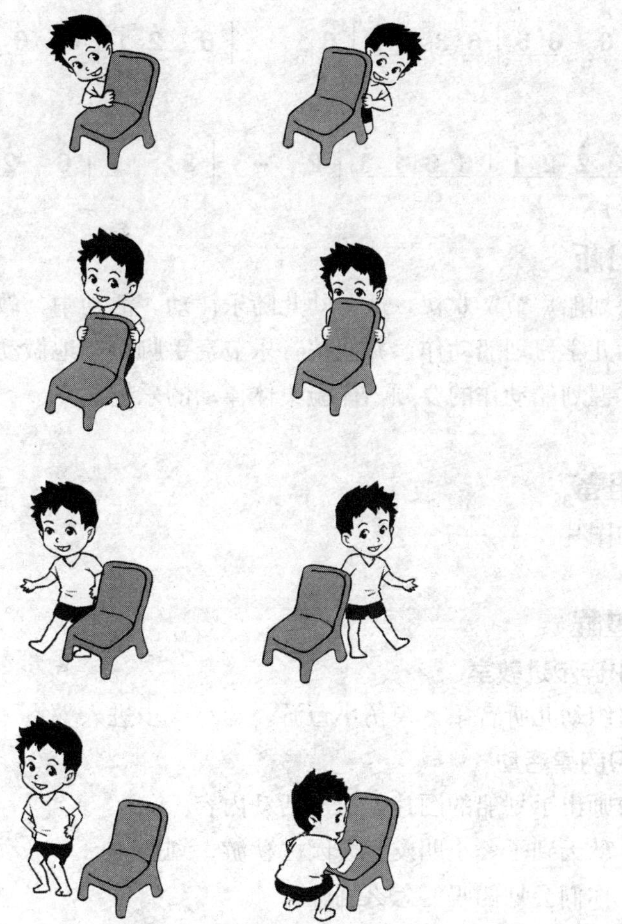

图 3　《椅子律动》动作建议图

划　　船

乐曲

划　船

1=C $\frac{2}{4}$　　　　沈亚威曲

中速

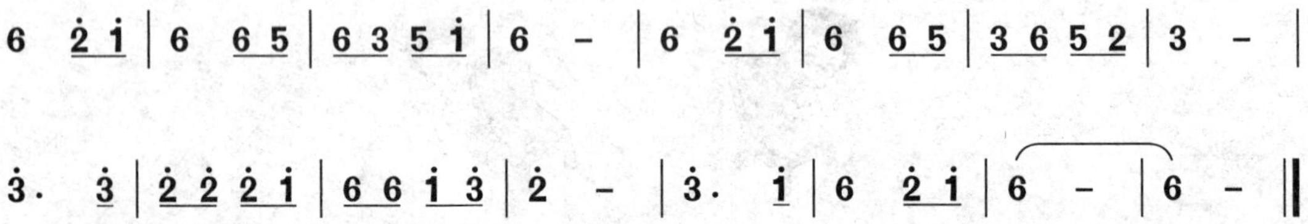

6 2̇ 1̇ | 6 6 5 | 6 3 5 1̇ | 6 – | 6 2̇ 1̇ | 6 6 5 | 3 6 5 2 | 3 – |

3̇. 3̇ | 2̇ 2̇ 2̇ 1̇ | 6 6 1̇ 3̇ | 2̇ – | 3̇. 1̇ | 6 2̇ 1̇ | 6 – | 6 – ‖

活动分析

乐曲《划船》节奏欢快，适合幼儿随乐律动。活动中，教师调动幼儿已有的生活经验，引导幼儿学习划船动作，并能按音乐节奏手脚协调地做动作。在练习的过程中，幼儿发现、掌握划船动作的要领，体验集体律动的乐趣。

活动准备

划船的图片。

活动过程

1. 走小碎步进教室

教师组织幼儿听音乐，模仿小鱼游，走小碎步进入教室。

2. 学习韵律活动

（1）教师出示划船的图片，引出活动内容。

教师：秋天到了，小朋友到公园去秋游、划船。

教师：你们会划船吗？怎么划呢？

（2）教师示范划船的动作，幼儿学习。

（3）全体幼儿坐在座位上，用上肢动作模仿划船。

3. 随乐练习

（1）教师播放音乐，带领幼儿随乐有节奏地用上肢动作模仿划船，要求动作合拍。

（2）全体幼儿练习并步。

教师：我们用手臂当船桨，把脚当船身。

教师：怎样做表示船前进呢？

(3) 听音乐练习并步，要求动作合拍。

动作建议如下。

双手做摇桨动作，脚做并步。每两拍一步，第一拍右脚向前迈一小步，同时两臂向前伸出；第二拍左脚向前一步与右脚靠拢，双手划回胸部两侧。

(4) 教师示范划船动作，幼儿观察，学习手脚配合、协调地做划船动作。

4. 完整游戏

幼儿听音乐，有节奏地划船。教师适时指导，并用语言增添游戏情趣，如“小船划得真稳”“呀，起风了，大家加油”等。最后，幼儿集体做划小船的动作离开活动室。

活动延伸

待幼儿熟练地掌握动作后，可变换划船方式，如两人合作划一只小船，向不同方向划船等。

套 圈

歌曲

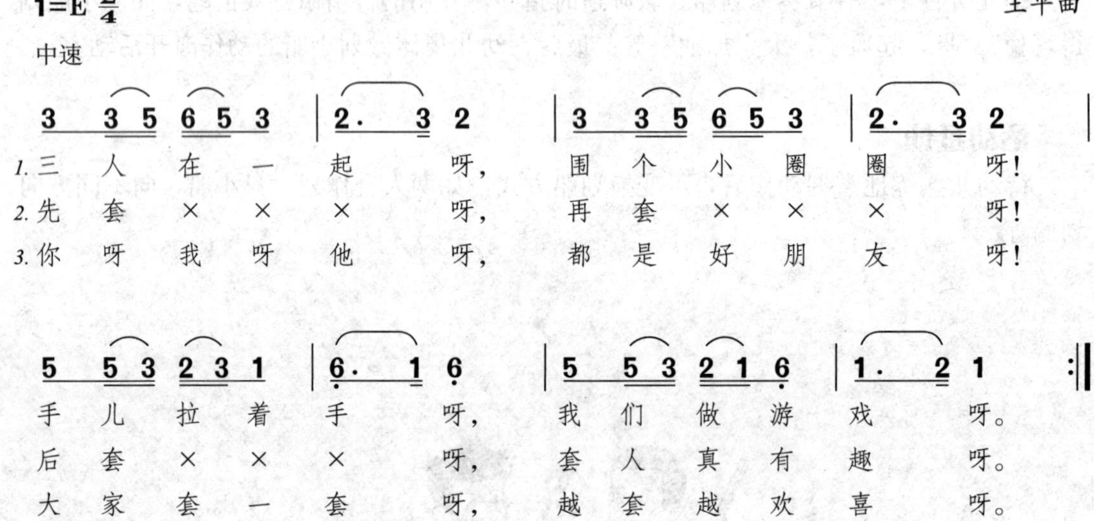

活动分析

《套圈》是一首游戏歌曲，歌词将游戏的动作讲得清清楚楚。活动中，教师引导幼儿在会玩游戏的基础上，能边唱歌边做游戏。幼儿相互合作、相互配合、相互谦让，感受与同伴合作游戏的快乐。

活动准备

幼儿会玩游戏“套圈”。

活动过程

1. 谈话，导入活动

教师：你们都会玩“套圈”游戏吧？谁愿意上来展示一下？

教师请三名幼儿玩“套圈”，其他幼儿观看。

2. 配乐玩游戏

（1）教师带领幼儿学唱歌曲。

（2）教师慢速演唱歌曲，请几名幼儿上前，边跟唱边做游戏。其余幼儿边听边思考，想一想在唱什么歌词的时候相应地做什么动作。

（3）教师和幼儿共同讨论，将游戏动作与歌曲相匹配。

动作建议如下。

唱“三人在一起呀”时，三名幼儿头碰在一起，两手相互抱肩，围成小圆圈。

唱“围个小圆圈呀”时，手拉手向后退，小圆圈变成大圆圈。

唱“手儿拉着手呀”时，三人同时沿逆时针方向跑八步。

唱“我们做游戏呀”时，三人相互交叉握手（两名幼儿右臂交叉在左臂上面，一名幼儿左臂交叉在右臂上面）。

唱“先套×××呀，再套×××呀，后套×××呀”时，甲、乙两人用拉着的手从丙的头上套下，同时甲、乙蹲下，然后丙把脚向后跨出甲乙拉着的手。依同样方法轮套甲和乙。

唱“套人真有趣呀”时，原地蹦跳四下。

唱“你呀我呀他呀，都是好朋友呀”时，动作同“先套×××呀，再×××呀，后套×××呀”，但是站着不蹲，最后，三人拉着的手都放在背后。

唱“大家套一套呀，越套越欢喜呀”时，三人同时起踵，上身微仰，用碎步旋转。

3. 幼儿完整地随乐游戏

幼儿三人一组，根据歌词、节奏边唱歌边做游戏。教师指导，提醒幼儿注意相互间的配合和协调。

活动延伸

可以请幼儿回家后当老师，带领爸爸妈妈一起玩这个游戏，锻炼幼儿准确表述游戏玩法的能力。

盖房子

歌曲

盖房子

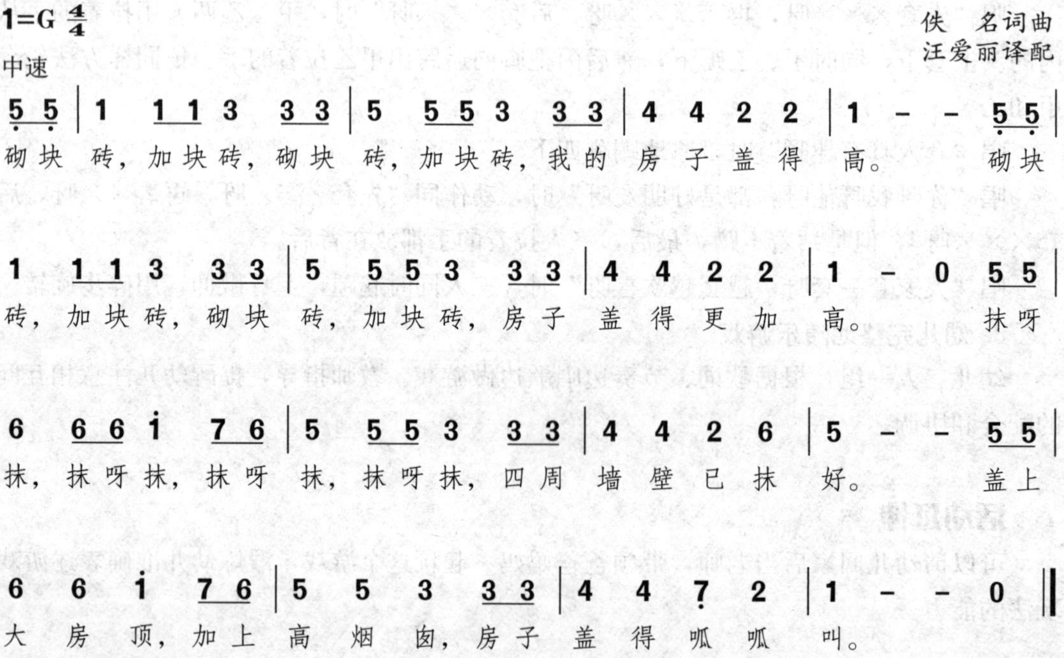

1=G $\frac{4}{4}$

中速

佚　名词曲
汪爱丽译配

5̣ 5̣ | 1 1 1 3 3 3 | 5 5 5 3 3 3 | 4 4 2 2 | 1 – – 5̣ 5̣ |
砌块 砖，加块砖，砌块 砖，加块砖，我的 房 子 盖 得 高。 砌块

1 1 1 3 3 3 | 5 5 5 3 3 3 | 4 4 2 2 | 1 – 0 5 5 |
砖，加块砖，砌块 砖，加块砖，房子 盖 得 更 加 高。 抹呀

6 6 6 1̇ 7 6 | 5 5 5 3 3 3 | 4 4 2 6 | 5 – – 5 5 |
抹，抹呀抹，抹呀 抹，抹呀抹，四周 墙 壁 已 抹 好。 盖上

6 6 1̇ 7 6 | 5 5 3 3 3 | 4 4 7̣ 2 | 1 – – 0 ‖
大 房 顶，加上 高 烟 囱，房子 盖 得 呱 呱 叫。

活动分析

歌曲《盖房子》是一首欧美童谣。活动中，教师引导幼儿根据歌词内容创编相应的动作，并想象、创编不同的房顶和烟囱造型，随音乐边唱歌边表演，体验音乐活动的乐趣。

活动准备

各种造型的房子的图片；幼儿已会唱歌曲《盖房子》，并见过建筑工人用砖砌墙、用灰抹墙的劳动场面。

活动过程

1. 复习歌曲

教师出示房子图片，随着音乐和歌词内容有节奏地指图，带领幼儿复习已学会的歌曲《盖房子》。

2. 创编砌墙的动作

（1）教师引导幼儿根据歌词内容创编砌墙的动作。

教师：盖房子的时候是从哪个地方开始的？我们见到建筑工人在盖房子时，是从下向上盖，还是从上向下盖的？砖是怎样摆放的？

（2）教师和幼儿明确：砌墙的时候可以从坐着开始做动作；可以用手表示砖，从下往上交替叠手，表示砌砖块。

（3）探索唱到“我的房子盖得高”和“房子盖得更加高”时，动作的位置怎样区分。

（4）教师演唱歌曲，幼儿完整地练习第1～2句歌词的动作。

3. 创编抹墙的动作

（1）全体幼儿随音乐做两拍一下的抹墙动作，朝每个方向抹两下。

（2）教师唱歌词，幼儿完整地练习第1～3句歌词的动作。

4. 创编房顶、烟囱造型

（1）教师请部分幼儿表现自己设想的房顶、烟囱造型，并集体模仿。当幼儿创编造型有困难时，教师可出示各种造型的房子的图片，启发幼儿用动作表现。

（2）教师带领幼儿随音乐完整、合拍地边唱边表演。

教师：我们的房子先盖到什么地方？后盖到什么地方？最后要加上与别人不一样的房顶、烟囱。

教师：比一比，谁的房子盖得顶呱呱？

5. 分组表演

（1）全体幼儿分成两大组进行表演，教师提出表演要求。

教师：小朋友表演时，每砌一块砖时都要认真地用眼睛看好，这样才能盖出最漂亮、最结实的房子。

（2）一组幼儿表演时，另一组幼儿观看，然后互相评价，选出最认真的建筑工人和最漂亮的房子。

活动延伸

可以在表演区布置建筑工地的背景，鼓励幼儿自主随乐表演。

蝴　蝶　飞

乐曲

蝴　蝶　飞

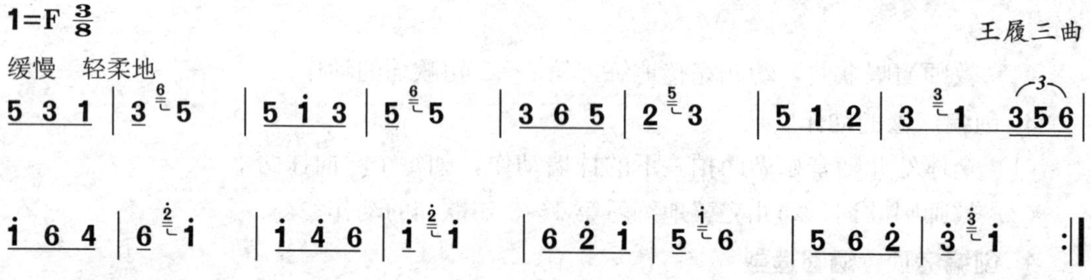

1=F $\frac{3}{8}$

王履三曲

缓慢　轻柔地

5 3 1 | 3 ⁶5 | 5 i̇ 3 | 5 ⁶5 | 3 6 5 | 2 ⁵3 | 5 1 2 | 3 ³1 3 5 6 |

i̇ 6 4 | 6 ²̇i̇ | i̇ 4̇ 6 | i̇ ²̇i̇ | 6 2̇ i̇ | 5 ¹̇6 | 5 6 2̇ | 3̇ ³̇i̇ :‖

活动分析

乐曲《蝴蝶飞》旋律舒缓、轻柔，适合让幼儿随着音乐想象表现蝴蝶飞舞。教师带领幼儿从欣赏乐曲入手，感受乐曲的旋律特点，想象、展示蝴蝶飞舞的美丽姿态，并能找到空地自由地活动，不影响他人表演。

活动过程

1. 欣赏乐曲

（1）了解乐曲的名称。

教师：小朋友们，今天老师给大家带来一首好听的乐曲，名字叫《蝴蝶飞》。

（2）欣赏音乐，想象乐曲中的蝴蝶飞舞的情景。

教师：小朋友们，听了刚才的乐曲，你们能感受到蝴蝶是在什么地方飞的吗？它们是怎么飞的？

（3）幼儿自由地谈论。

（4）教师再次播放乐曲，引导幼儿进一步感受，并交流各自的想法。

2. 随乐曲做律动

（1）幼儿边听音乐，边用肢体动作表现蝴蝶飞舞的姿态。

（2）教师和幼儿一起讨论，明确如何恰当地用动作表现蝴蝶飞舞的情景，例如：听到音乐中速播放时，模仿蝴蝶在花园中自由地飞；听到音乐放慢速度时，模仿蝴蝶轻轻飞进花丛；等等。

（3）教师带领幼儿表演。

教师带领幼儿一起先做单一的蝴蝶飞动作，再逐渐加大难度，例如：两个幼儿成对飞；一名幼儿扮花，一名幼儿扮蝴蝶；前八小节幼儿分散自由地飞，后八小节找一个同伴结对飞；等等。

3. 完整地进行表演

教师播放音乐，幼儿随乐完整地表演蝴蝶飞的动作。具体动作建议如下。

全班幼儿成对并立，两臂侧平举扮作蝴蝶翅膀。

第一遍

第 1～2 小节：前四拍碎步向前跑，同时两臂以肩、肘、腕关节活动为主，微小、轻快地挥动；后两拍停住，两手向头上举起，手背靠拢，做停在花朵上的样子。

第 3～8 小节：同第 1～2 小节动作。

第 9～16 小节：左边的幼儿蹲下，两臂屈在胸前，手腕靠拢，手心相对做花朵状，同时点头微笑；右边的幼儿动作同第 1～2 小节，沿逆时针方向绕左边的幼儿飞一圈回原位。

第二遍

动作同第一遍，但两人在第 9～16 小节处互换角色表演。

活动延伸

引导幼儿随乐曲表现蝴蝶飞舞时，可以让幼儿充分地尝试，用各种动作来表现。也可以结合科学活动和美术活动，带领幼儿观察蝴蝶标本、欣赏蝴蝶图片、为蝴蝶涂色、画对称图形等，帮助幼儿进一步了解蝴蝶，感受蝴蝶的美。

蝴 蝶 找 花

乐曲

化　蝶(片段)

——选自《梁山伯与祝英台》

1=F $\frac{4}{4}$　　　　　　　　何占豪、陈钢曲

活泼、优美地

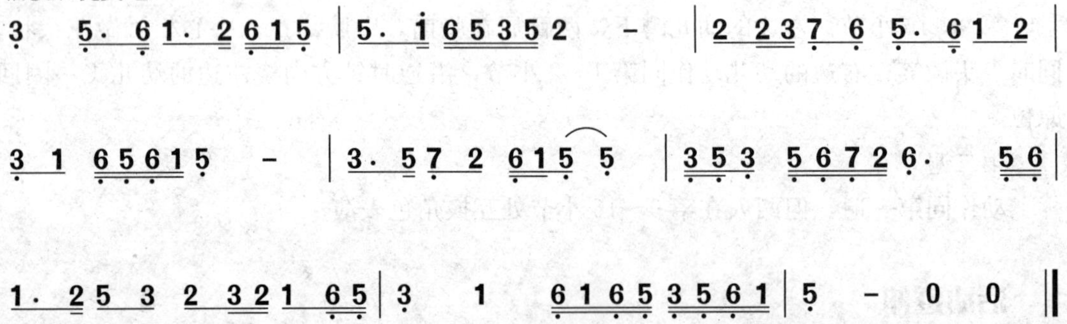

3　5· 6 1· 2 6 1 5 | 5· 1 6 5 3 5 2　- | 2 2 3 7 6 5· 6 1 2 |

3 1 6 5 6 1 5　- | 3· 5 7 2 6 1 5 5 | 3 5 3 5 6 7 2 6·　5 6 |

1· 2 5 3 2 3 2 1 6 5 | 3　1　6 1 6 5 3 5 6 1 | 5　- 0 0 ‖

活动分析

《化蝶》是我国著名的经典乐曲，节选自著名小提琴协奏曲《梁山伯与祝英台》。教师截取其中的片段，引导幼儿初步熟悉音乐旋律，感受乐曲的活泼优美。幼儿借助图谱、指图动作等，尝试分辨乐句，并用动作表达对音乐的感受，进一步理解乐句的起伏和情绪。

活动准备

自制蝴蝶一只（绑上小棒，便于教师操作，如图 4 所示）；与乐曲旋律相符的教学图谱（图 5）。

活动过程

1. 初步欣赏乐曲

教师：小蝴蝶来到了草地上，飞来飞去找花儿采花蜜，你们听——

教师播放乐曲，幼儿初步欣赏。

2. 学习音乐游戏：**蝴蝶找花**

（1）幼儿带着问题再次欣赏乐曲。

教师：音乐是很快还是比较慢？是很有力还是很轻快？

（2）教师出示教学图谱，手持小棒操作蝴蝶，请幼儿一边听音乐，一边看蝴蝶是怎

样在草地上找花的：蝴蝶随着音乐的起伏在草丛上飞起、飞落，每听完一个乐句飞过一行草丛；在每句的末尾，蝴蝶停在花朵上。

（3）教师指着图谱，引导幼儿了解乐曲的结构。

教师：小蝴蝶找到了几朵花？（四朵花）

教师：这首乐曲一共有几句？哪四句？

幼儿回答后，教师边指图，边哼唱相应的旋律。

3. 用动作表达对乐曲的感受

（1）教师用小棒蝴蝶指图谱，请幼儿举起右手的食指，模仿指图动作，和蝴蝶一起去找花，进一步在故事情境中感受乐曲的旋律和结构。

（2）幼儿再次欣赏乐曲，在每个乐句的最后拍一下手。

（3）幼儿举起右手，跟着音乐用食指从左到右画圆，每听完一个乐句画完一个圆，表示每个乐句的长短。

（4）幼儿随音乐自编蝴蝶找花的动作。

教师：大家都来做小蝴蝶，跟着音乐学蝴蝶飞，在每个乐句的最后，要做一个停在花朵上的动作。

教师在幼儿自编动作的过程中，及时选出优美的动作造型，并展示给大家看；提醒幼儿在做蝴蝶找花的动作时，能寻找适当的空间。

4. 结束活动

幼儿随乐游戏两三次后，活动自然结束。

活动延伸

如有条件，可在日常生活中引导幼儿进一步观察蝴蝶，丰富幼儿对蝴蝶的感性认识，动作会更加生动。

附教学图谱

图 4　自制蝴蝶

图 5　《蝴蝶找花》教学图谱

小雨和花

乐曲

小雨和花

1=F $\frac{3}{4}$　　　　佚名词曲

欢快地

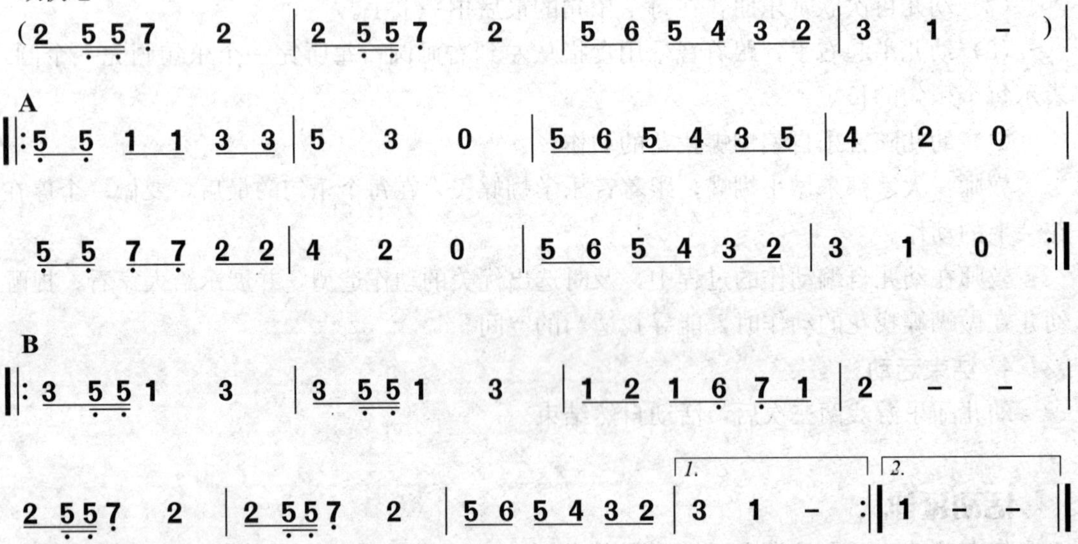

(2 557 2 | 2 557 2 | 5 6 5 4 3 2 | 3 1 –) |

A

|: 5 5 1 1 3 3 | 5 3 0 | 5 6 5 4 3 5 | 4 2 0 |

5 5 7 7 2 2 | 4 2 0 | 5 6 5 4 3 2 | 3 1 0 :||

B

|: 3 551 3 | 3 551 3 | 1 2 1 6 7 1 | 2 – – |

2 557 2 | 2 557 2 | 5 6 5 4 3 2 |[1.] 3 1 – :||[2.] 1 – – ||

活动分析

《小雨和花》是一首节奏欢快的墨西哥舞曲。活动中，教师引导幼儿熟悉乐曲旋律结构，学习按音乐的节奏做动作。幼儿在模仿学习的基础上，结合生活经验进行动作创编，通过与同伴合作表演，感受乐曲及动作的优美，体验快乐。

活动过程

1. 听音乐，做游戏

教师扮演小雨，请全体幼儿坐着扮演小花。在音乐的伴随下，教师带领幼儿玩“小雨找花”的游戏，模仿小雨淅淅沥沥地浇灌小花的样子。

2. 根据 A 段音乐创编小雨落下的动作

(1) 幼儿在教师的引导下创编动作。

教师：天上的小雨看见我们在玩游戏，也想和我们一起玩呢。

教师：你们谁会学小雨从天上落下来的样子？

（2）幼儿自由创编动作，教师选择其中两三个动作进行展示，启发幼儿互相学习、借鉴。

（3）教师播放A段音乐，幼儿随乐做动作，表现小雨从空中落下的样子。

（4）教师和幼儿讨论，明确如何按节奏做动作。然后幼儿散点站立，在教师的带领下随A段音乐做动作。

3. 根据B段音乐创编小雨浇花的动作

（1）教师和幼儿讨论如何表现小雨浇花，明确：由一组幼儿坐着扮演小花，另一组幼儿站着扮演小雨来进行表演。

（2）幼儿随乐尝试用动作表现小雨浇花的情景。

按分好的小组，幼儿尝试随乐做动作，可以自由创编不同的动作，如围着小花浇水、在左边浇水、在右边浇水等。

（3）教师带领幼儿随B段音乐做动作。

4. 随音乐完整地游戏

（1）教师带领幼儿随音乐完整地游戏。

（2）幼儿互换角色游戏。

活动延伸

将音乐投放到表演区，鼓励幼儿自主表演。

附动作建议

前奏

第1～4小节：所有幼儿扮演小雨，做好准备。

A段

第5～12小节：双手上举，从头顶开始，十指自然抖动落至身体两侧；每两小节做一次。

B段

第13小节：幼儿两人一组，分别扮演小雨和小花；小雨双手向左侧平举，十指自然抖动，做浇水的样子；小花坐在椅子上，身体带动头部伸向左侧，脸向上仰，做喝水的样子。

第14小节：动作同第13小节，方向相反。

第15～16小节：两组幼儿同时将双手在自己胸前交叉拍肩，每拍拍一下。

第17～18小节：动作同第13～14小节。

第19～20小节：动作同第15～16小节。

星期娃娃开火车

歌曲

星期娃娃开火车

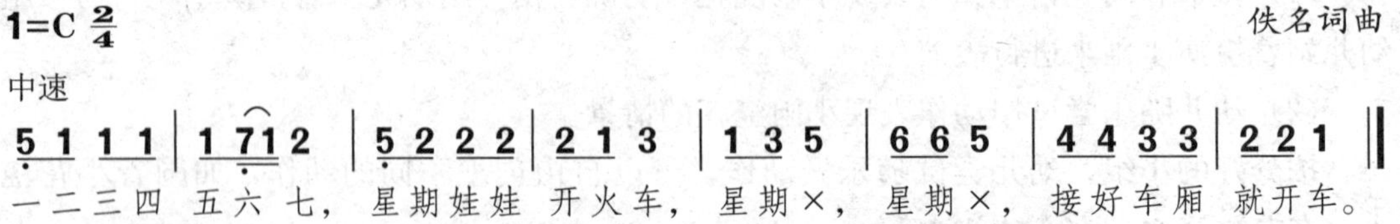

1=C $\frac{2}{4}$

佚名词曲

中速

5 1 1 1 | 1 7 1 2 | 5 2 2 2 | 2 1 3 | 1 3 5 | 6 6 5 | 4 4 3 3 | 2 2 1 ‖

一二三四 五六 七，星期娃娃 开火车，星期×，星期×，接好车厢 就开车。

注：歌词“×”可由幼儿根据要找到的星期几的数字替换填词。

活动分析

歌曲《星期娃娃开火车》蕴含着一星期七天的概念，旋律简单，节奏明快。活动中，教师引导幼儿在会唱歌曲的基础上，根据歌词做出相应动作，理解并按规则玩音乐游戏。

活动准备

每个幼儿一张星期数字胸牌（星期一至星期日），胸牌反面为与数字相同的点子；幼儿已会唱歌曲《星期娃娃开火车》。

活动过程

1. 复习歌曲

（1）幼儿欣赏歌曲，回顾歌曲旋律，回忆歌词。

（2）教师带领幼儿以集体或小组演唱的形式复习歌曲。

2. 听教师讲解、演示，玩“开火车”的游戏

（1）教师挂好“星期日”的胸牌，请幼儿也挂好自己的胸牌，引导幼儿按时间顺序排列。

教师：我是星期妈妈，我是星期几？

教师：过了星期日，后面一天是星期几？现在我要找到他，带着他和我去开火车。

被找到的“星期一”娃娃跟在星期妈妈的后面，拉住衣角像开火车一样向前走。

（2）星期妈妈继续做火车头，边唱边找到“星期二”娃娃。

（3）按此顺序，一直找到“星期六”娃娃，游戏结束。

3. 游戏：星期娃娃开火车

（1）教师请几名幼儿以接龙的方式，边唱歌边玩游戏。

教师：现在火车尾是星期几了？要去找谁跟在他的后面呢？

（2）分组游戏。

教师请部分幼儿挂上“星期日”的胸牌，学习做火车头，边唱歌，边各自按顺序找星期娃娃。找完后，教师和幼儿共同检查他们找得对不对。

（3）变化胸牌进行游戏。

请幼儿自由翻动自己的胸牌，有的可以数字朝外，有的可以点子朝外，游戏时挂“星期日”胸牌的幼儿扮演星期妈妈，要去找符号（点子/数字）相对应的星期娃娃。

（4）交换胸牌进行游戏。

幼儿自由交换胸牌，继续游戏。

活动延伸

将标识星期几的胸牌放在区角里，幼儿可自主结伴游戏。

蚂 蚁 搬 豆

乐曲

不倒翁诙谐曲

1=F 4/4　　　　佚名曲

诙谐地

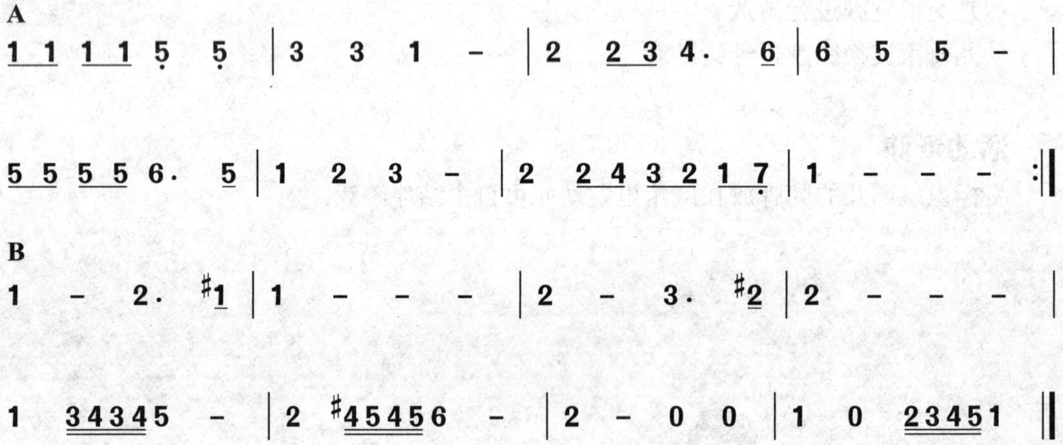

A

1 1 1 1 5 5 | 3 3 1 - | 2 2 3 4. 6 | 6 5 5 - |

5 5 5 5 6. 5 | 1 2 3 - | 2 2 4 3 2 1 7 | 1 - - - :||

B

1 - 2. #1 | 1 - - - | 2 - 3. #2 | 2 - - - |

1 34345 - | 2 #45456 - | 2 - 0 0 | 1 0 23451 ||

活动分析

乐曲《不倒翁诙谐曲》乐句工整，节奏比较简单，便于幼儿结合生活经验创编简单的动作。活动中，教师引导幼儿在熟悉歌曲旋律与故事内容的基础上，根据故事情节创编相关的动作，学跳邀请舞，体验集体音乐游戏的快乐，体会歌曲中蕴含的“人多力量大”的道理。

活动准备

蚂蚁图片一张。

活动过程

1. 听音乐，了解故事情节

教师播放音乐，讲述《蚂蚁搬豆》的故事。故事大意如下。

有一只小蚂蚁，在洞口的草地上发现了一颗豆子。它想把豆子搬回家，却怎么搬也搬不动。怎么办呢？小蚂蚁想啊想啊，终于想出来一个好办法。它回到洞里，请来好朋友帮忙，大家一起抬着豆子，终于把豆子搬回家了。

2. 创编动作

（1）教师出示蚂蚁图片，请幼儿观察，向幼儿介绍触角名称，引导幼儿伸出手指模仿蚂蚁的触角。

（2）播放音乐，教师扮演蚂蚁妈妈，带领幼儿随乐练习蚂蚁走路的动作。

（3）教师引导幼儿创编蚂蚁着急、搬豆、想一想、点头的动作。

教师：小蚂蚁在洞口发现了豆子，特别高兴，它会做什么动作？

教师：它怎么搬也搬不动，感觉怎样？这时它会做什么动作？它想到办法了吗？想办法可以用什么动作表示？

（4）教师引导幼儿学习结伴表演。

教师：小蚂蚁想到的好办法是什么？好朋友一起抬着豆子，是怎么抬的呢？还可以怎么抬？

3. 随乐完整地做动作。

幼儿在教师的带领下，尝试随着音乐，完整地做动作。动作建议如下。

A 段

第一遍：双手食指竖起，指尖稍弯，模仿蚂蚁的触角；双脚踏步行进走，每拍走一步，在结束时找到朋友面对面站好。

第二遍：第 1～2 小节，两名幼儿模仿触角相碰的动作，表示请好朋友帮忙，每拍碰一下；第 3～4 小节，两名幼儿相互弯腰、点头，表示“我知道了”，每小节一次；第 5～8 小节动作同第 1～4 小节。

B 段

前四个小节：以两小节为单位，做搬豆子的动作（一个小节两手用力搬豆子；一个小节快速松手，表示没有搬动），共做两次。

后四个小节：手指模仿触角在头两侧绕圈，表示在想办法；在最后一小节处点头，表示想到了好办法。

4. 跳邀请舞

（1）教师哼唱音乐旋律，并扮演邀请者，带领幼儿进行游戏。

（2）教师及几名幼儿同时做邀请者，随乐进行游戏。邀请方法为一人请两人，两人请四人，直到全部请完，大家合力将豆子搬回家中。

活动延伸

1. 在园内散步或外出游玩时，教师带领幼儿寻找小蚂蚁的踪迹，了解小蚂蚁的外形及生活习性。

2. 请幼儿将自己喜欢的有关小蚂蚁的书籍带来并放置在阅读角，互相分享、交流。

小兔和狼

歌曲

小兔和狼

1=C $\frac{2}{4}$　　　　鲍贤琨词曲

中速

5 5 3 3 | 5 5 3 3 | 6 i 7 6 | 5 - | 5 0 3 0 | 5 0 3 0 | 2 3 4 3 |
小小兔子　跳呀跳呀，跳到树林　里，　竖　起　耳　朵　仔　细

2 - | 1 2 3 4 | 5 - | 4 5 6 7 | i - | i 6 0 | 5 4 3 2 | 1 - ‖
听，　风儿呼呼　吹，　树叶沙沙　响。　哎呀！　狼　来　了。

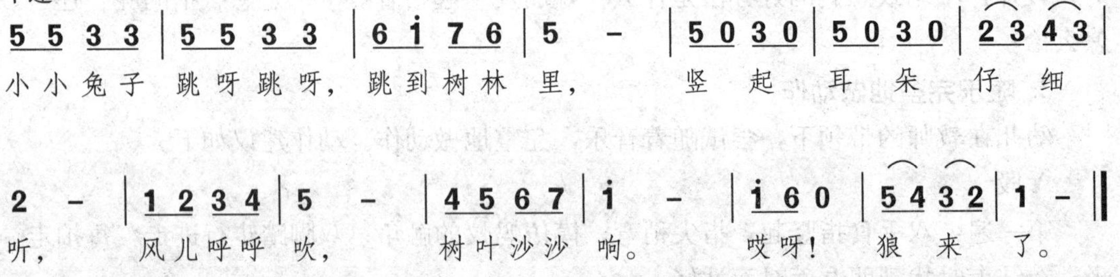

活动分析

歌曲《小兔和狼》故事性强，充满情趣。教师引导幼儿在熟悉歌曲的基础上，学习用兔跳、手腕抖动等动作表现歌曲内容，并在随乐律动时，能注意与同伴保持一定的距离，相互之间不碰撞。

活动准备

幼儿已掌握兔跳的基本动作，且熟悉歌曲旋律。

活动过程

1. 听教师介绍歌曲情境，了解歌曲内容

教师：一群小兔跳呀跳呀，跳到树林里，竖起耳朵仔细听，风儿呼呼吹，树叶沙沙响，哎呀，是不是狼来了？

2. 完整地倾听歌曲，熟悉歌词

教师播放歌曲，并提出以下问题，引导幼儿了解歌词。

• 仔细听听，小兔子在森林里做了什么？

• 它听到了什么？谁来了？

3. 听音乐并用相应的动作表现

（1）教师带领幼儿根据歌词内容，逐句创编动作。

教师注意从以下几个方面引导幼儿：要求幼儿模仿小兔跳时动作要合拍；重点引导幼儿创编“竖起耳朵，仔细听”的动作，启发幼儿要很快地竖起耳朵，安静地听，表现出小兔紧张、小心的样子；引导幼儿创编“哎呀，狼来了”这一句歌词的动作时，要表现出小兔害怕的情绪。

动作建议如下。

第1～4小节：模仿小兔跳，每小节跳一下。

第5～6小节：做小兔竖起耳朵的动作。

第7～8小节：左手叉腰，右手放在耳边，做仔细听的样子。

第9～10小节：双手高举，自然地左右摆动。

第11～12小节：双手举起，轻轻在头上方抖动。

第13～15小节：双手抱紧身体，做紧张的样子，蹲下。

（2）幼儿随音乐在座位前做动作。

（3）教师范唱，幼儿跟随练习演唱。

（4）幼儿在座位前边唱边做动作。

（5）幼儿自由找空间，边唱边做动作。

4. 游戏：小兔和狼

（1）幼儿扮演小兔，教师扮演大灰狼，共同游戏。音乐结束时，大灰狼出现，捉小兔，小兔赶紧跑回“家”（即回到座位）。

（2）教师请一两名幼儿扮演大灰狼，其他幼儿扮演小兔，再次游戏。

活动延伸

1. 当幼儿完整游戏几遍，熟悉游戏玩法后，在唱到最后一句时，配班教师可以扮演兔妈妈或其他小动物出场，扮演小兔子的幼儿可以不用跑回家，而是和兔妈妈（或其他动物朋友）一起游戏。

2. 在家中，家长可以和幼儿一起边唱歌边游戏，扮演狼或其他动物朋友的家庭成员可以先藏起来，营造神秘感，当唱到最后一句时再出来抓小兔或和小兔一起游戏。

螃蟹舞

乐曲

螃 蟹 舞

1=C $\frac{2}{4}$

佚名曲

欢快地

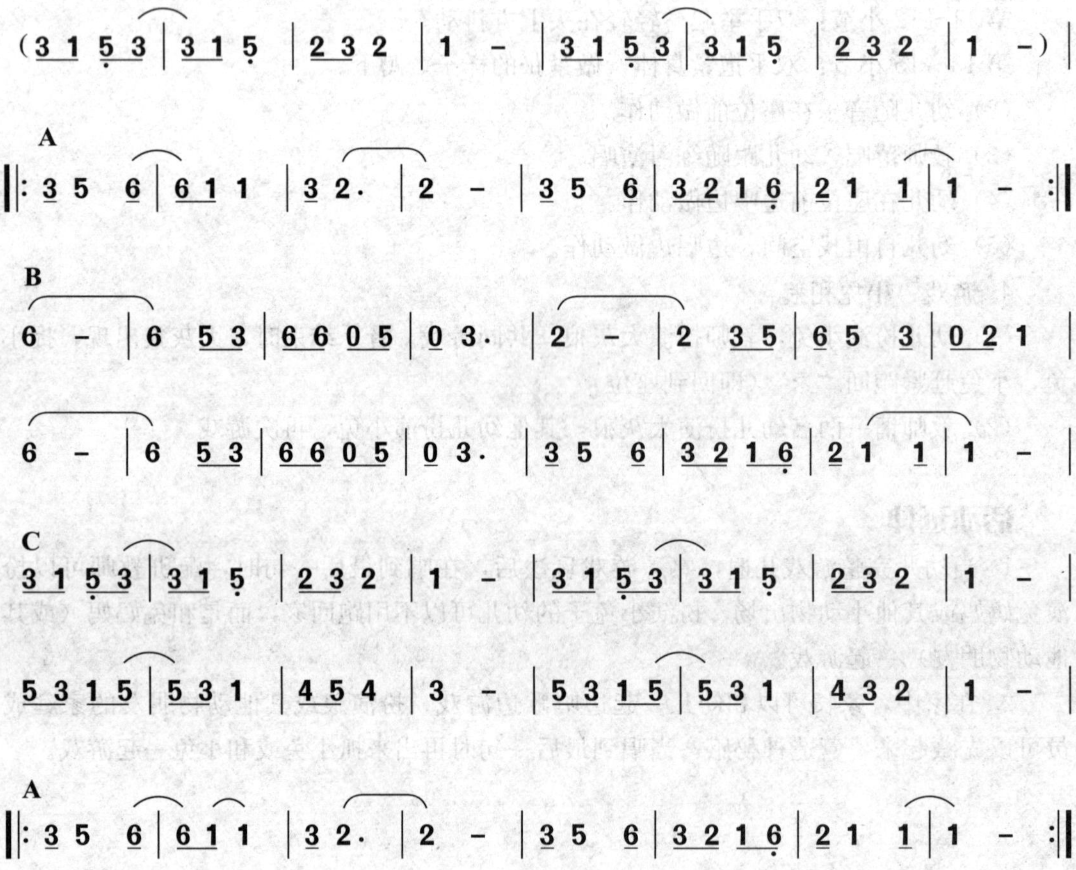

(3 1 5 3 | 3 1 5 | 2 3 2 | 1 – | 3 1 5 3 | 3 1 5 | 2 3 2 | 1 –) |

A

|: 3 5 6 | 6 1 1 | 3 2. | 2 – | 3 5 6 | 3 2 1 6 | 2 1 1 | 1 – :|

B

6 – | 6 5 3 | 6 6 0 5 | 0 3. | 2 – | 2 3 5 | 6 5 3 | 0 2 1 |

6 – | 6 5 3 | 6 6 0 5 | 0 3. | 3 5 6 | 3 2 1 6 | 2 1 1 | 1 – |

C

3 1 5 3 | 3 1 5 | 2 3 2 | 1 – | 3 1 5 3 | 3 1 5 | 2 3 2 | 1 – |

5 3 1 5 | 5 3 1 | 4 5 4 | 3 – | 5 3 1 5 | 5 3 1 | 4 3 2 | 1 – |

A

|: 3 5 6 | 6 1 1 | 3 2. | 2 – | 3 5 6 | 3 2 1 6 | 2 1 1 | 1 – :|

水 族 馆(片段)

——选自《动物狂欢节》组曲

1=C $\frac{4}{4}$

[法]圣-桑曲

小行板

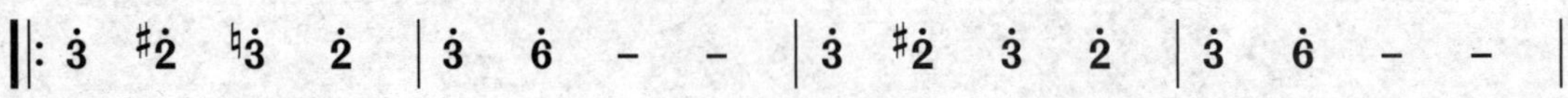

|: 3 #2 ♮3 2 | 3 6 – – | 3 #2 3 2 | 3 6 – – |

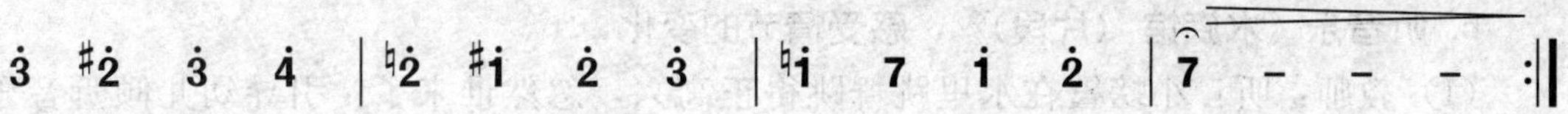

3̇ #2̇ 3̇ 4̇ | ♮2̇ #1̇ 2̇ 3̇ | ♮1̇ 7 1̇ 2̇ | 7 – – – :‖

活动分析

乐曲由两段组成，其中第一段旋律活泼，第二段节选自法国作曲家圣-桑的著名管弦乐组曲《动物狂欢节》中的第七段小曲《水族馆》，旋律舒缓，富有神秘感。教师在幼儿熟悉乐曲的基础上，带领幼儿随音乐合拍地做出螃蟹跳舞、吐泡泡、挠痒痒的动作，引导幼儿在音乐变化的时候，能根据教师的体态提示变换动作。

活动过程

1. 初步欣赏音乐

教师播放音乐《螃蟹舞》，提示幼儿：这是一首关于螃蟹的音乐，听一听，像是螃蟹在做什么？带领幼儿熟悉音乐形象和音乐结构。

2. 为A段音乐创编动作

（1）教师伸出两只手，将大拇指藏起来，其余手指抖动，表示螃蟹的小脚在跳舞。幼儿模仿学习。

（2）教师提问：除了用手指之外，还可以用什么身体部位来表示螃蟹的小脚在跳舞？引发幼儿想象和创编。

3. 学习、创编配合B段音乐的动作

（1）教师邀请部分幼儿，共同创编表现螃蟹吐泡泡的动作，即多个幼儿围成一个圆圈，表示螃蟹吹出的泡泡。其他幼儿观看、学习。最后全体幼儿在教师的带领下“吐”一个很大的泡泡（即围一个大圆圈）。

（2）幼儿自由创编表现螃蟹走路的动作。教师观察、指导，可请几名幼儿上前展示，其他幼儿分散站立，集体学习。在横着走的基础上，幼儿可自由创编不同的细节动作，表现螃蟹的不同动作和表情，如边走边跳舞、边走边吐泡泡、得意地走等。

4. 学习、创编配合C段音乐的动作

（1）教师做挠痒痒的动作，幼儿观察模仿。

（2）幼儿用不同的身体部位创编动作，表现螃蟹挠痒痒。

（3）教师启发幼儿思考：怎样可以把动作做得整齐一些呢？幼儿尝试拍两下手再做挠痒痒的动作。

5. 听音乐，完整地练习

（1）教师带领幼儿随音乐完整地跳“螃蟹舞”。

（2）教师启发幼儿思考：螃蟹在吐泡泡的时候，可以和谁一起吐呢？引导幼儿练习对着同伴做吐泡泡的动作，增加交往的情趣。

（3）幼儿再次倾听音乐，在教师的动作提示下完整地跳“螃蟹舞”。

6. 听音乐《水族馆（片段）》，感受情节的变化

（1）教师：听！小螃蟹在水里跳舞跳得正高兴，忽然谁来了？引导幼儿倾听音乐《水族馆（片段）》，猜想是谁来了。

（2）讨论：当捕鱼人或鲨鱼来的时候，小螃蟹会怎么做呢？

（3）教师在音乐《水族馆（片段）》开始时模仿捕鱼人或鲨鱼，幼儿模仿螃蟹赶紧躲起来。

7. 伴随音乐做游戏

（1）幼儿呈散点站立，听音乐完整游戏一次。

（2）幼儿讨论：同伴间会相互碰撞怎么办？学习共享空间、合作游戏的方法。

（3）听音乐再次完整游戏。

活动延伸

1. 引导幼儿继续发挥想象，丰富游戏的情节，如：螃蟹还可以怎么走？螃蟹还会遇到谁呢？

2. 可带领幼儿在自然角饲养小螃蟹，引导幼儿观察螃蟹的外形特征、行走方式等。

蜗牛与黄鹂鸟

歌曲

蜗牛与黄鹂鸟

1=♭E $\frac{2}{4}$

陈弘文词
林建昌曲

中速

55 55 35 | 1 6 5 | 55 55 32 | 1 3 2 | 2. 3 5 55 |
阿门 阿前 一棵 葡 萄 树， 阿嫩 阿绿 地 刚 发 芽。 蜗 牛背 着那

3 32 1 1 | 2. 3 1 16 | 5 6 5 | 55 55 35 | 1 6 5 |
重 重的壳 呀， 一 步一 步地 往 上 爬。 阿树 阿上 两只 黄 鹂 鸟，

55 55 32 | 1 3 2 | 2. 3 5 5 | 3 32 1 1 | 2. 3 1 16 |
阿嘻 阿嘻 哈哈 在 笑 它， 葡 萄成熟 还 早得很 哪， 现 在上来

5 6 5 | 55 55 35 | 1 6 5 56 | 12 12 | 3 2 | 1 - | 1 - ‖
干 什 么？ 阿黄 阿黄 鹂儿 不 要 笑，等我 爬上 它就 成 熟 了。

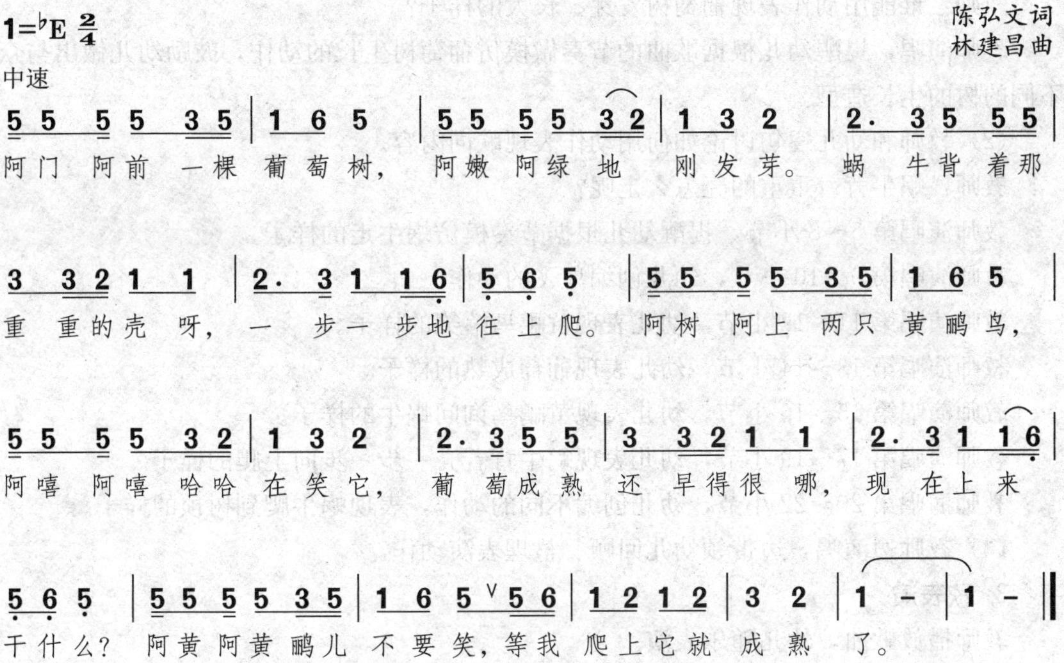

活动分析

《蜗牛与黄鹂鸟》是一首幼儿熟悉的歌曲，歌词生动有趣，适合幼儿进行律动表演时使用。教师引导幼儿在熟悉歌曲旋律、理解歌词内容的基础上，尝试创编表演动作，并学习按音乐的节拍做动作。在角色表演和律动过程中，幼儿体验到活动的快乐，以及蜗牛努力向上的精神。

活动准备

自制与歌曲内容相符的图片。

活动过程

1. 熟悉歌曲，理解歌词

（1）教师播放歌曲，带领幼儿初步欣赏，了解歌曲旋律。

（2）教师出示图片，请幼儿观察。

教师：请小朋友们看看，图片上的蜗牛在做什么？

教师：图片上除了蜗牛之外，还有什么？

（3）教师再次播放歌曲，请幼儿边欣赏图片，边理解歌词。

2. 创编表演动作

（1）教师引导幼儿根据歌词内容创编表演动作，分辨角色的变化。重点帮助幼儿创编第 1～4 小节的动作。

教师：谁能用动作表现葡萄树发芽、长大的样子？

教师演唱，提醒幼儿根据歌曲的节奏做模仿葡萄树生长的动作，鼓励幼儿做出与众不同的树的生长造型。

（2）教师和幼儿逐句讨论如何用动作表现歌词内容。

教师：蜗牛背着重重的壳怎么走呢？

教师演唱第 5～8 小节，提醒幼儿根据节奏模仿蜗牛走的样子。

教师演唱第 9～10 小节，幼儿创编鸟飞的动作。

教师演唱第 11～12 小节，幼儿表现黄鹂鸟嬉笑的样子。

教师演唱第 13～14 小节，幼儿表现葡萄成熟的样子。

教师演唱第 15～16 小节，幼儿表现黄鹂鸟询问蜗牛的样子。

教师演唱第 17～19 小节，幼儿表现蜗牛背着壳一步一步向上爬的样子。

教师演唱第 20～22 小节，幼儿创编不同的动作，表现蜗牛爬到树顶的样子。

（3）教师边演唱，边带领幼儿回顾、整理表演动作。

3. 歌表演

教师播放歌曲，幼儿随乐表演。

活动延伸

教师可以组织幼儿讨论：为什么葡萄还没有成熟，蜗牛就开始往葡萄树上爬了？引导幼儿体会蜗牛一步一步努力向上的精神。

接 娃 娃

歌曲

接 娃 娃

1=C 2/4

中速

凌启渝词
王京其曲

3 5 5 5 | 6 5 0 | 1 3 3 3 | 5 3 0 | 2 2 2 3 | 2 2 6 |
你 是 谁 的 爸 爸？ 你 是 谁 的 妈 妈？ 你 接 哪 个 小 娃 娃？

5 1 2 3 | 2 - | 3 5 5 6 | 5 5 3 | 5 1 2 3 | 1 - | X 0 :||
我 们 去 叫 他。 你 接 哪 个 小 娃 娃？ 我 们 去 叫 他。 喂！

活动分析

歌曲《接娃娃》与幼儿生活实际紧密联系，生动有趣。教师引导幼儿在会唱歌曲的基础上，学习表演动作，初步理解游戏规则，能按规则游戏。

活动准备

幼儿会唱歌曲《接娃娃》，且已掌握踵趾小跑步的动作。

活动过程

1. 复习歌曲

教师带领幼儿复习歌曲《接娃娃》，回顾歌曲的旋律和歌词内容。

2. 学习表演动作

（1）教师边唱歌，边示范连贯地做踵趾小跑步和摊手询问的动作，幼儿跟学。

（2）幼儿尝试边唱歌边随乐做动作。

3. 学玩游戏

（1）教师扮演妈妈，示范游戏玩法。

第一遍音乐：全体幼儿围成圆圈，边唱歌边随乐做动作。

动作建议如下。

第 1～4 小节：双手叉腰，用踵趾小跑步在圈内行进。

第 5 小节：左脚做踵步，双手摊开做询问的样子。

第 6 小节：手脚还原站立。

第 7～8 小节：随乐有节奏地拍手走步。

第 9 小节：同第 5 小节，方向相反。

第 10 小节：同第 6 小节。

第 11～12 小节：同第 7～8 小节。

第 13 小节：双手在嘴边做喇叭状。

音乐停止后，扮演爸爸或妈妈的人要描述圈上某一幼儿的外貌、服装等特征，其他幼儿猜测。猜对后，该幼儿站出来，走到爸爸或妈妈的旁边，表示娃娃被接到了。

第二遍音乐：爸爸或妈妈带着娃娃，在场内用踵趾小跑步行进一圈，表示回家。其余幼儿按音乐节奏拍手。

（2）教师邀请一名幼儿和自己共同扮演爸爸或妈妈，与大家一起随乐游戏。

4. 按规则游戏

请幼儿扮演爸爸或妈妈，教师在他们描述所接娃娃的特征时可提供必要的帮助，并帮助其他幼儿准确判断出娃娃是谁。

教师重点指导幼儿按规则做游戏。

活动延伸

除了扮演爸爸、妈妈，幼儿还可以扮演爷爷、奶奶等其他成人，以增加游戏的趣味。

猫和老鼠

歌曲

猫和老鼠

1=D $\frac{2}{4}$ 佚名词曲

生动地

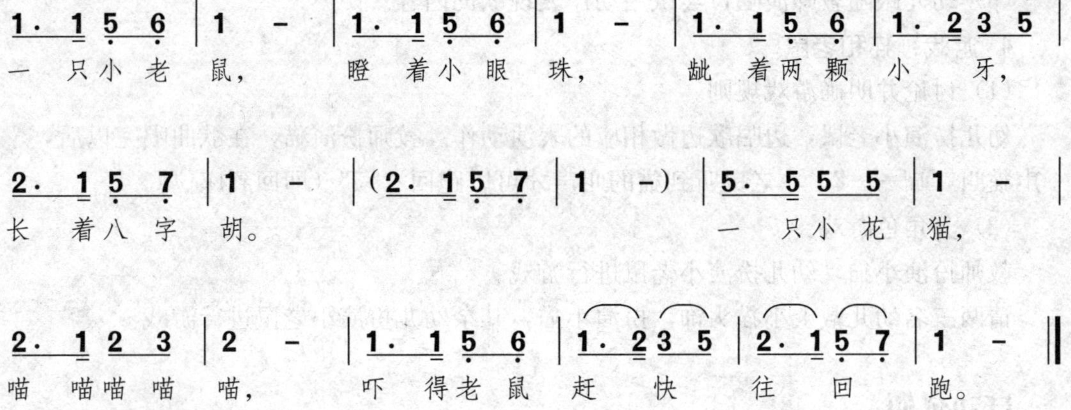

1. 1 5 6 | 1 - | 1. 1 5 6 | 1 - | 1. 1 5 6 | 1. 2 3 5 |

一 只小 老 鼠， 瞪 着小 眼 珠， 龇 着两 颗 小 牙，

2. 1 5 7 | 1 - | (2. 1 5 7 | 1 -) | 5. 5 5 5 | 1 - |

长 着八 字 胡。 一 只小 花 猫，

2. 1 2 3 | 2 - | 1. 1 5 6 | 1. 2 3 5 | 2. 1 5 7 | 1 - ‖

喵 喵喵 喵 喵， 吓 得老 鼠 赶 快 往 回 跑。

活动分析

歌曲《猫和老鼠》节奏欢快，歌词生动有趣。活动中，教师引导幼儿在游戏中感受歌曲诙谐、幽默的戏曲风格；学唱歌曲，知道在间奏处做好准备，根据歌词内容创编相应的动作；通过观察图片，理解小老鼠的形象，并用神态、动作表现出来。

活动准备

小猫头饰两三个，画有小老鼠卡通形象的图片。

活动过程

1. 观察图片

教师：小朋友在动画片中一定看过小老鼠，那么你们能说说小老鼠有什么特征吗？你能学学小老鼠的动作吗？

幼儿自由地表演小老鼠的动作。

2. 欣赏歌曲前半部分，创编动作

（1）幼儿根据歌词“瞪着小眼珠，龇着两颗小牙，长着八字胡”，创编相应的表演动作。

幼儿自由创编，教师适当给予引导。

（2）教师播放歌曲，幼儿随乐边唱边表演动作。

（3）教师指导幼儿用神态和动作更加逼真地表现小老鼠。幼儿尝试后，边唱边表演。

3. 欣赏歌曲的后半部分，体会角色差异

（1）幼儿倾听教师演唱歌曲的后半部分，体会歌曲中猫和老鼠形象的不同以及动作的差异。

（2）幼儿跟随教师学说歌曲后半部分的歌词。

（3）幼儿跟随教师演唱，尝试用动作表现歌词内容。

4. 游戏：猫和老鼠

（1）讨论并明确游戏规则。

幼儿扮演小老鼠，边唱歌边做相应的表演动作。教师扮演猫，在歌曲唱完以后，学一声猫叫“喵——”。小老鼠听到猫的叫声才可以跑回“家”（即回到座位）。

（2）分角色游戏。

教师扮演小猫，幼儿扮演小老鼠进行游戏。

请两三名幼儿戴上小猫头饰，扮演小猫，其余幼儿扮演小老鼠进行游戏。

活动延伸

可带领幼儿欣赏关于猫和老鼠的动画片，观察其中猫和老鼠的动作、神态，以帮助幼儿丰富认知经验，更加生动地进行表演。

小老鼠拿香肠

乐曲

魔 盘(片段)

1=C $\frac{4}{4}$ 佚名曲

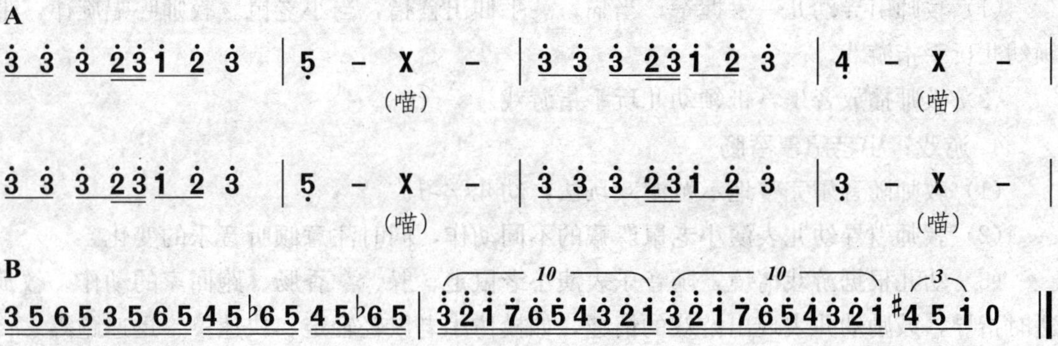

A

3 3 3 2 3 1 2 3 | 5 - X - | 3 3 3 2 3 1 2 3 | 4 - X - |
(喵) (喵)

3 3 3 2 3 1 2 3 | 5 - X - | 3 3 3 2 3 1 2 3 | 3 - X - |
(喵) (喵)

B

3 5 6 5 3 5 6 5 4 5 ♭6 5 4 5 ♭6 5 | 3 2 1 7 6 5 4 3 2 1 3 2 1 7 6 5 4 3 2 1 ♯4 5 1 0 ‖

活动分析

乐曲节选自奥尔夫音乐，经过剪辑后，呈现为“A—B”结构。A段音乐在旋律上层层递进，节奏相对稳定；B段音乐在节奏上突然加快，紧张、刺激，旋律活泼、有趣，非常适合幼儿随音乐玩游戏。教师结合音乐，设计了“小老鼠拿香肠”的故事情境，使剪辑后的音乐和故事很好地匹配起来。活动中，幼儿根据音乐的旋律变化，表演小老鼠走、停、跑的动作，在休止处做出不同的造型，在参与表演游戏的同时，学习自我控制。

活动准备

自制香肠、树林、山坡、草丛和墙形象的道具。

活动过程

1. 听故事，了解游戏情境

教师讲述故事。故事大意如下。

我是一只小老鼠，这是我最爱吃的香肠。我以前有很多香肠，可都被那只爱欺负我的猫抢去了，我好不容易才拿回来一根。那天，小猫在家里走来走去，守着香肠。我悄悄地跟在它身后。小猫刚一转身，我就停下躲好；小猫“喵”地叫了一声，我一动不动。我跟在小猫的身后，就这样走走停停，趁小猫不注意，我急忙跑过去抓起香肠，迅速跑回了家。

2. 熟悉游戏音乐

幼儿完整地欣赏音乐后，教师通过提问帮助幼儿理解乐曲结构，将音乐与故事情节匹配。

教师：你听见了什么声音？

教师：什么时候要躲起来？

教师：什么时候要拿起香肠往家跑？

3. 随音乐玩手指游戏

（1）教师引导幼儿一手握拳，当猫，一手伸出食指，当小老鼠。教师哼唱旋律，带领幼儿玩手指游戏。

（2）教师播放音乐，带领幼儿玩手指游戏。

4. 游戏：小老鼠拿香肠

（1）教师随音乐完整地示范游戏玩法，幼儿学习。

（2）教师引导幼儿表演小老鼠躲藏的不同动作，同时注意倾听音乐的变化。

（3）幼儿根据游戏情境，随音乐表演小老鼠走、躲、拿香肠、跑回家的动作。教师适时指导，鼓励幼儿表现出游戏的情趣，如模仿小老鼠轻轻走、快速停、迅速跑等。

（4）幼儿分小组游戏。教师带领幼儿在每组游戏后针对出现的问题进行小结、评价。

5. 改变游戏情境，提高游戏的趣味性

（1）教师用自制的树林、山坡、草丛、墙形象的道具，摆出游戏路线，要求幼儿在不同的地方努力表现出不同的躲藏动作。

教师：这次我们要先经过一片小树林，再经过一个小山坡，然后过草丛，最后绕过一面墙，来到小猫家里才能拿回香肠呢。

（2）教师与全体幼儿随乐游戏。

附游戏动作建议

第 1、3、5、7 小节：小猫在香肠附近巡视，小老鼠朝香肠方向轻轻走。

第 2、4、6、8 小节：音乐的第 3 拍处，小猫转身，小老鼠迅速停下做躲藏动作。

第 9 小节：小老鼠迅速拿起香肠。

第 10 小节：小老鼠拿着香肠迅速跑回家。

（安徽省蚌埠市高新教育集团第一幼儿园　卢婉婷）

厨师和小老鼠

乐曲

欢沁(片段)

1=C 2/4

林海曲

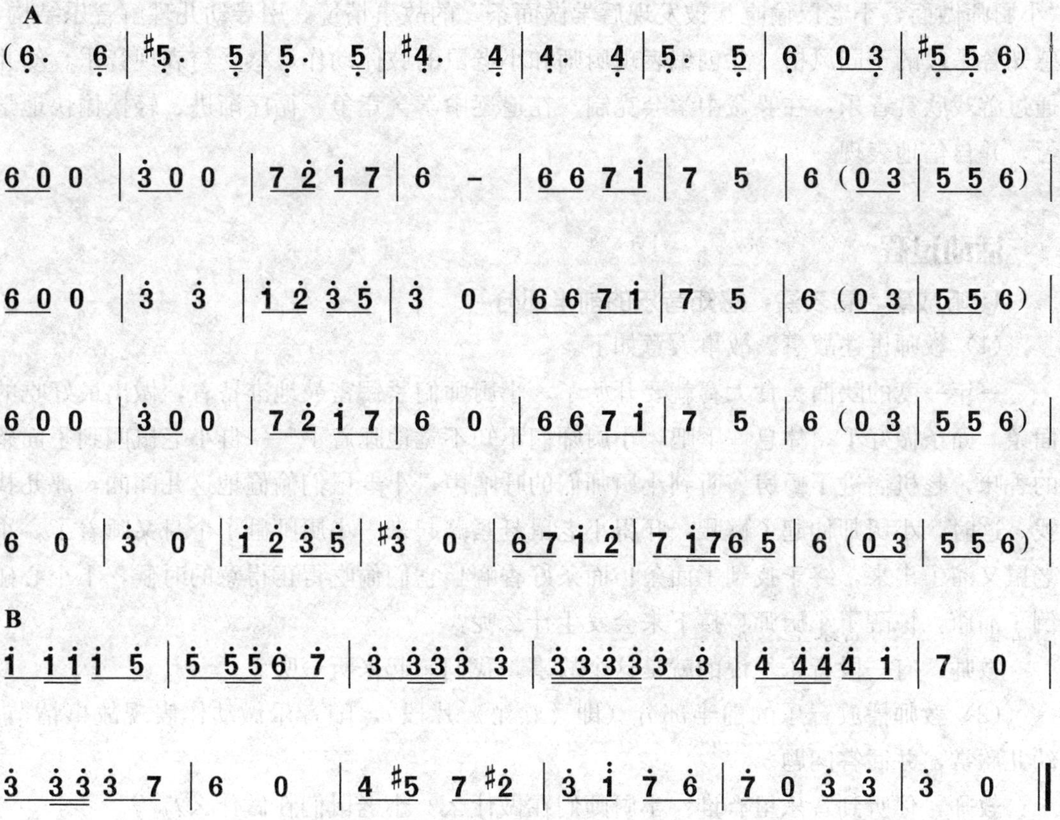

A

(6· 6 | #5· 5 | 5· 5 | #4· 4 | 4· 4 | 5· 5 | 6 03 | #556) |

600 | 300 | 7217 | 6 - | 6671 | 7 5 | 6 (03 | 556) |

600 | 3 3 | 1235 | 3 0 | 6671 | 7 5 | 6 (03 | 556) |

600 | 300 | 7217 | 6 0 | 6671 | 7 5 | 6 (03 | 556) |

6 0 | 3 0 | 1235 | #3 0 | 6712 | 7 1765 | 6 (03 | 556) |

B

1 1115 | 5 5567 | 3 3333 | 333333 | 4 4441 | 7 0 |

3 3333 7 | 6 0 | 4 #5 7 #2 | 3 1 7 6 | 7 0 3 3 | 3 0 ‖

我最摇摆(片段)

1=D 2/4

庚澄庆曲

6· 1 | 3 1 | 2323 | 3 0 | 7702 | 3 7 | 1 - | 0 0 |

6601 | 3 1 | 2323 | 3 0 | 7702 | 3 7 | 6 - | 0 0 |

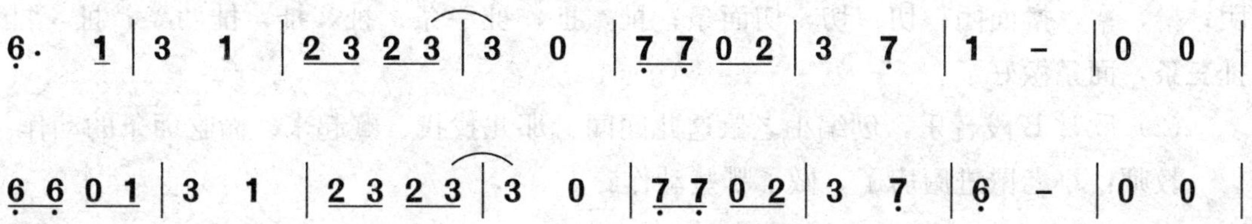

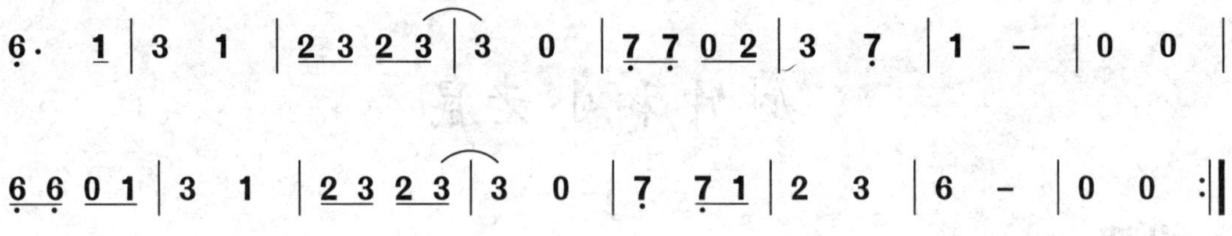

6· 1 | 3 1 | 2 3 2 3 | 3 0 | 7 7 0 2 | 3 7 | 1 – | 0 0 |

6 6 0 1 | 3 1 | 2 3 2 3 | 3 0 | 7 7 1 | 2 3 | 6 – | 0 0 :‖

活动分析

活动中，教师截取了乐曲《欢沁》中的片段，剪辑为AB结构，并在B段音乐最后一拍处加入油瓶破碎的声效，又结合幽默、奔放的乐曲《我最摇摆》的片段，设计了“小厨师做面，小老鼠偷吃、被发现后学做面条”的故事情境，引导幼儿理解音乐结构，感知各乐段的不同风格，并创编表现厨师和小老鼠的肢体动作，感受与表现音乐。幼儿通过游戏欣赏音乐，在躲藏中学会克制，在追逐中学会竞争，循序渐进、轻松愉快地学习，并自信地表现。

活动过程

1. 听故事，看表演，感知音乐的前半部分

（1）教师讲述故事。故事大意如下。

一年一度的陕西美食大赛就要开始了，小厨师们紧锣密鼓地准备着，做出最好吃的面条。面条做好了，休息一下吧，小厨师们不知不觉地睡着了。一群小老鼠闻到了面条的香味，趁机溜进了厨房。听到小厨师们的呼噜声，小老鼠们偷偷地这儿闻闻，那儿找找。这时，小厨师伸起了懒腰，吓得小老鼠赶紧藏起来。小厨师翻了个身又睡着了，小老鼠又溜了出来，终于找到了面条！面条好香啊！它们偷吃得正得意的时候，不小心碰倒了油瓶，惊醒了小厨师！接下来会发生什么呢？

教师：有一段音乐，说的就是这个故事，我们一起来听一听。

（2）教师播放音乐的前半部分（即《欢沁》片段），随音乐做动作表现故事情节。幼儿欣赏，并回答问题。

教师：你听到音乐里有谁？小厨师们在做什么？小老鼠们在做什么？

2. 分段欣赏音乐的前半部分

（1）欣赏A段音乐，学习小厨师做面条的动作。

教师：小厨师是怎么做面条的？我们一起学一学。

教师带领幼儿随音乐有节奏地边说儿歌边做动作：和，和，和面团；捏，捏，捏面团；擀，擀，擀面团；切，切，切面条；扯，扯，扯一条；扯，扯，扯两条；扯，扯，扯三条，面条做好了。

（2）欣赏B段音乐，创编小老鼠这儿闻闻、那儿找找、藏起来、偷吃面条的动作。

教师：小老鼠进厨房了，做了哪些动作？

教师：小老鼠是怎样闻闻、找找的？

教师：小厨师伸懒腰的时候，小老鼠是怎样藏的？

教师：小老鼠是怎样偷吃面条的？它只吃了一碗面吗？

教师哼唱B段音乐，请幼儿自由创编动作表现。

3. 随音乐的前半部分进行角色扮演，体验角色之间的互动

(1) 教师扮演小老鼠，幼儿扮演小厨师，在座位上练习。

(2) 教师与幼儿互换角色，幼儿站起来与教师互动。

(3) 随音乐玩追逐游戏。

游戏玩法如下。

幼儿站成双圈，随乐做动作。内圈的幼儿扮演小厨师，外圈的幼儿扮演小老鼠。听到油瓶碎了的声音后，小厨师赶紧转身，去捉自己身后的那只小老鼠。

4. 欣赏音乐的后半部分

(1) 欣赏音乐的后半部分（即《我最摇摆》片段），了解故事的后续情节。

教师：小厨师被惊醒了，小老鼠怎么办？

教师：小厨师要来追小老鼠了，小老鼠是怎样逃的？

(2) 教师继续讲故事，并带领幼儿在情境中练习小厨师与小老鼠的对话。故事大意如下。

小厨师捉到小老鼠了。厨师问："想吃面，怎么办？"小老鼠"吱吱"叫着说："自己学会自己做！"

(3) 教师引导扮演小厨师的幼儿与扮演小老鼠的幼儿面对面站立，同时随音乐做面条。

5. 分角色完整游戏

(1) 幼儿站成双圈，分配角色，随完整的音乐游戏。

(2) 教师带领幼儿小结游戏中遇到的问题，强调规则。

(3) 幼儿互换角色，再次游戏。

（陕西艺术幼儿园　张　瑞）

躲　雨

歌曲

蘑菇伞

胡敦骅词
李　茹曲

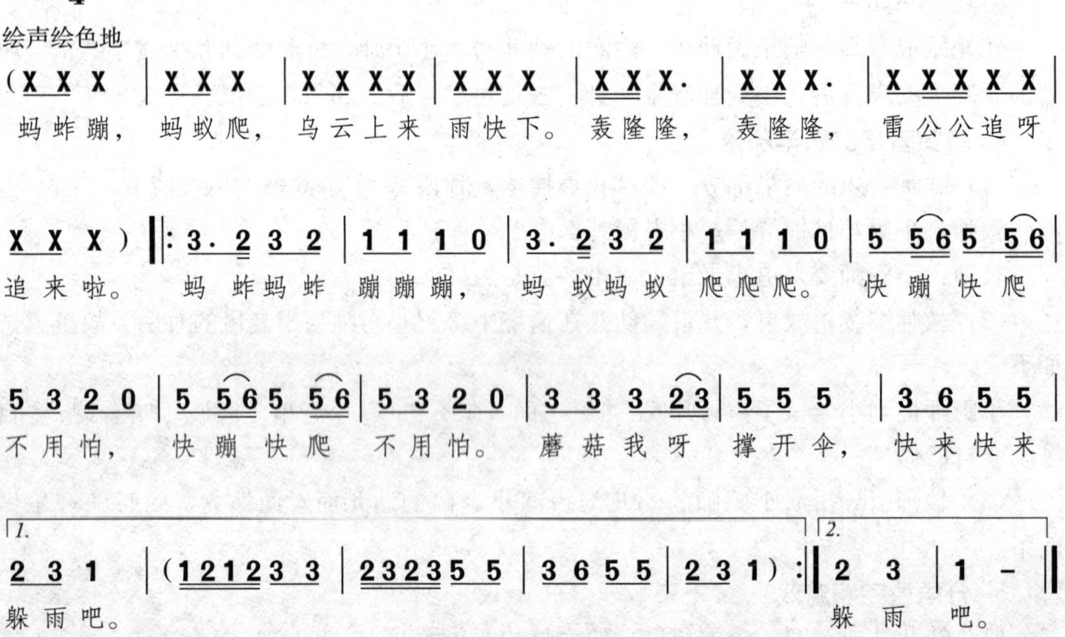

1=D $\frac{2}{4}$

绘声绘色地

(X X X | X X X | X X X X | X X X | X X X. | X X X. | X X X X X |
蚂蚱蹦，蚂蚁爬，乌云上来 雨快下。轰隆隆，轰隆隆，雷公公追呀

X X X) ‖: 3. 2 3 2 | 1 1 1 0 | 3. 2 3 2 | 1 1 1 0 | 5 56 5 56 |
追来啦。蚂 蚱蚂蚱 蹦蹦蹦，蚂 蚁蚂蚁 爬爬爬。快蹦 快爬

5 3 2 0 | 5 56 5 56 | 5 3 2 0 | 3 3 3 23 | 5 5 5 | 3 6 5 5 |
不用怕，快蹦 快爬 不用怕。蘑菇我呀 撑开伞，快来快来

[1.] 2 3 1 | (1212 3 3 | 2323 5 5 | 3 6 5 5 | 2 3 1) :‖ [2.] 2 3 | 1 – ‖
躲雨吧。　躲 雨 吧。

活动分析

《蘑菇伞》是一首非常富有情趣和想象力的歌曲，节奏欢快，旋律优美动听。根据活动的需要，教师将歌词中的“蚂蚱”“蹦”全部替换为“蚂蚁”“爬”，便于幼儿深入体验和游戏。活动中，幼儿在会唱歌曲的基础上，尝试用肢体动作表现小蚂蚁躲雨的情形；根据歌曲内容迁移“抢椅子”的游戏经验，明确每把蘑菇伞下只能躲一只小蚂蚁的游戏规则；通过随乐律动和“雷公公追小蚂蚁”的游戏，体会歌曲所表达的情趣，并体验参与音乐游戏的快乐。

活动准备

将幼儿的小椅子装饰成蘑菇伞的形象；幼儿会唱歌曲《蘑菇伞》。

活动过程

1. 复习歌曲，随乐自由律动

幼儿扮演一群活泼可爱的小蚂蚁，教师带领幼儿跟着歌曲《蘑菇伞》的旋律自由律动。

2. 尝试大胆地表现小蚂蚁躲雨的动作

(1) 教师带领幼儿玩“躲雨”的游戏。

教师：下雨啦，小蚂蚁想找蘑菇伞躲雨，蘑菇伞在哪里？

(2) 教师引导幼儿用小椅子当蘑菇伞，鼓励幼儿大胆地做一个表现躲雨的动作。

3. 明确小蚂蚁做躲雨动作的时机

(1) 教师提问，请幼儿思考：小蚂蚁在歌曲唱到哪一句话时做躲雨的动作？你是怎么知道的？

(2) 教师随乐示范，让幼儿明确：小蚂蚁在歌曲唱到最后一句“快来快来躲雨吧”时，做躲雨的动作。

4. 游戏：小蚂蚁躲雨

游戏玩法如下。

将装饰成蘑菇伞形象的小椅子围成圈，幼儿扮演小蚂蚁，站在圈外，边唱歌边随音乐做动作。唱到最后一句的时候，每只小蚂蚁找到一把蘑菇伞，做躲雨的动作。

教师提醒幼儿：一把蘑菇伞下只能躲一只小蚂蚁哦。

5. 反思性评价学习

教师：刚才游戏的时候，你觉得哪里特别好？哪里还有点困难？

6. 游戏：雷公公追小蚂蚁

(1) 增加游戏难度，教师从圈上移走一把蘑菇伞，并在圈外的“草地”上放置一把“特殊的蘑菇伞”，引入“雷公公”的角色，带领幼儿玩“雷公公追小蚂蚁”的游戏。

游戏玩法如下。

一名幼儿扮演雷公公，其他幼儿扮演小蚂蚁。小蚂蚁站在圈外，边唱歌边随音乐做动作，唱到最后一句时，找一把蘑菇伞躲雨。雷公公站在圆心，随音乐做打雷的动作，在音乐结束后，要找到哪只小蚂蚁没有躲到伞下，赶快去追。这只小蚂蚁要赶快跑到圈外的“特殊的蘑菇伞”下，躲起来，雷公公就不能追了。找到蘑菇伞的小蚂蚁为胜利者。

(2) 在熟悉游戏动作和玩法后，幼儿随音乐完整地游戏。

附动作建议

第 1～8 小节（念白）：两手食指置于头部两侧，模仿蚂蚁触角，做好准备。

第 9、11、13、15、17 小节：手的动作同前，身体随音乐左右摇摆，一拍一次。

第 10、12、14、16、18 小节：双臂屈肘，五指并拢，模仿小蚂蚁向前爬的样子，跟随音乐小跑步，一拍一次。

第 19～20 小节：小蚂蚁快速找到一把蘑菇伞，做躲雨的样子。

（南京军区空军直属机关幼儿园音乐教研组　张　阳；
指导老师　江山娇）

地毯上的游戏

乐曲

加沃特舞曲

1=G $\frac{2}{4}$　　　　[比利时]戈塞克曲

欢快地

(5 3 7̣ 1 | 4 2 6̣ 7̣ | 1 1̇ | 1 –) ||: **A** 5 6 5 3 | 4 5 4 2 | 1 1̇ | 1 – |

4 5 4 2 | 3 4 3 1 | 2 5 | 5̣ – | 5 6 5 3 | 4 5 4 2 | 1 1̇ | 1 1 2 |

3 1 6̣ | 1 6̣ #4̣ | 5̣ 5 | 5̣ – :|| 2 4 3 5 | 4 3 2 1 | 7̣ 2 | 4 – |

3 5 4 6 | 5 4 3 2 | 1 3 | 5 – | 6 5 5 4 | 4 3 3 2 | 2 4 | 6 – |

5 3 7̣ 1 | 4 2 6̣ 7̣ | 1 1̇ | 1 – ||: **B** 3 3 | 4 4 | 5 1̇ 7 1̇ | 5 – |

1 1 | 2 2 | 3 5 #4 5 6 5 #4 3 | 2 – | 6̣ 1 6̣ | 6 6̣ | 5̣ 1 5̣ |

5 5̣ | 4 5̣ | 3 5̣ | 2 2 3 4 3 | 2 – :|| **C** 4 4 3 2 1 | 7̣ 7 |

1̇ ♭1 | 1 – | 4 4 3 2 1 | 7̣ 7 | 1̇ ♭1 | 3 – | 6 1̇ 7 6 5 |

4 6 | 5 5 6 5 4 | 3 5 | 4 6 5 4 3 | 2 7 | 1̇ 1 | 1 – ||

活动分析

《加沃特舞曲》是一首节奏欢快、旋律明亮的乐曲，适合幼儿随乐律动。活动中，幼儿在教师的指导下，能较准确地随乐句、乐段更换动作和按节奏做动作，在此基础上，学习根据情节提示来记忆动作顺序，能在比较拥挤的空间状态下与同伴亲密交流，转圈时能注意不碰到他人。

活动准备

可供席地而坐的场地，如铺有地毯或垫子的场地。

活动过程

1. 感知动作

(1) 教师示范动作，幼儿初步感受，明确左边同伴的右腿在哪里。

(2) 教师与全体幼儿拉好圈圈坐下，面对圆心。

2. 学习律动

(1) 教师启发幼儿在轻敲自己和他人膝部时口中发出有趣的声音：我们的小手会和自己说话，还会和朋友说话。

(2) 教师引导幼儿讨论：除了小手和嘴巴外，我们身体的哪些部位也可以做游戏?

(3) 在幼儿讨论的基础上，教师继续引导：小屁股转一圈玩玩，小腿伸出去玩玩。它们可以怎么玩呢?

(4) 请几名幼儿示范。

(5) 集体练习。

(6) 教师引导幼儿迁移已有经验，创编其他动作。

- 后背也想躺下去玩玩，它和小腿玩起了“跷跷板”。
- 小手玩起了“爬大山”的游戏。
- 小手玩得真高兴，它们拍拍手，然后举起右手喊“嘿”。

幼儿分句学习律动时，教师可以哼唱相应的乐句，帮助幼儿将动作与乐曲匹配，为后面的随乐律动做好准备。

3. 进一步练习

教师用哼唱旋律的方法帮助幼儿梳理音乐结构，引导幼儿继续练习随乐做动作。具体动作建议如下。

前奏

第 1～4 小节：幼儿围圆圈坐下，面向圆心。

A 段

第 5～6 小节：双手握空心拳，轻击两膝内侧，两拍一次。

第 7～8 小节：双手同时轻击左侧同伴的右膝内侧，一拍一次，共三次。

第 9～36 小节：重复第 5～8 小节的动作。

B 段

第 37～44 小节：双手撑地，用臀部转圈。

第 45～52 小节：双手撑地，蹬腿，做伸缩动作。

C 段

第 53～56 小节：身体向后半躺，双腿并拢上举。

第 57～60 小节：还原，坐起。

第 61～66 小节：双手从脚踝处向膝盖爬，一拍一下。

第 67 小节：双手对拍两下。

第 68 小节：伸出右手的食指和中指，喊“嘿”。

4. 完整表演

幼儿随音乐完整地表演动作，教师逐步减少语言提示，把幼儿的情绪逐步推向高潮。

活动延伸

可以引导幼儿创编不同的小手动作，替换原有动作，形成新的地毯上的游戏。

几肢着地

乐曲

七式进阶(片段)

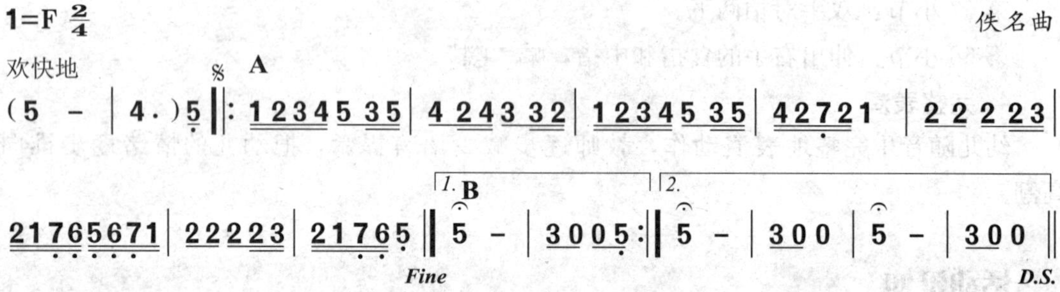

1=F $\frac{2}{4}$

佚名曲

欢快地

(5 - | 4 ·) 5 ‖: A 12345 35 | 4 243 32 | 12345 35 | 42721 | 22223 |

21765671 | 22223 | 21765 ‖ 1. B 5 - | 3005 :‖ 2. 5 - | 300 | 5 - | 300 ‖

Fine D.S.

活动分析

《七式进阶》是一首丹麦民间舞曲。A 段每重复一遍，B 段便增加一次重复。乐曲可反复多次。活动中，教师引导幼儿在律动活动中探索肢体着地的姿势和动作，让幼儿在轻松、愉快的氛围中，大胆地表达自己对音乐的理解和情感体验。

活动准备

写有“1”“2”“3”“4”的数字卡片各一张。

活动过程

1. 巩固对四肢的认知

教师请幼儿依次伸出自己的一只胳膊、两只胳膊、一条腿、两条腿，引导幼儿观察、讨论，明确“四肢”的概念。

2. 初步探索不同数量肢体着地的姿态和动作

(1) 教师示范讲解“四肢着地”的含义。

(2) 教师依次引导幼儿大胆创编四肢着地、三肢着地、两肢着地、一肢着地的不同姿态和动作，鼓励幼儿大胆创新，并能大胆表达自己的想法。

以幼儿探索为主，教师引导为辅，探索的动作难度逐层增加，引导幼儿在探索创编的过程中互相学习、互相欣赏、共同提高。

(3) 教师带领幼儿重点练习一肢着地和三肢着地，反复练习，鼓励幼儿快速反应，让幼儿充分理解“着地”的含义。

3. 听音乐做游戏

(1) 教师播放音乐，并随机出示数字卡片，请幼儿站在原地，根据自己的理解随乐做动作。

第一遍音乐结束后，启发幼儿总结出游戏玩法，即看数字卡片迅速做出对应数量的肢体着地的动作。

(2) 变换形式，增加难度，请幼儿站成圆圈，在行进中随乐律动，看数字卡片迅速做动作。

(3) 鼓励幼儿合作游戏，在听到 A 段音乐时找人少的地方随意走动，听到 B 段音乐时可以一个人做动作，也可以和同伴合作摆出造型，如两人搭山洞、两人单脚站立抱在一起、三肢着地手拉手、两肢着地搭山洞、鼻子碰鼻子、屁股碰屁股等，最后一次坐回圆圈上。

为了让幼儿有足够的时间，能够从容结伴造型，B 段音乐的“**5**”音可以由教师控制，自由延长。

活动延伸

在体育活动中，鼓励幼儿随着体能游戏的音乐，与同伴合作，摆出不同的身体造型。

（河南省省直机关第一幼儿园 王露晗）

问 候 舞

乐曲

七式进阶(片段)

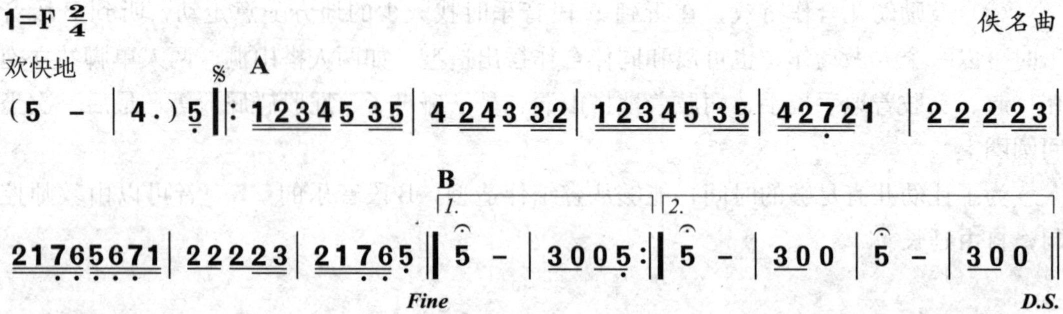

1=F $\frac{2}{4}$ 佚名曲

欢快地

A

(5 - | 4.) 5 ‖: 12345 35 | 4 243 32 | 12345 35 | 42721 | 2 2 2 23 |

B 1. 2.

21765671 | 22223 | 21765 ‖ 5 - | 3005 :‖ 5 - | 300 | 5 - | 300 ‖

Fine D.S.

活动分析

《七式进阶》是一首节奏欢快的丹麦民间舞曲。A 段每重复一遍，B 段便增加一次重复，A 段重复到第七遍时，B 段共重复七次，然后再重复 A 段一遍，音乐结束。教师引导幼儿在初步熟悉乐曲的基础上，学习随音乐跳集体舞，理解舞蹈动作与音乐结构的关系，形成初步的结伴舞蹈的意识，并能注意与同伴进行眼神的交流。

活动准备

幼儿开舞会的图片一张。

活动过程

1. 观察图片

教师出示图片，引导幼儿观察画面。

教师：过节了，小朋友们在干什么？（开舞会）

2. 初步学习舞蹈

（1）完整欣赏音乐，熟悉乐曲。

教师：小朋友们听着音乐跳起了《问候舞》，我们来给他们拍拍手吧。

幼儿边听音乐边拍手。

（2）教师带领幼儿分析舞蹈的动作顺序（即先跳舞，再握手），了解音乐的结构。

教师：他们是怎么向好朋友问候的？（握手）

教师：他们是什么时候去向朋友问候的？（跳完舞以后）

(3) 感受 B 段音乐在每次重复时的变化。

教师：他们每次握手的好朋友一样多吗？我们也来试一试。

幼儿听音乐练习在听到 B 段音乐的“**5**”音时，与舞伴握手，听到“**3**”音时，迅速拍一下手，并交换舞伴，在听到下一个“**5**”音时和新舞伴握手。

(4) 教师示范舞蹈动作，在听到 B 段音乐时随机找一名幼儿握手。

教师：我也去参加舞会了，看，我是怎么跳舞的？

3. 完整地学跳舞蹈

(1) 幼儿集体跟着教师学习舞蹈动作。动作建议如下。

前奏

第 1～2 小节：双手叉腰，做好准备。

A 段

第 3～6 小节：双手叉腰，自由小跑步。

第 7 小节：按$\left|\ \underline{X\ X}\ \ X\ \ \right|$的节奏拍手，脚原地不动。

第 8 小节：双手叉腰，逆时针自转一圈，脚做小跑步的动作。

第 9～10 小节：动作同第 7～8 小节。

B 段

听到“**5**”音时，找到一名舞伴握手；听到“**3**”音时，迅速拍一下手并交换舞伴，在听到下一个“**5**”音时和新舞伴握手。

(2) 教师与部分幼儿示范跳集体舞，边示范边讲解，让幼儿进一步明确根据 B 段音乐的变化交换舞伴及握手的规则。

(3) 幼儿听音乐，完整、连续地跳集体舞三四次。

教师：我们也来开个舞会吧。

教师提醒幼儿注意与同伴进行眼神交流，并在相应的音乐处用语言提示幼儿迅速交换舞伴。

活动在欢快的气氛中结束。

活动延伸

当幼儿掌握舞蹈动作及玩法后，教师可随机变化 B 段音乐重复的次数以及“**5**”音的时长，以提高幼儿听音乐及时变换动作的能力。

快乐的小熊

乐曲

快乐的小熊

汪爱丽曲

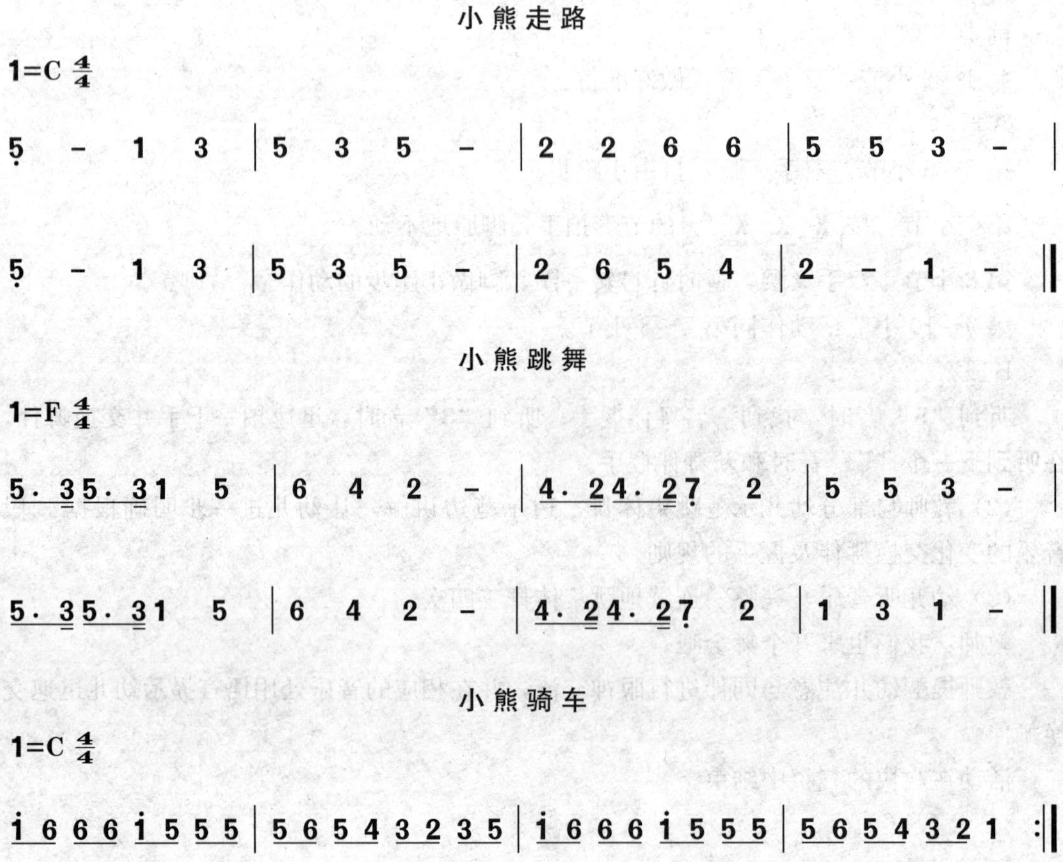

小熊走路

1=C $\frac{4}{4}$

5 - 1 3 | 5 3 5 - | 2 2 6 6 | 5 5 3 - |

5 - 1 3 | 5 3 5 - | 2 6 5 4 | 2 - 1 - ‖

小熊跳舞

1=F $\frac{4}{4}$

5. 3 5. 3 1 5 | 6 4 2 - | 4. 2 4. 2 7 2 | 5 5 3 - |

5. 3 5. 3 1 5 | 6 4 2 - | 4. 2 4. 2 7 2 | 1 3 1 - ‖

小熊骑车

1=C $\frac{4}{4}$

i 6 6 6 i 5 5 5 | 5 6 5 4 3 2 3 5 | i 6 6 6 i 5 5 5 | 5 6 5 4 3 2 1 :‖

活动分析

《快乐的小熊》由三段小乐曲组成，分别表现小熊走路、小熊跳舞、小熊骑车的样子。活动中，教师引导幼儿在初步熟悉乐曲的基础上，学习较合拍地做小熊走路的动作，用小碎步模仿小熊骑车的动作，感受两段音乐的不同节奏特点，能合着音乐做动作；引导幼儿迁移已有经验，尝试用已学过的舞步和动作自由表现小熊跳舞，能根据音乐的变化较迅速地变换动作。

活动准备

小熊走路、小熊跳舞、小熊骑车的图片各一张。

活动过程

1. 观察图片

教师出示小熊走路和小熊骑车的图片，引起幼儿兴趣。

教师：马戏团来表演了，看，什么动物来了？

教师：小熊表演什么节目？

2. 听辨音乐《小熊走路》和《小熊骑车》的节奏特点

（1）讨论、分析小熊走路和骑车动作的节奏特点。

教师：小熊走起路来怎么样？（慢）小熊骑上小车呢？（快）

请幼儿拍出快和慢两种节奏。

（2）听音乐《小熊走路》和《小熊骑车》，将动作与音乐匹配。

教师：这段音乐慢慢的，是小熊在干什么？

教师：这段音乐快快的，是小熊在干什么？

（3）幼儿听音乐拍手，进一步感受两段音乐的不同节奏。

3. 模仿小熊走路的样子

（1）幼儿自由地做一做小熊走路的动作，教师重点指导幼儿将双手弯曲在胸前，双腿稍屈，一步一步地走路，表现小熊走路时笨拙的样子。

（2）幼儿听音乐分组练习。

（3）全体幼儿一起模仿小熊走路的样子。

4. 学习小熊骑车的动作

（1）教师出示图片，请幼儿观察小熊骑车的动作。

教师：小熊要表演骑车了，看，小熊是怎么骑车的？

（2）请部分幼儿学做小熊骑车的动作。

教师：谁来和小熊一起表演骑车？

（3）全体幼儿学做小熊骑车的动作。

5. 随《小熊走路》和《小熊骑车》的音乐表演

教师：我们一起来做快乐的小熊，听到什么音乐就表演什么节目。

提醒幼儿根据音乐的变化及时变换动作。

6. 学习小熊跳舞的动作

（1）幼儿欣赏音乐《小熊跳舞》，感受乐曲欢快的节奏特点。

（2）教师出示小熊跳舞的图片，引导幼儿根据自己的经验，想象小熊跳舞时可能用了什么舞步和动作，请幼儿说出舞步的名称，并自由尝试。

（3）教师从幼儿的回答中选择舞步，示范按节奏做动作，如踮步、蹦跳步、踏点步等，并加上简单的手部动作。

（4）幼儿逐一练习，模仿小熊跳舞的动作。

教师：我们来学小熊跳舞吧！我们先学什么动作？

（5）幼儿分组上台表演。

教师：比比哪组小熊跳得好。

7. 随音乐完整地表演

（1）教师按《小熊走路》《小熊跳舞》《小熊骑车》的顺序弹奏或播放音乐，幼儿听音乐做动作。

教师：我们一起来做快乐的小熊吧，听到什么音乐就表演什么节目。

（2）请部分幼儿做快乐的小熊，其余幼儿做观众。教师打乱音乐的顺序，幼儿根据音乐的变化迅速地变换动作。

活动延伸

将音乐投入到表演区，鼓励幼儿自主表演、游戏。也可以请家长带幼儿去动物园，观察熊走路、吃东西的样子，并学一学。

请你和我跳个舞

乐曲

请你和我跳个舞

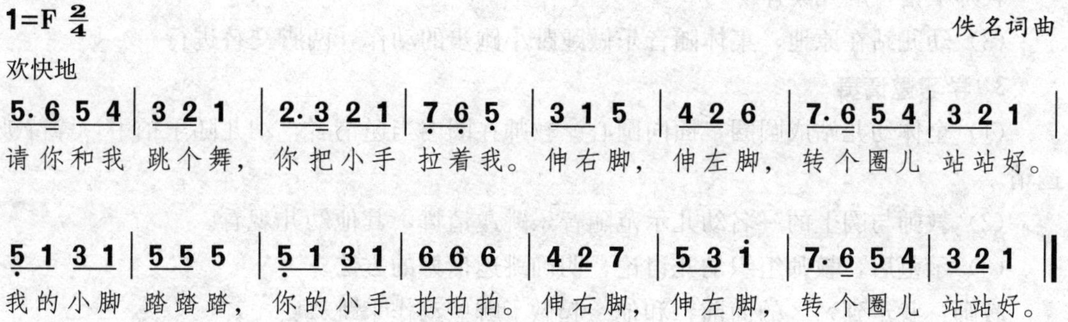

1=F $\frac{2}{4}$

佚名词曲

欢快地

5.6 5 4 | 3 2 1 | 2.3 2 1 | 7 6 5 | 3 1 5 | 4 2 6 | 7.6 5 4 | 3 2 1 |

请你和我 跳个舞，你把小手 拉着我。伸右脚，伸左脚，转个圈儿 站站好。

5 1 3 1 | 5 5 5 | 5 1 3 1 | 6 6 6 | 4 2 7 | 5 3 1 | 7.6 5 4 | 3 2 1 ||

我的小脚 踏踏踏，你的小手 拍拍拍。伸右脚，伸左脚，转个圈儿 站站好。

踵趾小跑步

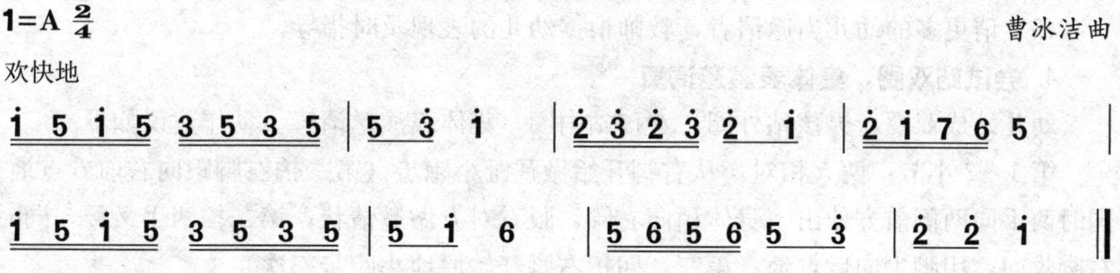

1=A $\frac{2}{4}$

曹冰洁曲

欢快地

1 5 1 5 3 5 3 5 | 5 3 1 | 2 3 2 3 2 1 | 2 1 7 6 5 |

1 5 1 5 3 5 3 5 | 5 1 6 | 5 6 5 6 5 3 | 2 2 1 ||

活动分析

歌曲《请你和我跳个舞》节奏欢快，旋律简单，适合中班幼儿随乐舞蹈。活动中，教师引导幼儿在已学会踵趾小跑步的基础上，学跳邀请舞，通过转半圈、侧身行进的方法，在圈上交换舞伴，体验和朋友一起跳邀请舞的快乐。

活动准备

幼儿已经学会踵趾小跑步。

活动过程

1. 回忆踵趾小跑步的动作

教师播放音乐《踵趾小跑步》，带领幼儿随乐复习踵趾小跑步的动作，体验乐曲的欢快情绪。

2. 熟悉新乐曲，匹配动作

（1）感受歌曲《请你和我跳个舞》的节奏。

教师：老师带来了一段好听的音乐，我们一边听，一边随着音乐的节奏拍拍手吧。

（2）尝试为乐曲匹配踵趾小跑步的动作。

教师：跟随这段音乐做踵趾小跑步的动作，可以怎么做？

教师唱谱，请几名幼儿示范。

教师唱谱，幼儿集体练习。

（3）幼儿站在原地，集体随音乐做踵趾小跑步的动作，两脚交替进行。

3. 学习邀请舞

（1）全体幼儿站成圆圈，面向圆心。教师在圈内当邀请者，幼儿随乐拍手，等待被邀请。

（2）教师与圈上的一名幼儿示范随音乐跳邀请舞，其他幼儿观看。

（3）示范后，教师组织幼儿讨论，明确跳邀请舞的方法。

教师：我走到××的面前，和他一起做了哪些动作来跳舞？

教师：跳完后，谁出去继续跳舞了？谁留了下来？我们是用什么动作交换位置的？

（4）教师请个别幼儿和自己一起到圈内当邀请者，随音乐邀请圈上的朋友跳舞。

（5）请更多的幼儿当邀请者，教师根据幼儿的表现及时指导。

4. 尝试站双圈，集体表演邀请舞

幼儿站成双圈，男孩站外圈，女孩站内圈，集体表演邀请舞。动作建议如下。

第 1～2 小节：两人相对，从右脚开始做踵趾小跑步（第一拍右脚跟向右前方点地，同时两手向两侧前方伸出，身体稍向右倾，眼看对方做邀请状；第二拍两手叉腰，同时右脚收回，用脚尖向后点地；第三、四拍右脚开始原地小跑步三次）。

第 3～4 小节：两人相对，从左脚开始做踵趾小跑步。

第 5～6 小节：双手先在胸前对拍，再拍对方的双手，同时蹲一次；共做两次。

第 7 小节：两人双手叉腰，小跑步转半圈交换位置。

第 8 小节：两人相对，上下握手两次，同时起踵、点头两次。

第 9～10 小节：两人均向自己的右侧做踵趾小跑行进，在新舞伴面前停下，两人相对站好。

第 11～16 小节：动作同第 3～8 小节。

活动延伸

在亲子活动中，可以请家长和幼儿一起跳邀请舞，增加幼儿与不同家长互动、交流的机会。

卷　炮　仗

歌曲

卷　炮　仗

1=C $\frac{2}{4}$

汪爱丽词曲

活泼地

1 3 3 1 | 3 5 5 | 5 1̇ 5 4 3 2 | 1 3 5 | 2 4 4 2 | 4 6 6 |
我 们 大 家　卷 炮 仗，　啦 啦 啦 啦 啦　啦　啦 啦 啦，　慢 慢 慢 慢　往 里 卷，

5 1̇ 5 4 3 2 | 1 3 1 | 1̇. 5 1̇. 5 | 6 6 5 | 1̇. 5 1̇. 5 | 6 6 5 |
啦 啦 啦 啦 啦　啦　啦 啦 啦。　一 步 一 步　向 前 走，　炮 仗 卷 得　紧 又 紧，

1 3 1 3 | 3 5 3 5 | 1 3 1 3 | 3 5 3 5 | 5 1̇ 5 4 3 1 | 2 2 1 ‖
卷 呀 卷 呀　卷 呀 卷 呀，　卷 呀 卷 呀　卷 呀 卷 呀，　我 们 卷 成 一 个　大 炮 仗。

活动分析

《卷炮仗》是一首欢快的游戏歌曲。活动中，教师引导幼儿讨论并探索游戏中卷炮仗的方法，在卷炮仗时能跟随音乐协调、自然地原地踏步和行进走，并在游戏时能注意与同伴合作，协调一致地移动和变化队形。

活动准备

毛巾一条，黑板一块，粉笔。

活动过程

1. 谈话，了解炮仗

（1）教师出示毛巾，引导幼儿观察卷毛巾的过程以及毛巾卷好后横切面的螺旋形。

教师：我刚才在做什么？毛巾卷好以后像什么？

教师：一起看看，卷好的“炮仗”（毛巾）这一头是什么样子的？你会用线条把它画出来吗？

（2）幼儿尝试运用线条表现螺旋形，在黑板上画出来。

2. 探索卷炮仗的方法

（1）教师提问，引发幼儿思考。

教师：刚才我们看到炮仗卷起来的时候是螺旋形的，假如我们许多小朋友来做炮仗，怎么把我们也变成螺旋形呢？

（2）教师请一组幼儿上前站成一横排。幼儿讨论卷炮仗的方法，并进行演示。

（3）幼儿手拉手，集体练习卷炮仗的方法。

教师：怎样才能把我们的炮仗再变大些？我们再多请一些小朋友参加。

3. 加入基本步伐，尝试听音乐游戏

（1）教师边慢速演唱歌曲，边带领幼儿卷成螺旋形：听着音乐我们一起慢慢地卷炮仗，要小心一点，慢慢地往里卷，破的炮仗是点不着的。

幼儿成功地卷成螺旋形是活动的难点，教师要根据幼儿卷螺旋形时发生的具体问题进行及时反馈与指导。同时，教师可以根据幼儿当时的情况，决定哼唱歌曲时是否需要放慢速度、放慢到什么程度。

（2）教师带领幼儿用正常的速度演唱歌曲，并卷炮仗。

4. 完整游戏

（1）教师扮演点炮仗的人。在音乐结束的时候，幼儿卷好炮仗并全体蹲下，教师用手指点某名幼儿，同时嘴里发出“嘶”的声音，表示点燃炮仗，被点的幼儿立即站起来并大声说“嘭”，全体幼儿接着说“啪”，然后四散跑开。

（2）幼儿集体游戏一两次。

活动延伸

幼儿游戏熟练后，可以增加游戏难度，运用不同的行进步伐，边走边卷炮仗。

红 绸 舞

乐曲

红 绸 舞(片段)

1=C $\frac{4}{4}$

佚名曲

欢快、热情地

(X X X X | X X X X 0) | 5. 6 1̇ 1̇ 1̇ 6 1̇ 5 | 3 5 5 3 2 3 5 6 1 |

3 5 5 3 2 1 2 3 5 2 | 6 2̇ 1̇ 6 5 3 5 | 1̇ 6 1̇ 5 3 6 1 | 1̇ 6 1̇ 5 3 6 1 |

3 5 5 3 2 1 2 3 5 2 | 6 2̇ 1̇ 6 5 3 5 | 0 5 0 5 1̇ 6 1̇ 5 |

0 5 0 5 3 6 1 | 1̇. 6 5 1̇ 3 6 1 | 5 5 6 1̇ 3 2 1 | 1̇ - - - ‖

活动分析

乐曲《红绸舞》具有中国民族音乐的旋律特点。活动中，教师引导幼儿感受音乐的欢快情绪和乐曲中乐句类似对话的特点；鼓励幼儿迁移生活中关于节庆的经验，尝试将其转化成舞蹈动作。在此基础上，幼儿与同伴一起合作，进行敲锣和打鼓的动作对话，体验活动的乐趣。

活动准备

幼儿每人两根红绸。

活动过程

1. 回忆过年放烟花的情景

教师：过年的时候放烟花是什么样子的？请你用身体动作学一学。

教师：除了放烟花，很多地方在过年的时候还会舞起红绸，庆祝节日。

2. 欣赏音乐

（1）幼儿初次欣赏音乐，说一说自己的感觉。

（2）幼儿再次欣赏音乐，说一说听着这首音乐，自己想做什么。

（3）教师引导幼儿一边听音乐，一边即兴做动作：请你们一边听音乐，一边把你听出来的事用动作做出来。

教师根据幼儿所做的动作（如拍手、敲锣、打鼓等），引导幼儿体会、表现歌曲的欢快情绪。

（4）在音乐的伴奏下，教师带领全体幼儿做他们自己设计的动作。

3. 感受乐曲中乐句类似于对话的特点

（1）教师引导幼儿重点欣赏音乐中类似于对话的部分：听一听，乐曲中哪些乐句像是锣和鼓在对话？

教师根据幼儿的回答，小结：在音乐的第 7～8 小节、11～12 小节，好像是锣说“您好啊！”鼓接着也说“您好啊！”所以我们做的动作要像它们在互相说话。

（2）幼儿尝试随乐完整地做动作，表现乐曲中锣和鼓的对话。

4. 分组做动作

（1）在熟悉乐曲旋律和动作后，幼儿分成两组。听到“对话”的乐句时，一组幼儿做敲锣动作，另一组幼儿做打鼓动作；听到其他乐句时，两组幼儿一起拍手；最后全体幼儿高举双手，轻摇手腕。

（2）两组幼儿交换角色，再次随乐做动作。

5. 随乐表演

幼儿手持红绸，两两结伴，在教师的带领下，听音乐进行集体表演。

活动延伸

结合新年的庆祝活动，组织全班幼儿进行舞蹈表演，让幼儿进一步感受音乐在生活中的作用，体会到音乐可以表达情感。

健　康　歌

歌曲

健 康 歌(片段)

1=F $\frac{4}{4}$

中速

[日]织田哲郎词
许常德曲

A

1 1 1 1 1 1 | 1 1 1 1 3 1 6 5 | 0 7 7 7 7 6 7 | 1 1 1 1 0 |

(爷)左 三圈右 三圈，脖子扭扭屁股扭扭，早睡早起 咱们 来做运 动。

1 1 1 1 1 1 6 5 | 4 4 4 4 4· 0 | 5 5 5 5 5 5 5 | 3 1 2 2 1· 0 |

抖抖手啊抖抖脚啊，勤做深呼吸，学 爷爷唱唱跳跳，你才不会老。

B

1 1 1 1 1 1 | 1 1 1 1 7 1 6 5 | 1 1 7 7 7 7 | 1 1 7 1 X X X X |

笑 眯眯笑 眯眯，做人客气，快乐容易。(孙)爷爷说得容易，早上起床哈啾哈啾。

1 1 1 1 1 1 | 1 1 1 1 7 1 6 5 | 0 5 5 5 3 3 2 2 | 1 - - 0 |

(爷)不要乱吃零 食，多喝开水，咕噜咕噜，我比谁更有活力。

A

1 1 1 1 1 1 | 1 1 1 1 3 1 6 5 | 0 7 7 7 7 6 7 | 1 1 1 1 0 |

(孙)左 三圈右 三圈，脖子扭扭，屁股扭扭，早睡早起，咱们 来做运 动。

1 1 1 1 1 1 6 5 | 4 4 4 4 4· 0 | 5 5 5 5 5 5 5 | 3 1 2 2 1· 0 ‖

抖抖手啊抖抖脚啊，勤做深呼吸，学 爷爷唱唱跳跳，我也不会老。

活动分析

《健康歌》是一首幼儿熟悉的流行歌曲，旋律欢快，适合幼儿进行身体律动时使用。活动中，教师引导幼儿在熟悉歌曲的基础上，尝试根据歌词创编合适的动作，并能边唱歌边表演。

活动过程

1. 欣赏歌曲

（1）教师与幼儿共同欣赏歌曲。

（2）请幼儿谈谈自己听了这首歌以后的感觉，简单地讨论：你认为什么是健康？怎样才能健康？

2. 理解歌词

（1）教师再次播放歌曲，请幼儿注意听歌里唱的是什么词，说说是什么意思。

（2）幼儿和教师一起随音乐念歌词，再跟着教师学唱整首歌曲。

3. 为A段歌词创编动作

（1）教师用稍慢的速度清唱歌曲A段，请幼儿扮演爷爷，逐句根据歌词创编表演动作。

（2）教师指导幼儿创编合适的动作，如：合拍地表现“左三圈，右三圈”“抖抖手、抖抖脚”等内容。

4. 整理动作，进行表演

（1）教师清唱A段歌词，带领幼儿将每句歌词的表演动作串联起来，形成比较完整、连贯的表演动作。

（2）教师播放歌曲A段，幼儿随乐表演。教师指导幼儿在表演过程中体会动作与歌词之间的关系。

（3）表演结束后，幼儿交流自己在表演过程中发现的问题或对动作设计的意见，并集体修改。

（4）幼儿用修改后的动作，再次随乐表演歌曲A段。

（5）幼儿尝试演唱歌曲的A段，教师表演幼儿创编的动作（教师可以提升幼儿的动作，也可夸张地表现出幼儿创编的动作中存在的问题），然后请幼儿评价、讨论，帮助幼儿进一步完善表演动作。

5. 歌表演

（1）教师播放歌曲A段，幼儿随乐边唱边表演。

（2）再次随乐表演。教师提醒幼儿注意根据音乐的速度及时调整自己的动作，合拍地表演。

活动延伸

1. 引导幼儿用同样的方法为B段歌词创编表演动作，重点关注幼儿自主创编、同伴学习的情况，引导幼儿创编出符合歌词内容的动作，并随歌曲旋律合拍地表现。

2. 当幼儿为整首歌曲创编出连贯、完整的表演动作后，可以将此歌曲作为早操音乐，让幼儿随乐律动，体验成就感。

毛毛虫啃苹果

歌曲

啃苹果

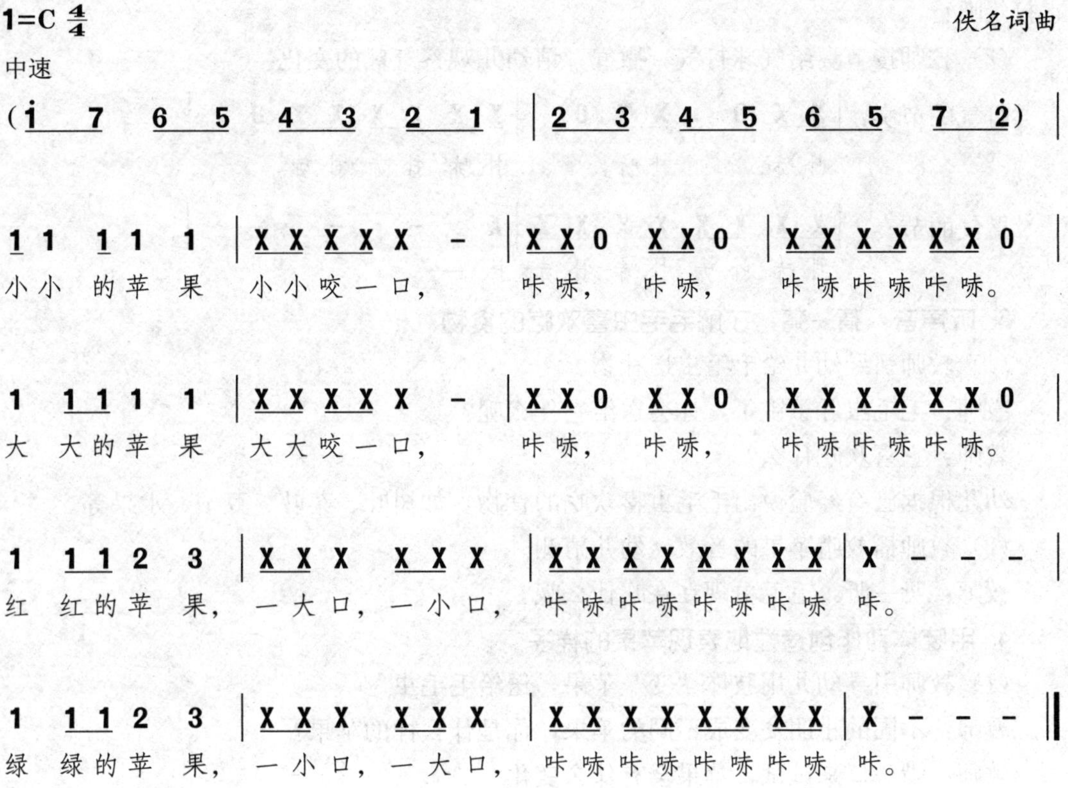

1=C $\frac{4}{4}$ 　　　　佚名词曲

中速

(i̇ 7 6 5 4 3 2 1 | 2 3 4 5 6 5 7 2̇) |

1 1 1 1 1 | X X X X X - | X X 0 X X 0 | X X X X X X 0 |
小小 的苹 果 小小咬一口， 咔嗞， 咔嗞， 咔嗞咔嗞咔嗞。

1 1 1 1 1 | X X X X X - | X X 0 X X 0 | X X X X X X 0 |
大 大的苹 果 大大咬一口， 咔嗞， 咔嗞， 咔嗞咔嗞咔嗞。

1 1 1 2 3 | X X X X X X | X X X X X X X X | X - - - |
红 红的苹 果， 一大口， 一小口， 咔嗞咔嗞咔嗞咔嗞 咔。

1 1 1 2 3 | X X X X X X | X X X X X X X X | X - - - ‖
绿 绿的苹 果， 一小口， 一大口， 咔嗞咔嗞咔嗞咔嗞 咔。

活动分析

《啃苹果》是一首节奏欢快的台湾童谣。歌曲中通过两种不同的说唱节奏，表现出毛毛虫啃苹果时欢快、诙谐的情景。活动中，教师引导幼儿感受并掌握音乐中两种不同的节奏型，用肢体动作创造性地表现歌曲内容，使幼儿能自信地表现自己。

活动准备

气球及打气筒各一个，啃苹果的音效一段，教学图谱一张（图 6）。

活动过程

1. 做简单的律动入场

教师：毛毛虫来我们班做客，它想和小朋友一起跳舞。

教师带领幼儿一边做简单的律动，一边进入活动室。

2. 通过游戏“气球打气”，初步感受节奏

（1）教师出示气球，激发幼儿的兴趣。

教师：毛毛虫要送给小朋友一个礼物，是什么呢？哎呀，它怎么是扁扁的？我们给它打气吧！

（2）教师按节奏给气球打气、撒气，请幼儿观察气球的变化。

打气的节奏：| X X 0　X X 0 | X X X X X X 0 |

扑哧，　扑哧，　扑哧 扑哧 扑哧。

撒气的节奏：| X X X X X X X X | X - - - |

扑哧 扑哧 扑哧 扑哧 扑——

3. 听声音，猜一猜，了解毛毛虫喜欢吃的食物

（1）教师引导幼儿给毛毛虫送礼物。

教师：毛毛虫肚子饿了，你会送给它什么呢？

教师：它喜欢吃什么？

幼儿根据已有经验说出毛毛虫喜欢吃的食物，如树叶、菜叶、豆子、水果等。

（2）教师播放啃苹果的音效，幼儿猜测。

教师：听一听，毛毛虫现在在吃什么呢？

4. 用肢体动作创造性地表现苹果的样子

（1）教师引导幼儿用肢体“变”苹果，送给毛毛虫。

教师：不同的小朋友变成不同的苹果，你是什么样的苹果？

教师：啃一口来试试，苹果会有什么变化？

（2）教师引导幼儿根据两种节奏型来进行肢体的形象变化。

5. 通过毛毛虫啃苹果的动作，熟悉歌曲，掌握节奏

（1）整体欣赏，熟悉歌词。

幼儿完整地欣赏歌曲。教师提问，并根据幼儿的回答，出示图谱中四种苹果的形象。

教师：我们来听听，毛毛虫都啃了什么样的苹果呢？

（2）分句欣赏，掌握节奏。

教师：毛毛虫啃小小的（大大的、红红的、绿绿的）苹果时，声音是什么样的呢？谁来学一学？

教师根据幼儿的回答，依次出示图谱的剩余部分。幼儿看图谱，随音乐学说节奏。

（3）整体演唱，巩固歌曲。

教师引导幼儿一起用小手做嘴巴，和毛毛虫一起啃苹果。

第一遍，教师注意引导幼儿正确地说出节奏。

第二遍，教师引导幼儿看图谱完整地演唱歌曲，要求把歌词演唱完整。

6. 游戏：吃苹果

幼儿扮演歌词中的不同的苹果，教师扮演毛毛虫。教师说唱到“咔哧”的时候，做出啃苹果的样子，幼儿不断配合变化自己的身体造型，表现苹果被啃得越来越小，最后只剩下苹果核的样子。

7. 游戏：超级大苹果

教师：怎样变成超级大苹果？超级大苹果被咬一口，会怎样变小？

全体幼儿围成大圆圈，表示变成超级大苹果，随音乐边唱歌边按节奏向圈内跳，表示超级大苹果被一口一口咬小。

8. 游戏：身体变水果

教师：毛毛虫喜欢吃苹果，你喜欢吃什么水果呢？请你用身体变出来，让大家猜一猜。

教师引导幼儿根据同伴做出的身体造型，猜水果名称，并替换到歌词中进行游戏。

活动延伸

可引导幼儿关注生活中除“咔哧”以外的其他音乐元素，举一反三地表现出各种声效及节奏。

附教学图谱

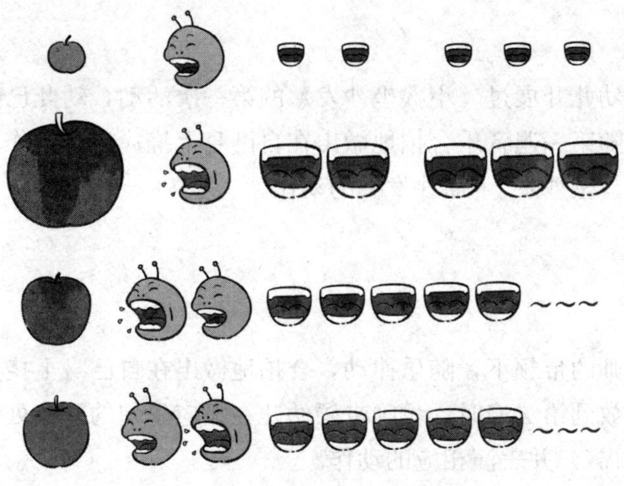

图 6　《毛毛虫啃苹果》教学图谱

（山东省威海市文登区实验幼儿园文昌园　李　兰）

小猴坐沙发

乐曲

甩 葱 歌(片段)

1=C $\frac{2}{4}$　　　　[芬]埃诺·凯蒂尼曲

中速　轻快地

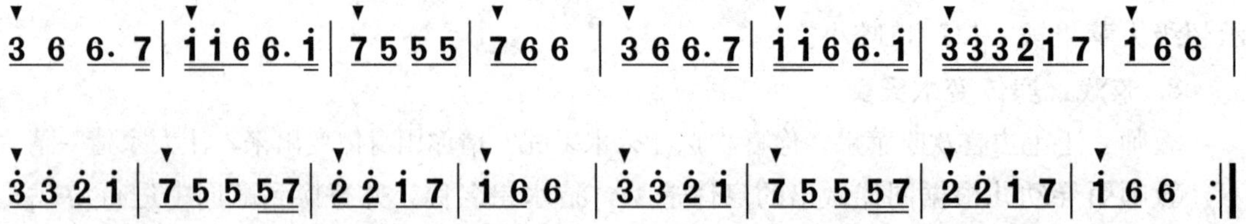

3 6 6· 7 | 1̇ 1̇ 6 6· 1̇ | 7 5 5 5 | 7 6 6 | 3 6 6· 7 | 1̇ 1̇ 6 6· 1̇ | 3̇ 3̇ 3̇ 2̇ 1̇ 7 | 1̇ 6 6 |

3̇ 3̇ 2̇ 1̇ | 7 5 5 5 7 | 2̇ 2̇ 1̇ 7 | 1̇ 6 6 | 3̇ 3̇ 2̇ 1̇ | 7 5 5 5 7 | 2̇ 2̇ 1̇ 7 | 1̇ 6 6 :‖

活动分析

《甩葱歌》旋律欢快、活泼，营造出一种轻松和休闲的游戏氛围。教师截取了其中的片段，重复播放，引导幼儿在熟悉乐曲旋律和结构的基础上，用动作表现猴哥和猴妹互相挠痒痒的动作，尝试用身体的某一部位做出各种沙发的造型，并能与同伴合作变沙发/坐沙发，感受合作律动、游戏的快乐。

活动准备

前期已经组织幼儿开展过《小猴坐沙发》的第一次活动，幼儿已熟悉音乐，了解相应的故事情境，能随第一遍音乐合拍地做出在自己身上挠痒痒的动作，并在第二遍音乐的相应乐句处做出“坐沙发”“摇沙发”的动作。

活动过程

1. 复习律动

（1）幼儿在教师的带领下，随乐律动，合拍地做出在自己身上挠痒痒的动作。

（2）在音乐播放到第二遍时，教师带领幼儿在相应乐句的开头处，随乐合拍地说出口令“变”“坐”“摇”，并表演相应的动作。

2. 探索结伴玩“挠痒痒”游戏的方法

（1）教师启发幼儿思考怎样把挠痒痒的游戏玩得更加有趣。幼儿讨论，明确：除了自己挠痒痒，还可以好朋友之间互相挠痒痒。

（2）幼儿讨论：可以挠同伴的哪里？怎样挠痒痒才能使自己和同伴都觉得舒服、

快乐？

教师和一名幼儿示范互相挠痒痒，引导幼儿发现：要轻轻地挠，不要弄疼对方；如果没有事先约定挠痒痒的顺序，会造成自己和同伴之间的相互干扰。幼儿讨论，确定按照“挠脸—挠手—挠胳肢窝—挠肚皮”的顺序共同游戏。

（3）幼儿两两结对，随音乐按约定好的顺序互相挠痒痒。

3. 创编用小手变沙发的动作，结伴游戏

（1）教师引导幼儿讨论电动沙发的样子和功能。

教师：小朋友们见过电动沙发吗？

教师：电动沙发是什么样子的？有哪些功能啊？

幼儿讨论，得出结论：电动沙发有各种各样的造型，可以摇动，还可以给人按摩，让坐在沙发上的人觉得舒服。

（2）幼儿两两结伴，轮流尝试用小手和胳膊做出沙发的造型，请同伴坐一坐。

教师启发幼儿思考：怎样让沙发变得牢固，既能让同伴坐稳，又能与同伴相互合作将沙发摇动？

请一对幼儿进行尝试，其他幼儿观察、总结并改进。

4. 游戏：小猴坐沙发

（1）幼儿两人结伴，明确各自的角色和任务，随教师哼唱的乐曲旋律进行游戏。

（2）幼儿两人结伴，随乐游戏。

（3）教师引导幼儿使用“反思性评价学习”的方法，检查自己的游戏情况。

教师：你觉得和同伴配合得怎样？你们变的沙发稳当吗？坐上去舒服吗？遇到了什么问题？你有什么好办法？

5. 用更多的身体部位变沙发

（1）教师启发幼儿尝试用不同的身体部位做出沙发的造型，创编新的动作。

教师：除了可以用小手和胳膊来变，我们还可以用身体的其他部位来变沙发吗？

（2）幼儿两两结伴尝试，随乐完整游戏。

附游戏动作与玩法建议

幼儿散点游戏。

第一遍音乐

男孩扮演猴哥，女孩扮演猴妹，一边自由行进一边在自己身上挠痒痒。在音乐结束时，一个猴哥找到一个猴妹，两人面对面站好。

第二遍音乐

第 1～2 小节：两人双手模仿小猴子前掌的样子，放在胸前，随乐有节奏地点头。

第 3～4 小节：两人互相挠痒痒，轻挠对方的脸。

第 5～6 小节：动作同第 1～2 小节。

第 7～8 小节：两人互相挠痒痒，轻挠对方的手。

第 9～10 小节：动作同第 1～2 小节。

第 11～12 小节：两人互相挠痒痒，轻挠对方的胳肢窝。

第 13～14 小节：动作同第 1～2 小节。

第 15～16 小节：两人互相挠痒痒，轻挠对方的肚皮。

第三遍音乐

第 1～4 小节：猴哥用小手变沙发。

第 5～8 小节：猴妹用小屁股轻轻坐在沙发上。

第 9～16 小节：两人随乐一起摇动身体。

第四遍音乐

第 1～4 小节：猴妹用小手变沙发。

第 5～8 小节：猴哥用小屁股轻轻坐在沙发上。

第 9～16 小节：两人随乐一起摇动身体。

附故事

森林里住着一群可爱的猴哥和猴妹，它们快乐地玩着挠痒痒的游戏。玩着玩着，它们觉得有点累了，可是又找不到休息的地方，怎么办呢？他们想到了一个好办法，就是轮流用自己的小手变成电动沙发，这样就可以让好朋友坐在上面休息休息、舒服舒服了。

（南京市游府西街幼儿园　杨　静）

开心的萝卜

乐曲

胡西尔·休西波尔卡(片段)

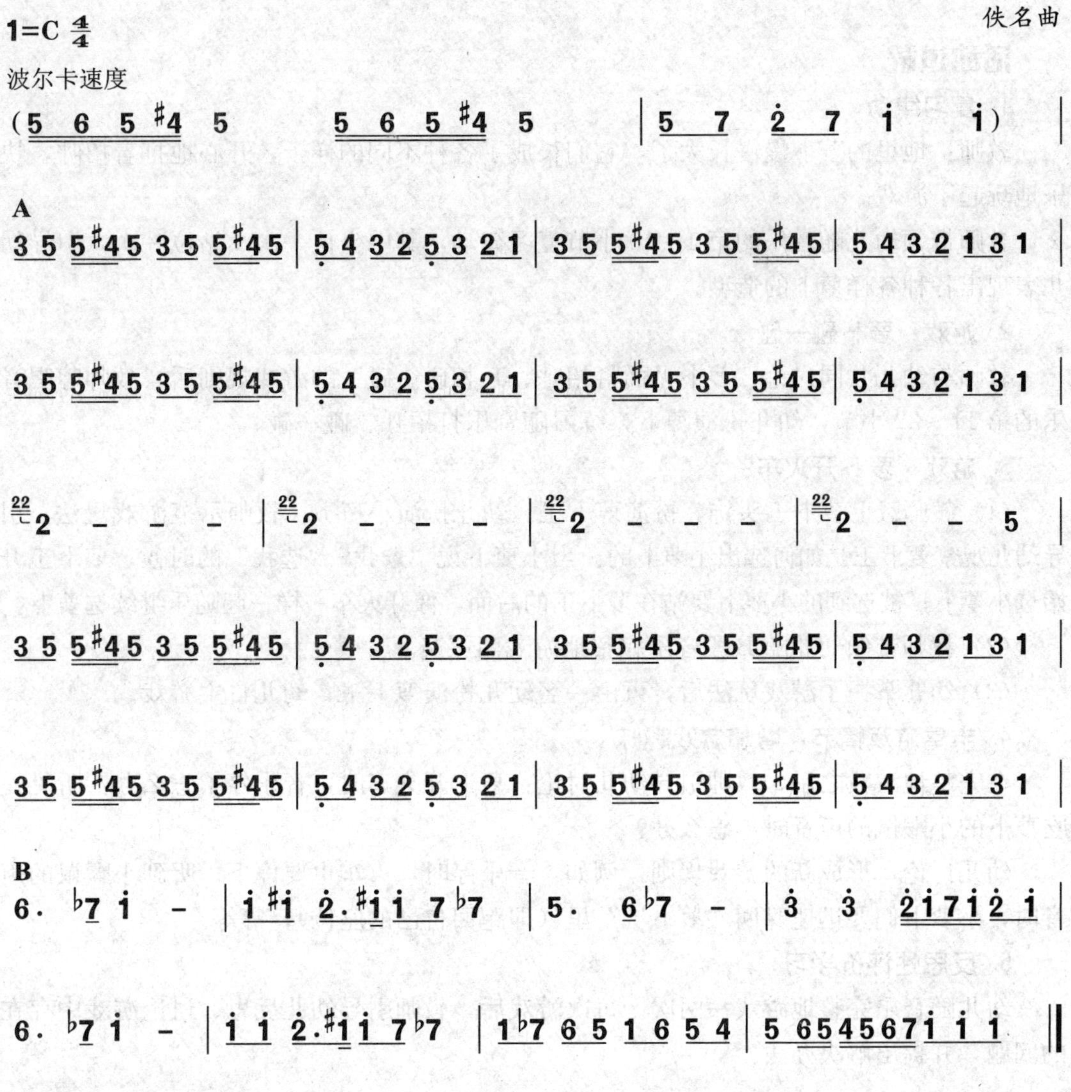

1=C 4/4　　　　佚名曲

波尔卡速度

(5 6 5 #4 5　5 6 5 #4 5 | 5 7 2̇ 7 1̇ 1̇) |

A

3 5 5 #4 5 3 5 5 #4 5 | 5 4 3 2 5 3 2 1 | 3 5 5 #4 5 3 5 5 #4 5 | 5 4 3 2 1 3 1 |

3 5 5 #4 5 3 5 5 #4 5 | 5 4 3 2 5 3 2 1 | 3 5 5 #4 5 3 5 5 #4 5 | 5 4 3 2 1 3 1 |

22 2 - - - | 22 2 - - - | 22 2 - - - | 22 2 - - 5 |

3 5 5 #4 5 3 5 5 #4 5 | 5 4 3 2 5 3 2 1 | 3 5 5 #4 5 3 5 5 #4 5 | 5 4 3 2 1 3 1 |

3 5 5 #4 5 3 5 5 #4 5 | 5 4 3 2 5 3 2 1 | 3 5 5 #4 5 3 5 5 #4 5 | 5 4 3 2 1 3 1 |

B

6. b7 1̇ - | 1̇ #1̇ 2̇. #1̇ 1̇ 7 b7 | 5. 6 b7 - | 3̇ 3̇ 2̇ 1̇ 7 1̇ 2̇ 1̇ |

6. b7 1̇ - | 1̇ 1̇ 2̇. #1̇ 1̇ 7 b7 | 1̇ b7 6 5 1̇ 6 5 4 | 5 6 5 4 5 6 7 1̇ 1̇ 1̇ ‖

活动分析

《胡西尔·休西波尔卡》是一首节奏感很强的乐曲。教师选取了其中的片段，并设计了小萝卜长大、和好朋友碰一碰、跟萝卜王玩“开火车”的游戏等情境，引导幼儿理解音乐结构。幼儿在熟悉音乐旋律的基础上，随乐表现小萝卜长大、开心游戏的情景，并通过观察和模仿，学玩“开火车”的游戏。在活动中，教师注重引导幼儿自主游戏，带领幼儿运用反思性评价学习的方法发现问题、解决问题。

活动准备

萝卜王头饰一个；幼儿熟悉音乐，能够做出各种萝卜的造型，并随乐进行简单的律动。

活动过程

1. 复习律动

教师：地里的萝卜慢慢长大了，它们长成了各种不同的样子，开心地打着招呼，快乐地玩起了游戏。

教师带领幼儿随音乐的第 1～10 小节复习律动，其中坐位一次、站位一次，引导幼儿表现出各种各样萝卜的造型。

2. 游戏：萝卜碰一碰

教师与幼儿共同讨论“萝卜见面打招呼、互相碰一碰”的游戏规则后，教师哼唱音乐的第 11～22 小节，幼儿扮演萝卜，练习随音乐打招呼、碰一碰。

3. 游戏：萝卜开火车

（1）教师戴上萝卜王头饰，扮演萝卜王。幼儿扮演小萝卜。教师示范游戏玩法，引导幼儿观察萝卜王是如何选出小萝卜的：当小萝卜说“选我”“选我”的时候，萝卜王开始选小萝卜；被选到的小萝卜要站在萝卜王的后面，像开火车一样一起随乐继续选萝卜。

（2）教师带领幼儿随 B 段音乐完整地游戏两三遍。

（3）幼儿掌握了游戏玩法后，可由一名幼儿扮演萝卜王，幼儿自主游戏。

4. 丰富游戏情节，增加游戏趣味

在完整地游戏之后，教师引导幼儿讨论：萝卜开火车时，音乐停了怎么办？听见爱吃萝卜的小鼹鼠的声音时，怎么办？

幼儿讨论，形成新的游戏规则，例如：音乐停时，火车也要停下；听到小鼹鼠的声音时，小萝卜们要迅速躲回“萝卜坑”里（即跑回自己的座位）；等等。

5. 反思性评价学习

幼儿随音乐完整地游戏一两次。每次游戏后，教师引导幼儿反思、讨论游戏中存在的问题，并提出解决办法。

附动作建议

前奏

第 1～2 小节：幼儿扮演萝卜，在“萝卜坑”里（即座位上）做好准备。

A 段

第 3～10 小节：小萝卜随乐长大，摆各种萝卜造型（以两个小节为单位，前一个小节拍手两次，后一个小节摆一个萝卜造型不动）。

第 11～14 小节：两人面对面，举起双手做互相打招呼的动作，每小节向左右各做一次。

第 15～22 小节：两人互相碰一碰某个身体部位，每两个小节换一次动作，共碰四个不同的身体部位。

B 段

第 23～30 小节：萝卜王选小萝卜，玩“开火车”的游戏（以两个小节为单位，小萝卜先拍手两次，然后用大拇指在自己胸前指两次，并说“选我、选我”；萝卜王选小萝卜，被选到的小萝卜站在萝卜王后面，依次排成一列，最后形成一列小火车，有序行进）。

（南京市石鼓路小学附属幼儿园　陈晶晶）

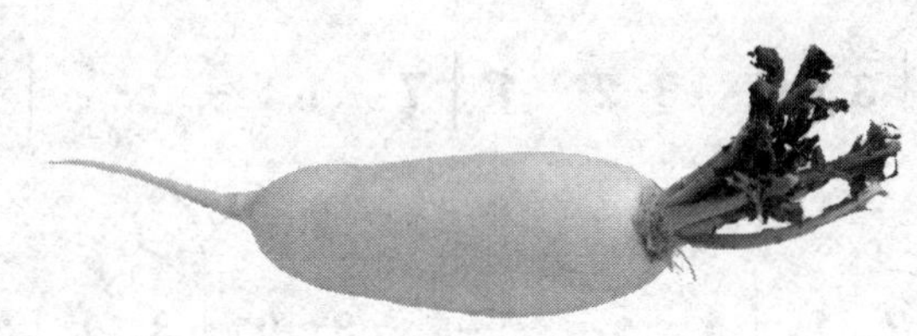

爱吓唬人的小淘气

乐曲

歌剧二(片段)

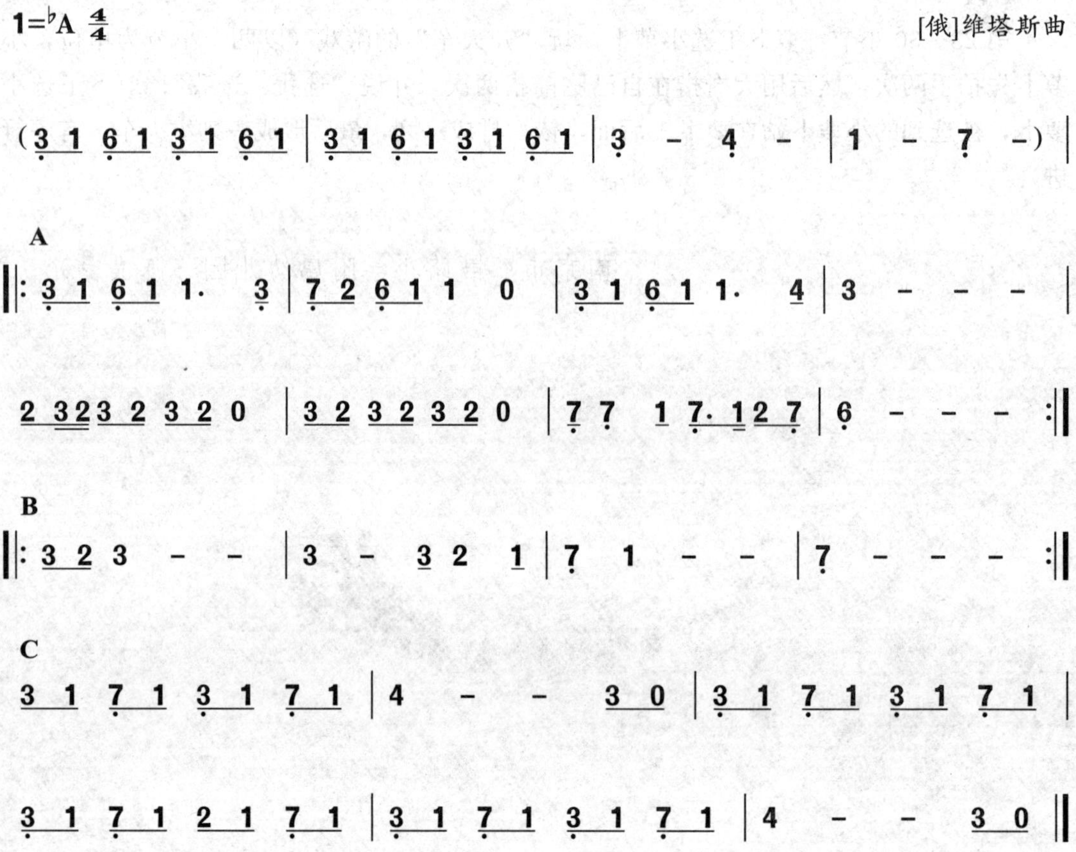

1=♭A 4/4

[俄]维塔斯曲

(3 1 6 1 3 1 6 1 | 3 1 6 1 3 1 6 1 | 3 – 4 – | 1 – 7 –) |

A

|: 3 1 6 1 1· 3 | 7 2 6 1 1 0 | 3 1 6 1 1· 4 | 3 – – – |

2 323 2 3 2 0 | 3 2 3 2 3 2 0 | 7 7 1 7· 12 7 | 6 – – – :||

B

|: 3 2 3 – – | 3 – 3 2 1 | 7 1 – – | 7 – – – :||

C

3 1 7 1 3 1 7 1 | 4 – – 3 0 | 3 1 7 1 3 1 7 1 |

3 1 7 1 2 1 7 1 | 3 1 7 1 3 1 7 1 | 4 – – 3 0 ||

活动分析

幼儿读过图画书《三个小淘气》（[英] 皮帕·古特哈德文，[意] 安娜·劳拉·坎托内图，俞燕译，少年儿童出版社 2014 年版）后，对书中的故事情节念念不忘。教师结合幼儿的兴趣，和幼儿一起对故事进行续编，并选取适当的音乐片段，设计了本活动，引导幼儿在熟悉乐曲旋律和结构的基础上，表现出小淘气们准备出发，吓唬公主、精灵、魔法师，与他们逗乐的游戏情节。在日常生活中，我们不鼓励幼儿吓唬同伴，认为这是不友好的行为，但在反复游戏的过程中，幼儿探索各种飞行和吓唬人的动作，尝试运用声音、表情、动作逗乐，既能增加幼儿之间的交流，促进友谊，又能培养幼儿正确、勇敢地面对有一定心理压力的情境。

活动准备

幼儿读过图画书《三个小淘气》，和教师一起对故事进行了续编，并熟悉乐曲旋律。

活动过程

1. 回顾续编的故事，明确游戏情节

教师：小淘气玩了一个什么游戏？（吓唬人的游戏）

教师：小淘气吓唬了谁？（公主、精灵、魔法师）

教师：小淘气们出发之前，说了什么口号？（我是小淘气，我爱吓唬人。）

教师：小淘气吓唬完公主、精灵、魔法师以后，很得意，又说了什么？（吓唬人呀，吓唬人呀，真开心！逗你玩儿啊，逗你玩儿啊，别生气！）

2. 创编各种飞行动作，随 A 段音乐表演

教师播放 A 段音乐。幼儿扮演小淘气，尝试合拍地做出各种不同的飞行动作。

3. 创编吓唬人的方式，随 B 段音乐表演

教师播放 B 段音乐。幼儿自由创编各种吓唬人的方法，如发出各种声音、扮出各种鬼脸、做出各种肢体动作等。

教师启发幼儿综合运用声音、表情或动作，做出吓唬人的样子。

4. 随乐游戏

（1）幼儿起立，站在圈上，扮演小淘气。教师扮演公主，站在圈内。全体幼儿随音乐表演，和公主进行多对一的互动游戏。教师表现出害怕的样子，以增添游戏情趣。

（2）请几名幼儿和教师一起站在圈内，扮演公主、精灵或魔法师，与其他扮演小淘气的幼儿进行多对多的互动游戏。教师指导圈内的幼儿表现出各种不同的害怕的样子。

（3）幼儿自主游戏。教师观察，并提示幼儿在吓唬人之后，随 C 段音乐表现出各种不同的得意的样子。

附游戏动作建议

前奏

第 1～4 小节：小淘气站在圈上，公主、精灵或魔法师站在圈内，做好准备。

A 段

第 5～6 小节：小淘气做各种飞行动作。

第 7～8 小节：小淘气将双手拢在嘴边，有节奏地说“我是小淘气，我爱吓唬人”。

第 9～12 小节：动作同第 5～8 节。

B段

第13～14小节：小淘气做一个吓唬人的动作。

第15～16小节：公主、精灵或魔法师做表示害怕的动作，如蒙住眼睛、双手抱肩等。

C段

第17～18小节：小淘气表现出得意的样子。

第19～22小节：小淘气边拍手，边有节奏地说“吓唬人呀，吓唬人呀，真开心!”或“逗你玩儿啊，逗你玩儿啊，别生气!”

（南京市游府西街幼儿园　江綦彧）

逛　公　园

歌曲

逛 公 园

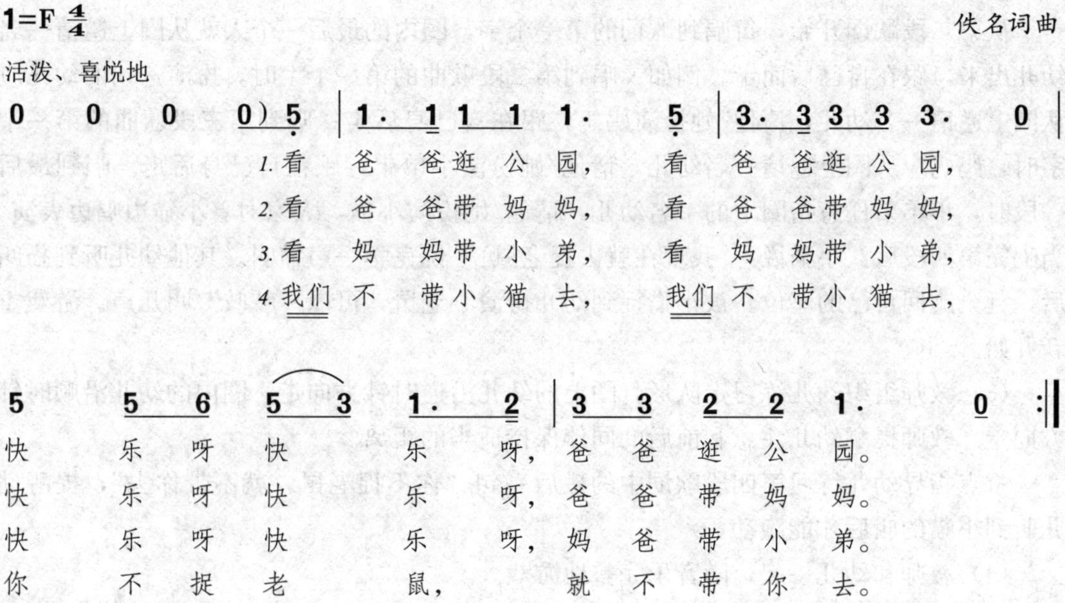

1=F $\frac{4}{4}$　　　　　　　　佚名词曲

活泼、喜悦地

0　0　0　0）5 | 1· 1 1 1 1· 5 | 3· 3 3 3 3· 0 |

1. 看　爸　爸逛　公　园，看　爸　爸逛　公　园，
2. 看　爸　爸带　妈　妈，看　爸　爸带　妈　妈，
3. 看　妈　妈带　小　弟，看　妈　妈带　小　弟，
4. 我们　不　带小　猫　去，我们　不　带小　猫　去，

5　5 6 5 3　1· 2 | 3 3 2 2 1·　0 :||

快　乐　呀　快　乐　呀，爸　爸　逛　公　园。
快　乐　呀　快　乐　呀，爸　爸　带　妈　妈。
快　乐　呀　快　乐　呀，妈　爸　带　小　弟。
你　不　捉　老　鼠，就　不　带　你　去。

活动分析

《逛公园》是一首外国童谣，歌曲旋律简单，游戏性强。活动中，教师引导幼儿在熟悉歌曲的基础上，学习并掌握游戏的玩法，即在唱到每段歌词的第一个字时及时邀请同伴，在听到小猫叫后迅速逃跑，提高准确把握节奏进行游戏的能力。

活动过程

1. 谈话：去公园

教师：小朋友们去逛过公园吧？你是和谁一起去的呢？

2. 学唱歌曲

（1）教师播放歌曲，幼儿欣赏。

教师：请小朋友们听听，这首歌曲中，都有谁去逛公园了？

（2）幼儿学唱歌曲。

教师带领幼儿学唱歌曲，指导幼儿注意弱拍起唱，掌握句首重音的唱法。

3. 游戏：逛公园

(1) 伴随歌曲第一段和第二段，做游戏。

游戏玩法：全体幼儿围成圈，沿逆时针方向有节奏地行进；一人扮演爸爸，在圈内沿顺时针方向走；大家一起唱第一段和第二段歌词。

教师边讲解，边与部分幼儿共同示范游戏方法，强调并练习：唱到第二段的第一个字时，圈内的幼儿从圈上邀请一名同伴跟在自己身后走。

(2) 伴随整首歌曲做游戏。

游戏玩法如下。

从第二段歌词开始，每唱到歌词的第一个字，圈内的最后一个人就从圈上邀请一名幼儿出来，跟在自己后面走。例如：唱到第二段歌曲的第一个字时，扮演爸爸的幼儿应从圈上邀请一名幼儿，请他/她扮演妈妈，跟在自己身后走；唱到第三段歌曲的第一个字时，妈妈应从圈上邀请一名幼儿，请他/她扮演小弟弟，跟在自己身后走。唱到最后一段时，小弟弟任意指圈上的一名幼儿，请他/她扮演小猫，大家对着小猫边唱边表演。当唱完第四段后，小猫说："我现在就去捉老鼠!"说完学一声猫叫。其他幼儿听到猫叫后，赶紧跑回自己的座位。被小猫捉到幼儿扮演小老鼠，可以"吱吱"叫几声。游戏重新开始。

(3) 教师组织幼儿练习走队形，圈上的幼儿沿逆时针方向走，圈内的幼儿沿顺时针方向走。教师提醒幼儿注意和前后的同伴保持适当的距离。

重点指导幼儿练习第四段歌词中的最后一句"你不捉老鼠，就不带你去"，提醒幼儿听到小猫的叫后才能跑动。

(4) 教师和幼儿一起，随音乐完整地游戏。

活动延伸

幼儿熟悉游戏后，可以将歌词中的角色按自己的意愿进行替换，再进行游戏。教师引导幼儿在游戏前讨论，明确替换后的角色是谁，出场的先后顺序是什么。

饼干和酸奶枪

乐曲

第九十四交响曲（“惊愕”）(片段)

1=C $\frac{2}{4}$

[奥]海顿曲

行板

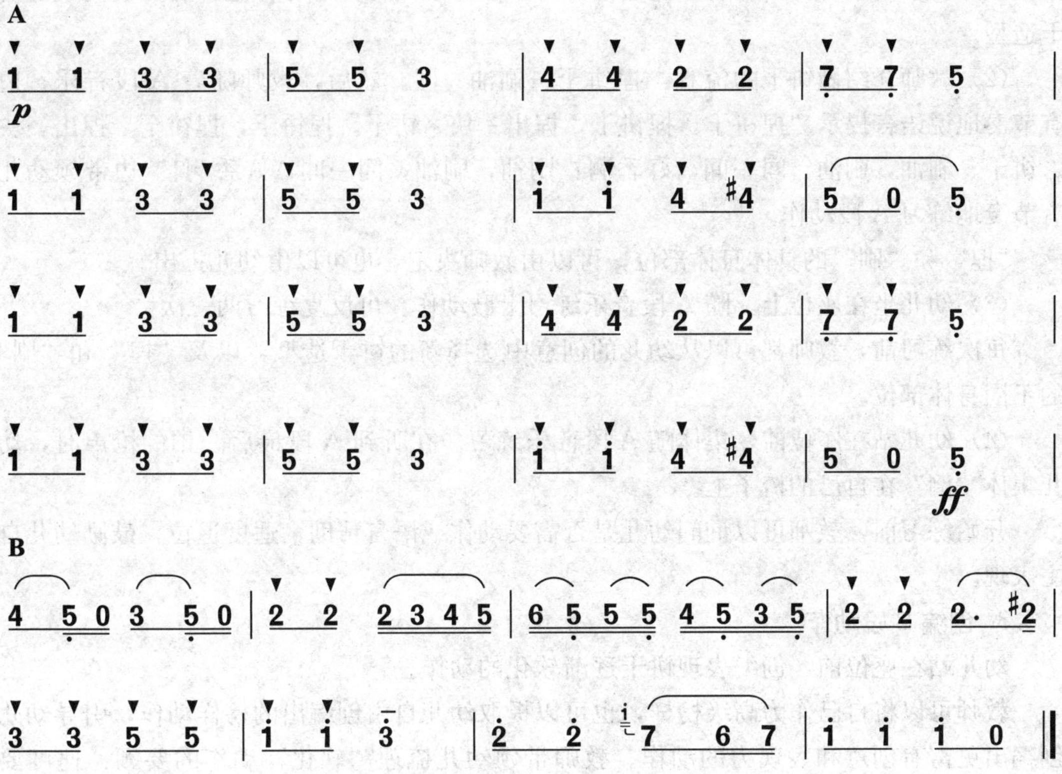

A

1 1 3 3 | 5 5 3 | 4 4 2 2 | 7 7 5 |

p

1 1 3 3 | 5 5 3 | 1 1 4 #4 | 5 0 5 |

1 1 3 3 | 5 5 3 | 4 4 2 2 | 7 7 5 |

1 1 3 3 | 5 5 3 | 1 1 4 #4 | 5 0 5 |

ff

B

4 5 0 3 5 0 | 2 2 2 3 4 5 | 6 5 5 5 4 5 3 5 | 2 2 2· #2 |

3 3 5 5 | 1 1 3 | 2 2 7 6 7 | 1 1 1 0 ‖

活动分析

乐曲节选自海顿作品。原曲速度较快，教师将乐曲进行重新编辑，以四分音符为一拍，将A段音乐调整为每分钟60拍，B段音乐调整为每分钟55拍，便于幼儿欣赏和随乐律动。此外，教师还分别在A段和B段音乐的最后一拍处加入了开枪的音效，以匹配游戏情节。活动中，幼儿随A段音乐有节奏地做“做饼干”的动作，随B段音乐自由表现“饼干中枪后软化”的样子，享受律动游戏的乐趣；通过表现两次中枪后的不同动作，提升快速反应和控制自己身体动作的能力。

活动过程

1. 故事导入

教师介绍故事情境。

娇滴滴女王欢迎所有的小朋友到饼干王国去玩。在去饼干王国之前，所有的小朋友都要将自己捏成一块小饼干。到了饼干王国后，娇滴滴女王用酸奶枪欢迎大家。酸奶枪打在我们的身上，我们就会变软（教师做变软的动作）。小朋友们愿意去饼干王国吗？

2. 创编并练习A段动作

（1）幼儿讨论饼干造型。

教师：你们想把自己捏成什么饼干呢？用什么动作来表现？

教师提示幼儿可以从动物、交通工具、职业等不同方面思考，选择自己要变成的饼干造型。

（2）教师介绍做饼干的流程：捏饼干—刷油—闻。然后，教师随着A段音乐，边有节奏地说语言提示“捏饼干，捏饼干，捏出一块×饼干。捏饼干，捏饼干，捏出一块×饼干。刷油，刷油，闻一闻，好香啊！刷油，刷油，闻一闻，好香啊！”边带领幼儿有节奏地练习A段动作。

“捏”和“刷”的具体身体部位，可以由教师决定，也可以由幼儿提出。

（3）幼儿坐在座位上，随A段音乐练习上肢动作。可反复练习两三次。

每次练习前，教师都可以从幼儿的创意中选择新的饼干造型，以及“捏”和“刷”的不同身体部位。

（4）幼儿站在座位前，集体随A段音乐练习。在听到A段最后一拍的枪声时，幼儿集体“倒”在自己的椅子上。

开始练习前，教师可以询问幼儿是否需要动作或语言帮助，适度退位，鼓励幼儿自主表现。

3. 创编B段动作

幼儿站在座位前，创编表现饼干逐渐软化的动作。

教师可以将自己作为高级榜样，也可以提取幼儿自由创编出的榜样动作，引导幼儿创编出更富有创意和表现力的动作。教师带领幼儿梳理“软化”动作的要领：速度要慢；可以向不同方向软化；可以定点也可以移动；不能摔倒在地上。

4. 随完整的音乐律动

幼儿站在座位前，随A段音乐做“做饼干”的律动，随B段音乐自由表现创编的动作。

5. 游戏：饼干和酸奶枪

游戏玩法如下。

所有幼儿扮演小饼干，坐在围成单圈的椅子上；教师扮演娇滴滴女王，也坐在圈上。全体幼儿随A段音乐做“做饼干”的动作，在A段最后一拍处，女王做开枪动作，枪打到哪块小饼干，这块小饼干就随B段音乐慢慢软化。在B段最后一拍处，女王再做开枪动作，这块小饼干应声倒在座位上。这时，坐在其左右两边的两块小饼干迅速起身，朝相反方向绕圈跑。绕圈一周后，先跑回自己座位的幼儿，在下一轮游戏中扮演女王。游戏循环进行。

附动作建议

第1～3小节：双手做捏饼干的动作。

第4小节：自由摆出不同饼干的造型。

第5～7小节：动作同第1～3小节。

第8小节：自由摆出不同饼干的造型。

第9～10小节：做给饼干刷油的动作。

第11～12小节：双手捧起饼干，放到鼻子下面闻一闻。

第13～14小节：动作同第9～10小节。

第15～16小节：动作同第11～12小节。在最后一拍处，表现出中枪的样子。

第17～24小节：自由创编表现饼干逐渐软化的动作；在最后一拍处，全体幼儿双手打开，集体口中叫“啊”，表示中枪，并倒在自己的座位上。

（南京军区联勤部三八保育院　陈静奋）

小精灵的魔法汤

乐曲

加速度圆舞曲(片段)

1=C 3/4 [奥]约翰·施特劳斯

圆舞曲速度

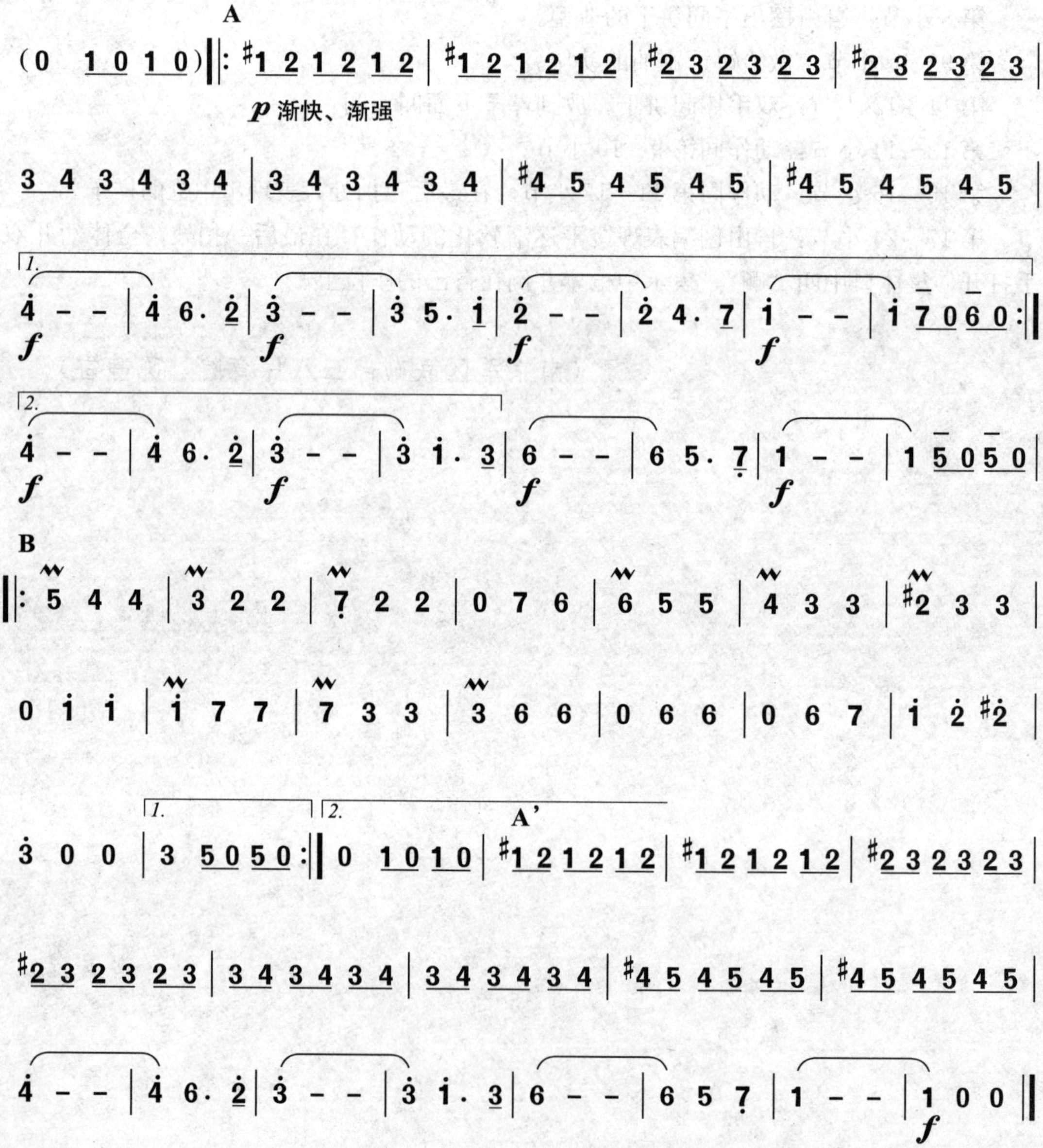

A

(0 1 0 1 0)|: #1 2 1 2 1 2 | #1 2 1 2 1 2 | #2 3 2 3 2 3 | #2 3 2 3 2 3 |

p 渐快、渐强

3 4 3 4 3 4 | 3 4 3 4 3 4 | #4 5 4 5 4 5 | #4 5 4 5 4 5 |

1.
4 - - | 4 6. 2 | 3 - - | 3 5. 1 | 2 - - | 2 4. 7 | 1 - - | 1 7 0 6 0 :||

f f f f

2.
4 - - | 4 6. 2 | 3 - - | 3 1. 3 | 6 - - | 6 5. 7 | 1 - - | 1 5 0 5 0 |

f f f f

B

||: 5 4 4 | 3 2 2 | 7 2 2 | 0 7 6 | 6 5 5 | 4 3 3 | #2 3 3 |

0 1 1 | 1 7 7 | 7 3 3 | 3 6 6 | 0 6 6 | 0 6 7 | 1 2 #2 |

3 0 0 | 1. 3 5 0 5 0 :|| 2. 0 1 0 1 0 | A' #1 2 1 2 1 2 | #1 2 1 2 1 2 | #2 3 2 3 2 3 |

#2 3 2 3 2 3 | 3 4 3 4 3 4 | 3 4 3 4 3 4 | #4 5 4 5 4 5 | #4 5 4 5 4 5 |

4 - - | 4 6. 2 | 3 - - | 3 1. 3 | 6 - - | 6 5 7 | 1 - - | 1 0 0 ||

f

活动分析

乐曲节选自小约翰·施特劳斯的《加速度圆舞曲》，包含A、B、A’三个乐段。其中，A段和A’段音乐不断由弱到强、由慢变快，B段音乐则是一段典型的强、弱、弱节拍的圆舞曲音乐，强拍上不断出现波音，因而显得轻快活泼。活动中，教师结合幼儿学习的特点，引导幼儿以手指绕圈的动作来感知乐曲A段和A’段渐强、渐快的旋律特点，并设计了“小精灵调制魔法汤”的游戏情节，结合图谱，帮助幼儿理解乐曲“A—B—A’”的结构。幼儿在故事情境中想象、倾听、辨识、游戏，表达自己对音乐的理解。

活动准备

矿泉水瓶若干，内装半瓶清水；部分瓶盖里装有颜料，部分瓶盖里没有颜料。

活动过程

1. 听故事，看示范

教师：在森林小木屋里住着一位可爱的小精灵，它有个很神奇的本领，就是调制魔法汤，帮人实现愿望。

教师：让我们听听音乐，看看它是怎么调制魔法汤的。

教师随音乐做动作，激发幼儿的兴趣。

动作建议如下。

随A段音乐，用食指指着瓶口在空中做搅拌动作，随着乐曲渐强渐快，教师的动作也渐强渐快，并在四个重拍处做放魔粉的动作。随B段音乐，有节奏地做摇、摇、看一看的动作。因瓶盖中事先装有颜料，所以清水变成有颜色的“魔法汤”。

2. 了解乐曲结构，随乐记录图谱

教师：你看见小精灵调制魔法汤的时候都做了什么动作？

教师：有什么办法可以把小精灵调制魔法汤的秘方记下来呢？我们再听一遍音乐，试一试。

教师鼓励幼儿边听音乐边画图谱，引导幼儿用自己能看懂的符号，表达对音乐的理解。

教师出示自己画的图谱（图7），帮助幼儿梳理音乐结构。

3. 初步感受乐曲

（1）在图谱和教师动作的提示下，感受乐曲。

教师随音乐点指图谱，幼儿坐在座位上，边听音乐边跟教师一起用手指在空中画出相应的图谱形象。

（2）借助道具感受乐曲。

每名幼儿取一瓶清水，边听音乐，边跟着教师做动作。因为瓶盖内没有颜料，所以音乐结束后，清水没有变成“魔法汤”。教师可引发幼儿思考，探寻原因。

（3）幼儿再次听辨音乐，更细致地辨识音乐中速度和力度的变化。

4. 进一步体验与表现

教师播放 A 段音乐，引导幼儿辨识旋律渐强、渐快的特点，并用肢体动作加以表现；帮助幼儿总结：搅拌的时候，一开始要慢一点，然后越来越快、力气越来越大。

教师播放 B 段音乐，引导幼儿感知节拍的强弱。教师跟念节奏，帮助幼儿辨识 B 段最后一小节第一拍的重音，并用动作强调表现。

5. 游戏：小精灵的魔法汤

（1）教师以“小精灵要将魔力传给大家”为由，请幼儿闭上眼睛再次倾听音乐，一边听一边想想其中的秘密。趁幼儿闭眼时，教师将幼儿操作的水瓶换成瓶盖装有颜料的水瓶。

（2）教师用紧张、神秘的语气，帮助幼儿控制自己的情绪，做好准备。

教师：用手指轻轻地点住瓶口，千万不要让里面的魔力逃走哦！

（3）幼儿随音乐表现故事情境。教师观察，并在关键的乐句处用语言进行提示，如“准备”“继续”“摇一摇”“看一看”等。当幼儿因为瓶内水变出颜色而欣喜时，教师在接纳幼儿情绪的基础上，用眼神和动作引导幼儿继续跟随音乐表演下去。

（4）教师调整游戏要求，增加情趣，带领幼儿再次游戏。

附动作建议

前奏

第 1 小节：手指轻点瓶口两下，提示 A 段开始。

A 段

第 2～9 小节：用食指在瓶口上方绕圈，速度和力度随音乐的速度和力度而变化。

第 10～17 小节：双手交替对着瓶口做“撒魔粉”的动作，五指伸展表现重拍的力度，共撒四次；在第 17 小节的最后两拍，手指轻点瓶口两下，提示 A 段即将重复一遍。

B 段

第 18～19 小节：用双手拿住水瓶轻摇。

第 20 小节：朝瓶里看一看。

第 21 小节：停顿。

第 22～25 小节：动作同第 18～21 小节。

第 26～29 小节：动作同第 18～21 小节。

第 30～33 小节：动作同第 18～21 小节，逐渐增大摇晃的力度，并于第 33 小节的第一拍将水瓶高举，吻合旋律渐强上行的特点；在第二遍的最后两拍，手指轻点瓶口两下，提示 A’段即将开始。

A’段：动作同 A 段。

附教学图谱

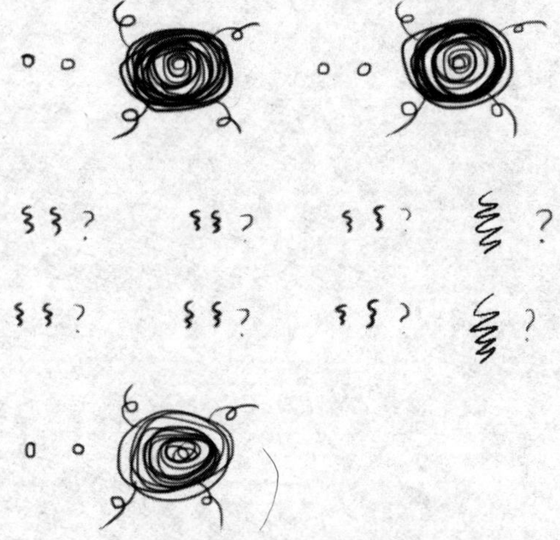

图 7 《小精灵的魔法汤》教学图谱

（杭州市西湖区学前教育指导中心 沈颖洁）

大　班

山狗和臭鼬

乐曲

在山魔的宫殿里(片段)

1=F $\frac{4}{4}$ [挪]格里格曲

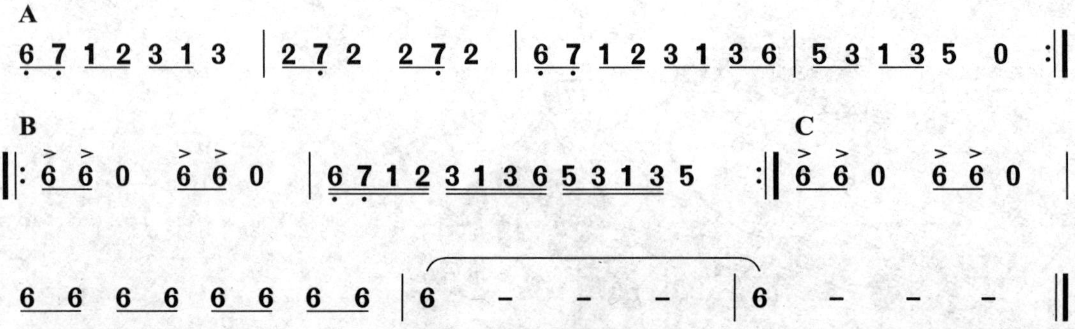

A

6 7 1 2 3 1 3 | 2 7 2 2 7 2 | 6 7 1 2 3 1 3 6 | 5 3 1 3 5 0 :‖

B

‖: 6 6 0 6 6 0 | 6 7 1 2 3 1 3 6 5 3 1 3 5 :‖

C

6 6 0 6 6 0 | 6 6 6 6 6 6 6 6 | 6 - - - | 6 - - - ‖

活动分析

活动中，教师根据教学需要，考虑幼儿的年龄和学习特点，将乐曲《在山魔的宫殿里》剪辑成“A—B—C”的结构。其中，A段音乐反复11遍（共演奏12遍），对应故事的前半部分情节；B段音乐反复2遍（共演奏3遍）；C段音乐演奏1遍，对应故事后半部分的开放性结局。活动的设计是以幼儿为中心，围绕着故事、动作和音乐展开的。故事结局的不确定性，能有效地持续激发和满足幼儿的好奇心和探究欲。幼儿在“上山寻宝—观察敌情”的故事情境中，自然而然地表现出“行走—驻足观察”交替进行的动作模式，这样的设计既满足了幼儿生理上对动静交替的需要，又能够促进幼儿在有意义的情境中实现自主克制。

活动准备

幼儿有关于马蜂、狗熊、臭鼬的基本经验，知道遇到这三种动物后怎样保护自己。

活动过程

1. 故事导入，引出活动

教师讲述故事开头——

臭鼬大王肚子饿了，命令山狗到山下的村子里抓些小动物来吃。山狗来到山下，骗大家说："跟我去跳舞吧！"可是小动物们谁都不想去！

教师扮演山狗，向幼儿扮演的小动物发出去跳舞的邀请。幼儿自主用语言或动作表示拒绝，如"不要！""我不想去！""No！"等。

教师继续讲故事——

山狗又想了个办法，骗大家说山上有许多宝藏，邀请小动物去寻宝。小动物一听，全都欢呼着要去。山狗又骗大家说，宝藏是有强盗看守的，想去寻宝就要用泥巴把自己糊起来，不要让强盗发现。

2. 从故事情节中提炼动作

教师播放 A 段音乐，一边合乐说"和泥巴——，伪装自己——"，一边随乐做动作。幼儿集体观察、模仿、学习。教师引导幼儿在做动作时，说话的声音要轻，不要被强盗发现。

动作建议如下。

和泥巴：双手握拳，在胸前顺时针搅动。

伪装自己：双手向下拿泥巴，用泥巴抹脸。

3. 在座位上做动作，整体感知音乐

教师播放音乐至 B 段结束，带领幼儿坐在座位上随乐做动作。

动作建议如下。

A 段

第 1 遍：天黑了，幼儿扮演小动物，做睡觉的样子。

第 2 遍：教师扮演山狗，邀请小动物去山上跳舞。

第 3 遍：小动物拒绝山狗的邀请。

第 4 遍：山狗邀请小动物去山上寻宝。

第 5 遍：小动物和山狗一起和泥巴。

第 6 遍：小动物用泥巴伪装自己。

第 7 遍：小动物和山狗在寻宝的路上走走、看看。

第 8 遍：小动物和山狗停下，注意倾听前方的声音。

第 9～10 遍：动作同第 7～8 遍。

第 11～12 遍：动作同第 7～8 遍。

B 段

小动物和山狗向不同方向做警惕倾听的样子，判断危险。每演奏一遍听一次，共听三次。

教师询问幼儿是否听到了危险的声音，猜猜可能会是什么危险。

4. 讨论故事结局，创编 C 段动作

（1）教师提示幼儿前方可能会有马蜂，询问幼儿：马蜂会给人造成怎样的伤害？遇到马蜂的时候我们可以怎么保护自己？（教师可以用奔跑的动作提示）

（2）教师邀请两名幼儿和自己一起去“寻宝”，随A段和B段音乐律动。音乐结束后，停顿若干秒，教师大叫：“马蜂来了！”随即和两名幼儿一起快速跑回座位。

（3）教师播放完整的音乐，全体幼儿随乐律动。教师引导幼儿在C段音乐处快速跑回座位。

5. 改变故事结局，完整地随乐游戏

（1）将故事结局变为“狗熊来了”，引导幼儿变换动作。

教师以“没有找到宝藏”为由，邀请全体幼儿再次律动。在B段音乐结束时，教师大叫：“狗熊来了！”观察幼儿的表现。（大多数幼儿会像之前一样，快速跑回座位）

教师组织幼儿讨论：狗熊来了，小动物可以怎么做？引导幼儿可以变成“木头人”。教师启发幼儿可以变成不同高度的“木头人”，邀请部分幼儿做示范。

随后，集体随乐律动。音乐结束后，教师停顿若干秒，先说“狗熊来了！”再次停顿若干秒后，说“马蜂来了！”引导幼儿迅速反应。

（2）将故事结局变为“臭鼬来了”，引导幼儿变换动作。

教师做扇风、捂鼻子等动作，引导幼儿猜想：这次是谁来了？（臭鼬大王）

教师和幼儿讨论：小动物被臭鼬喷到，会有什么反应？如果太臭，会晕倒吗？随后邀请一两名幼儿上前示范，表演从闻到臭味到晕倒的整个过程。在幼儿倒地前，教师提示幼儿倒地的速度要慢，不能伤到自己。在幼儿倒地后，教师扮演山狗来检验，帮助幼儿梳理倒地后的动作要领：不能动；闭眼睛；手和腿被拉起时不能僵硬。

结束后，教师说：“马蜂来了！”倒地的幼儿快速爬起来，跑回座位。

（3）集体随乐律动，根据不同的结局变换动作。

幼儿随音乐完整地律动，在B段音乐结束后，教师停顿若干秒，说“狗熊来了！”幼儿迅速反应；停顿若干秒后，教师说：“臭鼬大王来了！”并做出闻到臭味的动作，待幼儿集体倒地后，教师逐一检查；停顿若干秒后，教师说：“马蜂来了！”幼儿快速跑回座位时，教师扮演山狗，假装去抓四散的幼儿。

（南京军区联勤部三八保育院　徐佳佳　陈静奋）

蚂蚁总动员

乐曲

蚂蚁总动员

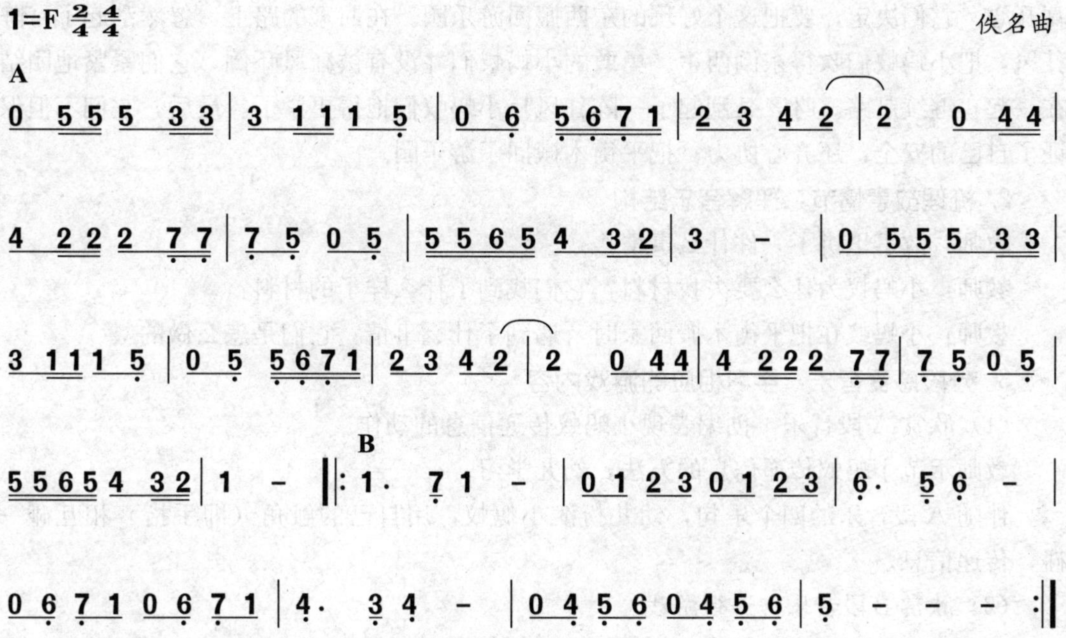

1=F $\frac{2}{4}$ $\frac{4}{4}$

佚名曲

A

0 555 33 | 3 111 5 | 0 6 5671 | 2 3 4 2 | 2 0 44 |

4 222 77 | 7 5 0 5 | 55654 32 | 3 – | 0 555 33 |

3 111 5 | 0 5 5671 | 2 3 4 2 | 2 0 44 | 4 222 77 | 7 5 0 5 |

B

55654 32 | 1 – ‖: 1· 7 1 – | 0123 0123 | 6· 5 6 – |

0671 0671 | 4· 3 4 – | 0456 0456 | 5 – – – :‖

活动分析

乐曲包含AB两个乐段，A段活泼欢快，B段有些许艰涩。教师设计了“小蚂蚁建游乐园”的故事情境，匹配乐曲，引导幼儿随乐律动。随A段音乐，小蚂蚁用自己的触角相互传递信息；随第一遍B段音乐，小蚂蚁探索平衡木的玩法，有节奏地玩平衡木，并在遇到危险时懂得保护自己；随第二遍B段音乐，小蚂蚁齐心协力，迎着大风把平衡木抬回了游乐园。活动以乐曲为主线，以与音乐结构相对应的、有情节的故事贯穿始终，帮助幼儿感受和理解音乐，让幼儿在游戏中体验音乐的情绪和节奏，体悟“团队协作力量大”的道理。

活动准备

用硬纸壳自制的平衡木道具一个。

活动过程

1. 听音乐，了解故事内容

教师播放音乐，根据音乐的结构讲述故事，让幼儿了解故事内容。故事大意如下。

蚂蚁王国要建一个游乐园，可是材料不够。就在小蚂蚁们万分着急的时候，有一只小蚂蚁在外面的草地上发现了一样长长的东西。它急忙赶回家，把这个好消息告诉大家。于是，小蚂蚁们排着整齐的队伍出发了。它们终于看到那个长长的东西了。原来是一根平衡木啊！平衡木可以怎么玩呢？小蚂蚁们尝试了许多又安全又好玩的方法，玩得真开心。它们决定，要把这个好玩的东西搬回游乐园。在回家的路上，忽然刮起了一阵狂风，把小蚂蚁们吹得东倒西歪。勇敢的小蚂蚁们并没有被狂风吓倒，它们紧紧地团结在一起，继续赶路。呀，又刮起了一阵狂风！小蚂蚁们抱得更紧了。最后，它们不但保证了自己的安全，还齐心协力，把平衡木搬回了游乐园。

2. 梳理故事情节，理解音乐结构

教师：故事里讲了一件什么事情？

教师：小蚂蚁为什么要去找材料？它们找到了什么样子的材料？

教师：小蚂蚁在把平衡木搬回家时，遇到了什么事情？它们是怎么做的？

3. 分段感受音乐，学习相应的游戏内容

(1) 欣赏A段音乐，创编表现小蚂蚁传递信息的动作。

教师示范小蚂蚁传递信息的方法，幼儿学习。

伴随A段音乐的四个乐句，幼儿扮演小蚂蚁，用自己的触角（即手指）相互碰一碰，传递信息。

(2) 欣赏B段音乐，进行游戏。

教师引导幼儿创造性地说出平衡木的玩法，如走过、跑过、跳过平衡木等，并能随着音乐有节奏地做玩平衡木的动作。

教师与幼儿讨论如何抬平衡木，引导幼儿发现抬平衡木时出现的问题，思考解决方法并进行尝试。

4. 幼儿分组完整地游戏

教师引导幼儿在游戏过程中与同伴相互配合，有表情地表演。

（东莞市长安镇中心幼儿园　邝雪平）

猫和老鼠

乐曲

香草咪咪

1=C 2/4　　　　许雅涵曲

诙谐地

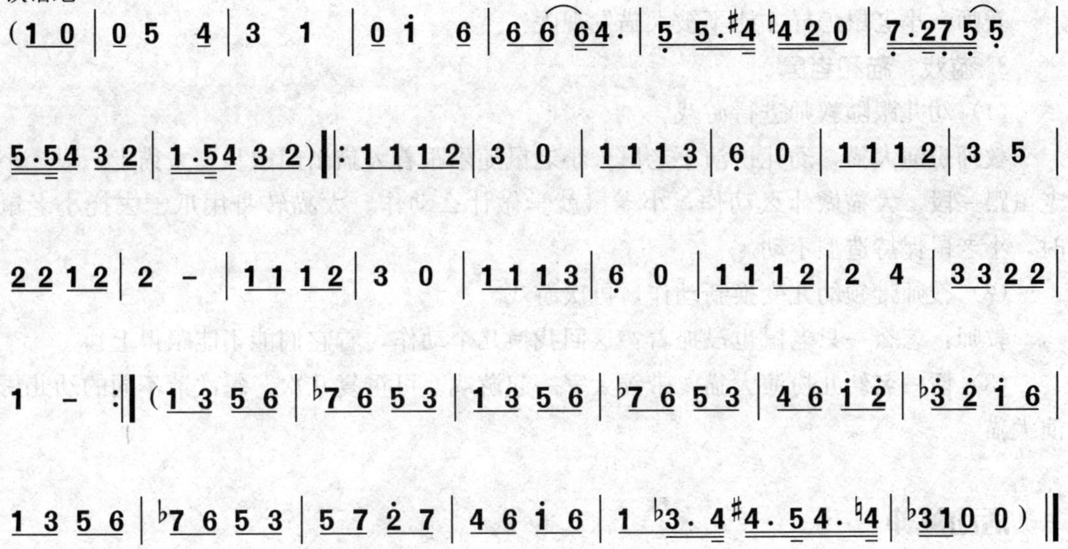

(1 0 | 0 5 4 | 3 1 | 0 i 6 | 6 6 6 4. | 5 5.#4 ♮4 2 0 | 7.2 7 5 5 |

5.5 4 3 2 | 1.5 4 3 2) ‖: 1 1 1 2 | 3 0 | 1 1 1 3 | 6 0 | 1 1 1 2 | 3 5 |

2 2 1 2 | 2 - | 1 1 1 2 | 3 0 | 1 1 1 3 | 6 0 | 1 1 1 2 | 2 4 | 3 3 2 2 |

1 - :‖ (1 3 5 6 | ♭7 6 5 3 | 1 3 5 6 | ♭7 6 5 3 | 4 6 i 2 | ♭3 2 i 6 |

1 3 5 6 | ♭7 6 5 3 | 5 7 2 7 | 4 6 i 6 | 1 ♭3. 4 #4. 5 4. ♮4 | ♭3 1 0 0) ‖

活动分析

乐曲《香草咪咪》风格诙谐、欢快，活动中，教师借助“一只爱臭美、喜欢跳舞的大猫出门散步”这一游戏化的情境，引导幼儿感受乐曲风格，让幼儿通过区分乐句、创编肢体动作以及与同伴互动游戏，进一步感受音乐的节奏和变化，体验韵律活动的乐趣。

活动过程

1. 了解游戏情境

教师介绍游戏情境——

一只爱臭美、喜欢跳舞的大猫在每个星期天的早晨都会出门去散步。隔壁的一群小老鼠想跟它开开玩笑，就假扮成大猫的样子，偷偷地跟在大猫的身后，学它走路。

2. 欣赏乐曲，创编相关动作

（1）倾听乐曲，区分乐句。

教师：现在，请小朋友们一起来听一听，在这段音乐里，哪一句是大猫走？哪一句是小老鼠跟着走？

（2）教师和幼儿分角色体验不同的乐句。

教师：大猫散步的时候，经过了小桥，走过了山坡。你们能跟得上吗？

（3）创编大猫走路的动作。

教师：这是一只爱跳舞的猫，走路的姿势千奇百怪！它可能会怎么走呢？

教师根据幼儿的建议，采用不同的动作来表现这只独特的猫。

（4）创编猫戏老鼠的动作。

教师：大猫怀疑身后有人，就转身用爪子去挠一挠。

教师：小老鼠怎样才能不被大猫发现呢？

3. 游戏：猫和老鼠

（1）幼儿跟随教师进行游戏。

教师扮演大猫，幼儿扮演小老鼠。小老鼠随乐跟着大猫出门散步，大猫走一段，小老鼠跟一段。大猫做什么动作，小老鼠就学做什么动作。大猫转身用爪子去挠小老鼠时，小老鼠保持造型不动。

（2）教师带领幼儿变换新动作，再次游戏。

教师：怎么一只老鼠也没抓着？这回我换几个动作，看它们能不能跟得上！

（3）请一名幼儿扮演大猫，带领大家一起游戏。可重复几次，每次请不同的幼儿扮演大猫。

活动延伸

1. 当幼儿熟悉游戏玩法后，教师可继续引导幼儿创编出各种各样的大猫走路的动作。创编时，教师需用准确、精练的语言描述出幼儿的动作特点，如行进的方向、位置的高低、肢体的动作变化等，为幼儿提供创编动作的线索和元素，拓宽创编的思路。

2. 为了使游戏得到进一步的拓展，教师可扮演急性子猫，并在动作节奏和游戏情节上稍作变化。可以加快动作节奏，用特殊的动作表达特别的含义，如走路太快摔了一跤、一瘸一拐地往前走等。

（南京市第一幼儿园　费　颖）

石头剪子布

歌曲

石头剪子布

李海生词
李 茹曲

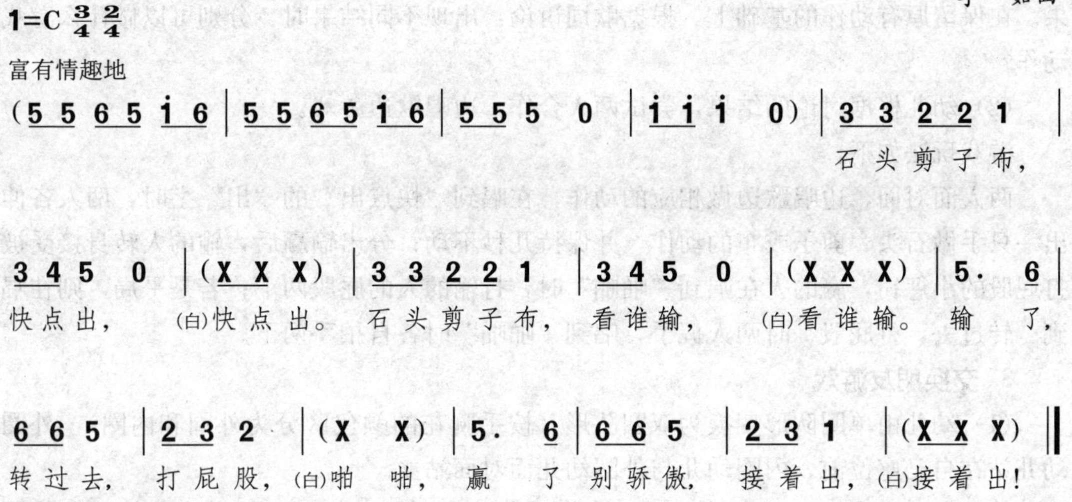

1=C $\frac{3}{4}$ $\frac{2}{4}$

富有情趣地

(5 5 6 5 i 6 | 5 5 6 5 i 6 | 5 5 5 0 | i i i 0) | 3 3 2 2 1 |
石 头 剪 子 布，

3 4 5 0 | (X X X) | 3 3 2 2 1 | 3 4 5 0 | (X X X) | 5. 6 |
快 点 出， (白)快 点 出。 石 头 剪 子 布， 看 谁 输， (白)看 谁 输。 输 了，

6 6 5 | 2 3 2 | (X X) | 5. 6 | 6 6 5 | 2 3 1 | (X X X) ‖
转 过 去， 打 屁 股，(白)啪 啪， 赢 了 别 骄 傲， 接 着 出，(白)接 着 出！

活动分析

歌曲活泼欢快，具有很强的游戏性。活动中，教师引导幼儿在会唱歌曲，并会随乐做动作的基础上，学玩合作游戏，尝试根据输赢情况，做指定的相应动作，在不断增加难度的游戏中，体验与同伴合作游戏的快乐。

活动准备

两种不同颜色的手腕花（数量各为幼儿人数的一半）；幼儿已经会唱歌曲，并会随乐做相应的动作；将幼儿的椅子摆放成单圈，椅子间留出一定的间隔，方便进出。

活动过程

1. 回顾歌曲

幼儿将手腕花戴在右手上，入座后两种手腕花的颜色间隔排列。

幼儿演唱歌曲，并随乐做相应的动作。动作建议如下。

第1～4小节（前奏）：幼儿面对圆心坐好，手背身后。

第5～6小节：唱到“出”字时，两人各伸出一只手做石头、剪子、布的动作。

第 7～8 小节：保持动作不动。

第 9～10 小节：双手叉腰，点头。

第 11～13 小节：双手叉腰，在第 12 小节处跳转身并保持不动。

第 14 小节：拍自己的屁股两下。

第 15～17 小节：跳转回身，双手在胸前摇动。

第 18 小节：双手上举，轻摇手腕。

2. 了解游戏玩法，尝试两人合作游戏

(1) 教师与幼儿共同讨论，明确玩“石头剪子布”时，会有输、赢、平局三种结果。在保留原有动作的基础上，根据歌词讨论：出现不同结果时，分别可以做什么游戏动作？

(2) 幼儿根据讨论的结果，尝试两人合作，边唱歌边游戏。

游戏玩法如下。

两人面对面，边唱歌边做相应的动作，在唱到“快点出”的“出”字时，两人各伸出一只手做石头、剪子或布的动作，并保持几秒不动；分出输赢后，输的人转身接受被打屁股的小惩罚，赢的人在唱到“啪啪”时，打输的人的屁股两下；若是平局，则在唱到“转过去，打屁股”时两人握手，唱到“啪啪”时各自拍手两下。

3. 交换朋友游戏

(1) 幼儿由单圈队形变换为双圈队形（按手腕花的颜色区分为外圈和内圈），外圈幼儿站在自己座位前，内圈幼儿与外圈幼儿面对面站立。

(2) 教师示范交换朋友的方法。幼儿观察学习，发现可以通过手腕花的颜色找朋友：外圈的幼儿不动，内圈的幼儿绕过右手边靠近自己的空椅子，再回到内圈，下一个外圈幼儿就是自己的新朋友（如图 8 所示）。

(3) 教师反复弹奏前奏部分的旋律，请内圈的幼儿试着交换两次朋友，以确认幼儿掌握了交换朋友的方法。

(4) 完整游戏。教师连续弹奏音乐三四遍，幼儿随乐游戏。然后内外圈幼儿交换位置，再游戏三四遍。

教师提示幼儿注意交换朋友的时间，即：一遍游戏结束后，外圈幼儿不动，内圈幼儿随下一遍音乐的前奏交换朋友。

活动延伸

幼儿熟悉音乐和玩法以后，可以变换输、赢、平的动作表现方式。例如，可以引入猫、鼠、鸟的游戏角色，请幼儿为每个角色创编一个造型动作，并讨论、明确：在唱到哪一个字的时候，做表现猫、鼠、鸟的动作？在之前玩法的基础上，幼儿在唱完“看谁输”的“输”字后，在歌曲的第 11～13 小节处，输的人做表现老鼠的动作，赢的人做表现猫的动作；若是平局，则两人都做表现鸟的动作。

附游戏队形变化示意图

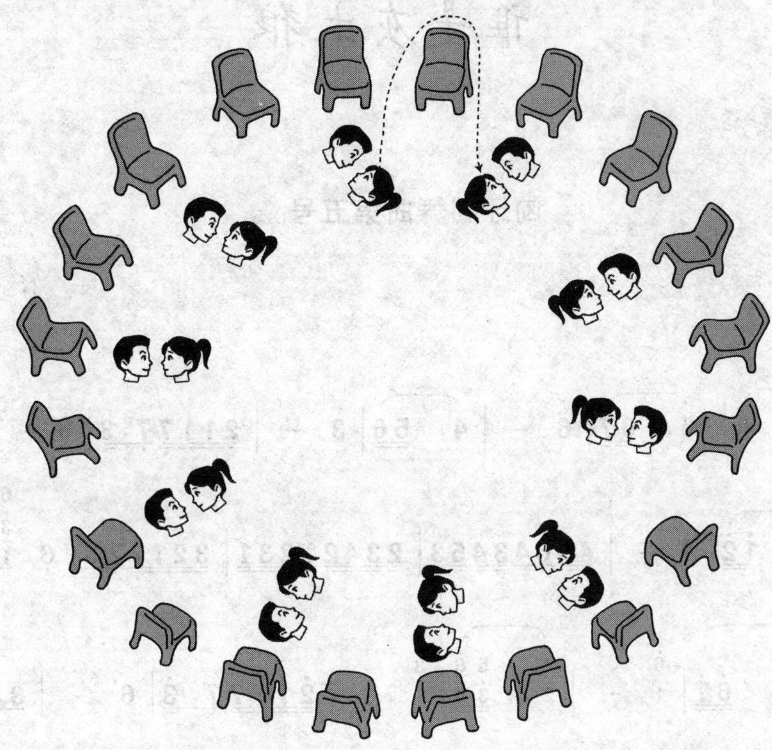

图 8 《石头剪子布》游戏队形变化示意图

（南京市太平巷幼儿园 徐文烨）

谁是灰太狼

乐曲

匈牙利舞曲第五号(片段)

1=A $\frac{2}{4}$

[德]勃拉姆斯曲

快板

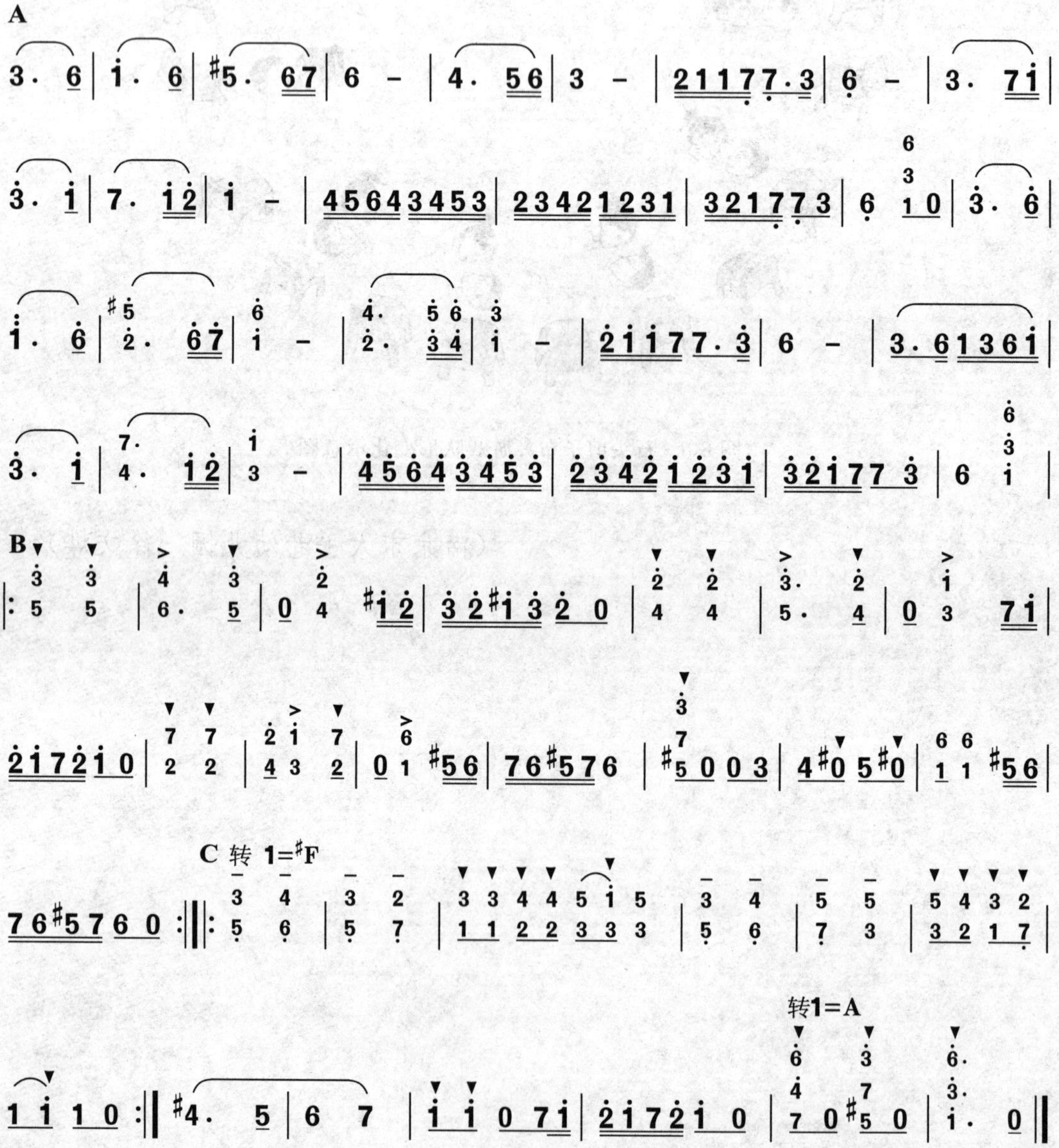

A

B

C 转 1=#F

转1=A

活动分析

乐曲选自德国作曲家勃拉姆斯的作品《匈牙利舞曲第五号》，经剪辑呈现为A、B、C三个乐段。A段音乐活泼欢快，教师设计了羊村举行舞会的情境，引导幼儿倾听音乐，熟悉故事情节；B段音乐的节奏、速度变化激烈，教师引导幼儿学习通过听辨音乐，根据音乐的速度和乐句的长度制订游戏规则，即通过绕圈跑的游戏，迅速辨识出灰太狼；C段音乐听起来有种对话的感觉，教师引导幼儿根据音乐的变化分角色做动作，体验律动游戏的快乐。

活动准备

在场地上画好由圆点组成的大圈，其中某两处圆点替换成黑脚印；教学图谱一张（图9）。

活动过程

1. 故事引题，激发兴趣

教师介绍故事情境——

羊村要举行化妆舞会了，听到这个消息，灰太狼悄悄地潜入舞会中。舞会进行到高潮的时候，小羊们似乎感觉到有灰太狼，也开始悄悄地寻找，并大声地问："谁是灰太狼？"最后，它们想出了一个好办法找到了灰太狼，并大声地对它说："你是灰太狼！"灰太狼的诡计失败了，离开的时候，它还不忘回头吓唬小羊。

2. 分段欣赏，明确玩法

（1）欣赏A段音乐，教师带领幼儿学小羊围成圈合拍地跳拍手舞。

动作建议：幼儿站在圆点上，两人一组，先自拍双手两下，再和同伴对拍双手两下，接着朝外侧招手两下，与外侧同伴互换位置；每个乐句做一次，共做四次。

（2）欣赏B段音乐，明确相应的游戏玩法。

教师引导幼儿通过观察圈上的圆点，发现站在黑脚印上的两名幼儿可能是灰太狼。可是到底谁才是真正的灰太狼？教师与幼儿一起讨论，通过倾听音乐，辨别音乐的速度和乐句的长度，讨论并明确找出灰太狼的方法：所有幼儿握拳挥舞两下并问"谁是灰太狼"后，站在黑脚印上的两名幼儿立即转身绕着圈外跑一圈，谁先回到原位，谁就是灰太狼。这时，其他幼儿再次握拳，随乐挥舞两下，并指着跑得快的幼儿说"你是灰太狼"。教师注意引导两名幼儿注意在跑动中注意安全，避免互相碰撞。

全体幼儿倾听音乐，在教师的手势提示下有节奏的学念"谁是灰太狼"和"你是灰太狼"，然后尝试随音乐游戏。

（3）欣赏C段音乐，明确相应的游戏玩法。

游戏玩法如下。

灰太狼随乐往前走，每走四步，回一次头；灰太狼往前走时，小羊跟在后面；灰太狼回头时，小羊要静止不动。灰太狼共回四次头。最后，灰太狼突然回头抓小羊，小羊快速跑回圆点蹲下。当音乐停止时，游戏结束。

教师带领幼儿通过互动式的练习，表现出灰太狼回头时凶狠的样子，以及小羊及时停下静止不动的造型。在练习过程中，教师对幼儿的动作和节奏进行相应的点评和反馈，使幼儿能够及时调整。

3. **完整游戏，体验快乐**

当幼儿掌握游戏玩法后，教师带领幼儿随乐完整地游戏。

第一遍游戏时，教师参与，并事先找好位置，在 A 段音乐结束时刚好站在黑脚印上，以便在 B 段扮演灰太狼，通过示范游戏，帮助幼儿更好地模仿、理解游戏规则。

接下来游戏时，教师逐渐退位，使幼儿自主游戏，体验到自主游戏的快乐。当游戏结束时，教师提示扮演灰太狼的幼儿可以说出经典台词“我一定会再回来的”，以增添游戏情趣。

附教学图谱

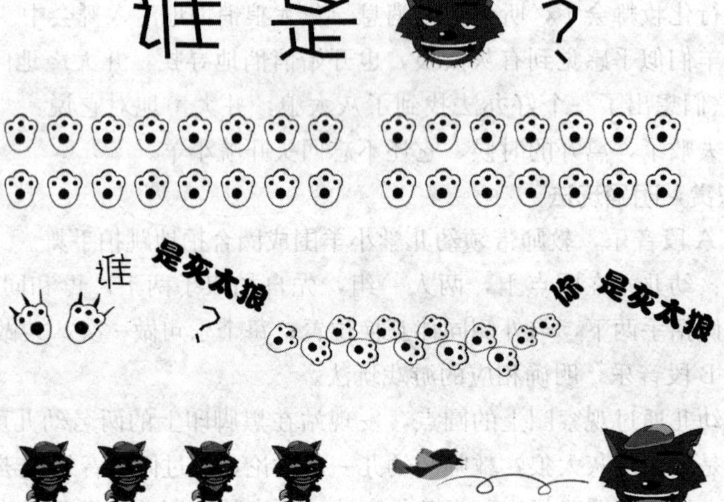

图 9 《谁是灰太狼》教学图谱

（宁波市宝韵音乐幼儿园　沙莉莉）

小蛇历险记

乐曲

意大利波尔卡(片段)

1=G $\frac{2}{4}$　　　　[俄]拉赫玛尼诺夫曲

快板

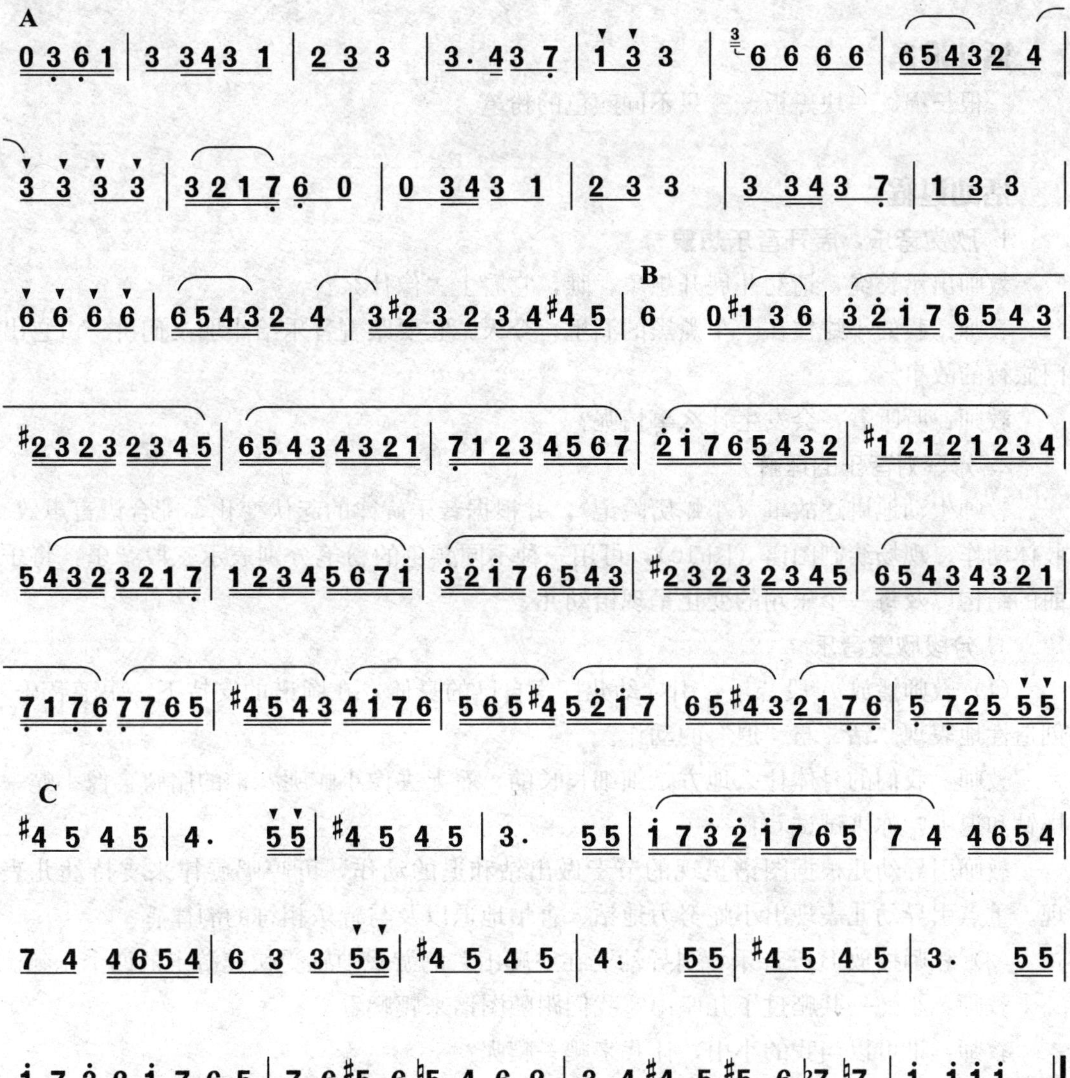

A

0 3 6 1 | 3 3 4 3 1 | 2 3 3 | 3· 4 3 7 | 1 3 3 | 6 6 6 6 | 6 5 4 3 2 4 |

3 3 3 3 | 3 2 1 7 6 0 | 0 3 4 3 1 | 2 3 3 | 3 3 4 3 7 | 1 3 3 |

6 6 6 6 | 6 5 4 3 2 4 | 3 #2 3 2 3 4 #4 5 | 6 0 #1 3 6 | 3 2 1 7 6 5 4 3 |

B

#2 3 2 3 2 3 4 5 | 6 5 4 3 4 3 2 1 | 7 1 2 3 4 5 6 7 | 2 1 7 6 5 4 3 2 | #1 2 1 2 1 2 3 4 |

5 4 3 2 3 2 1 7 | 1 2 3 4 5 6 7 1 | 3 2 1 7 6 5 4 3 | #2 3 2 3 2 3 4 5 | 6 5 4 3 4 3 2 1 |

7 1 7 6 7 7 6 5 | #4 5 4 3 4 1 7 6 | 5 6 5 #4 5 2 1 7 | 6 5 #4 3 2 1 7 6 | 5 7 2 5 5 5 |

C

#4 5 4 5 | 4· 5 5 | #4 5 4 5 | 3· 5 5 | 1 7 3 2 1 7 6 5 | 7 4 4 6 5 4 |

7 4 4 6 5 4 | 6 3 3 5 5 | #4 5 4 5 | 4· 5 5 | #4 5 4 5 | 3· 5 5 |

1 7 3 2 1 7 6 5 | 7 6 #5 6 ♮5 4 6 2 | 3 4 #4 5 #5 6 ♭7 ♮7 | 1 1 1 1 ‖

活动分析

《意大利波尔卡》会让人不由自主地想到一些可爱的小虫子（蚂蚁、蚯蚓、小蛇等）在快乐地爬动，时而有序，时而自由，会让人想要跟着音乐扭动起身体。教师节选了其中的片段，为三段体结构：A 段音乐快慢相间，轻快、跳跃、略显俏皮；B 段音乐给人快速游走的感觉，比较自由，有一点小兴奋；C 段音乐强劲有力，给人强有力的跳跃感和欢快的旋转感。活动中，幼儿通过模仿小蛇钻爬的游戏，通过肢体动作感受音乐的韵律变化，感受四分音符、八分音符、十六分音符的时值长短变化，记忆音乐结构，创造性地表现音乐形象；在双人互动的爬山游戏中，努力控制自己的身体，能和同伴合作，用商量的方式确定角色分工并游戏。

活动准备

一根长绳、一块黑板、三只不同颜色的粉笔。

活动过程

1. 欣赏音乐，展开音乐想象

教师出示长绳，请幼儿展开想象：瞧，它看上去像什么？

教师：我的小蛇住在一个黑黑的洞里，今天，它要跟着音乐给小朋友们讲一讲它出门旅行的故事。

教师：听听看，会发生什么事情呢？

2. 分享对音乐的理解

教师生动地讲述故事《小蛇历险记》，并根据音乐旋律的起伏变化，配合语言声效、肢体动作，现场绘制图谱（图 10），可用三种不同颜色的粉笔分别表示三段音乐，将乐曲的结构以及每一个乐句的变化呈现给幼儿。

3. 分段欣赏音乐

（1）教师播放 A 段音乐，引导幼儿探索自己的身体，在图谱的支持下，跟随音乐，创造性地表现“钻”与“退”的动作。

教师：我们的身体什么地方是细细长长的，看上去像小蛇呢？谁的胳膊会像小蛇一样钻和退呢？你来试试看！

教师引导幼儿根据图谱呈现的节奏做出钻和退的动作，可哼唱旋律来支持幼儿表现。重点引导幼儿表现出小蛇努力地钻、害怕地退以及与音乐相符的韵律感。

（2）教师播放 B 段音乐，引导幼儿在“爬山”的游戏中感受快速游走的四个乐句。

教师：小蛇一共爬过了几座山？我们跟随图谱来爬爬看。

教师：谁可以当我的小山，让我来爬一爬呢？

请男孩子变成小山，女孩子爬一爬，再交换角色试一试。游戏时，教师提示扮演小山的幼儿需努力保持身体不动。

（3）教师播放C段音乐，引导幼儿探索自己的身体，在图谱的支持下，跟随音乐，创造性地表现“跳”与“旋转”的动作。

教师：越过小山后，小蛇碰到了谁？它做了什么？

教师：小蛇是怎样跳的？谁来试试？我们还可以在身体的哪里跳？（脚上、肩膀上、手掌上等）

教师：还可以用哪里转圈圈？（用小脑袋转、小屁股转、肩膀转等）

4. 单人游戏：钻洞洞

游戏玩法如下。

幼儿扮演小蛇，在场地中找个洞洞（椅子后、桌子下或事先准备的道具），跟随音乐玩“小蛇历险”的游戏。可重复一两次，鼓励幼儿以自己喜欢的肢体动作随音乐表现小蛇。

第一遍游戏时，教师可以参与其中，和幼儿一起快乐地玩游戏，以自身的示范给予幼儿支持；第二遍游戏时，教师退出，根据幼儿的实际情况及时给予提示。

5. 双人游戏：钻洞洞

（1）执教教师与配班教师示范双人游戏的玩法，引导幼儿分析：老师是怎么玩的？

游戏玩法如下。

两名教师分别扮演小蛇，两条小蛇住在同一个洞洞里，随A段音乐面对面一起往上爬，随B段音乐爬山（事先商量并分配好角色），随C段音乐快乐地游戏，将原先跳的动作替换成和朋友对拍手，将原先转圈圈的动作替换成和朋友手拉手一起快乐地转圈。

（2）幼儿两两结伴，进行双人游戏。

附故事大意

在一个黑黑的小洞洞里，住着一条可爱的小蛇。“好黑哟，好窄哦！”小蛇好想知道洞洞外面的世界是什么样子，它决定去历险。

小蛇朝着洞口的方向，使劲儿爬呀，使劲儿爬呀，刺眼的阳光让它害怕，赶紧缩、缩、缩、缩，退了回来。可是，小蛇不愿放弃，它让自己更加勇敢，用更大的力气朝洞口爬去（教师哼唱音乐），可刺眼的阳光还是让它不断的往后缩（教师哼唱音乐）。

过了好一会儿，小蛇才睁开眼睛。哇！外面的世界好美呀，它看到了四座可爱的小山。小蛇兴奋地扭动身体，迅速地爬动起来（教师哼唱音乐）。

越过小山，小蛇遇到了小松鼠和小蜗牛。它跟小松鼠学跳高，跳，跳，跳！跳，跳，跳！它还把自己的身体卷啊卷，卷成像小蜗牛的样子，真好玩！再来一次吧（教师哼唱音乐）！这一天，小蛇过得真快乐呀！

附教学图谱

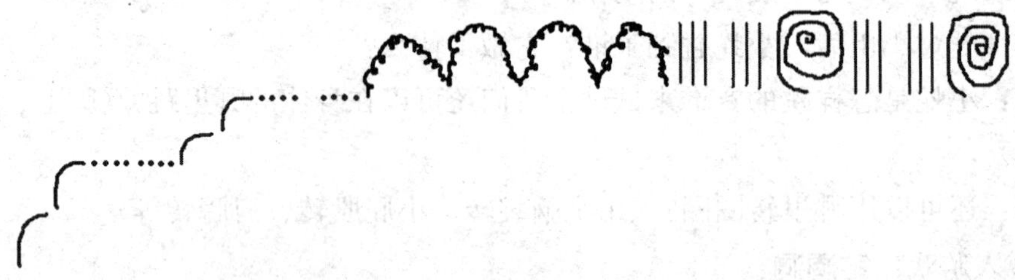

图 10 《小蛇历险记》教学图谱

（湖南省委新湘幼儿院 谌丽莹）

贪玩的机器人

乐曲

机器人走路(片段)

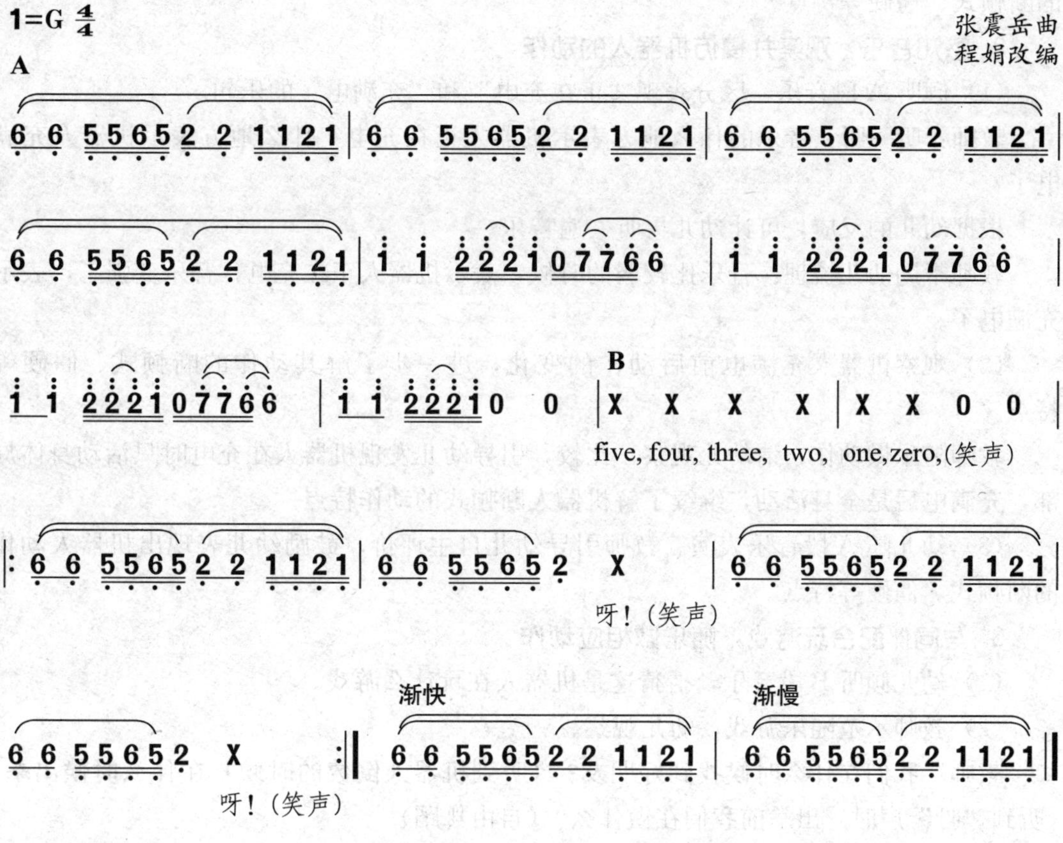

1=G 4/4

张震岳曲
程娟改编

A

| 6 6 5565 2 2 1121 | 6 6 5565 2 2 1121 | 6 6 5565 2 2 1121 |

| 6 6 5565 2 2 1121 | 1 1 2221 0776 6 | 1 1 2221 0776 6 |

| 1 1 2221 0776 6 | 1 1 2221 0 0 | B X X X X | X X 0 0 |

five, four, three, two, one,zero,(笑声)

|: 6 6 5565 2 2 1121 | 6 6 5565 2 X | 6 6 5565 2 2 1121 |

呀！(笑声)

| 6 6 5565 2 X :| 渐快 6 6 5565 2 2 1121 | 渐慢 6 6 5565 2 2 1121 ||

呀！(笑声)

活动分析

乐曲《机器人走路》节奏鲜明，旋律有浓重的金属质感。教师对音乐进行适当编辑，在乐句中的休止处加入机器人的笑声，并对部分乐句进行速度上的处理，使得音乐的趣味性更加丰富。在此基础上，教师结合音乐特点，设计出“贪玩的机器人充好电后，与同伴快乐游戏，用完电后需要再次充电”的游戏情境，让幼儿在有趣的游戏中，初步了解并掌握机器人动作的断顿式、僵硬等特点；引导幼儿与同伴配合玩游戏，能在不同乐句处做相应的动作，喜欢和同伴一起表演机器人，体验律动游戏的乐趣。

活动准备

机器人活动的视频。

活动过程

1. 了解机器人的动作特点

教师：你们见过机器人吗？机器人的动作是什么样子的？谁来学一学？

幼儿观看视频，观察、比较机器人的动作与人类动作的不同，初步了解机器人动作的断顿式、僵硬等特点。

2. 感知音乐，观察并模仿机器人的动作

(1) 倾听 A 段音乐，区分表现“正在充电”和“充满电”的乐句。

教师：听一听，音乐的什么地方表示机器人正在充电？什么地方表示机器人充满电了？

根据幼儿的反应，可让幼儿再听一遍音乐。

教师帮助幼儿梳理：音乐比较弱的时候，表示机器人正在充电；音乐变强了，表示充满电了。

(2) 观察机器人充满电前后动作的变化，进一步了解其动作的断顿式、僵硬等特点。

教师随乐做动作，请幼儿观察、比较，引导幼儿发现机器人在充电时只活动身体局部，充满电后是全身活动，继续了解机器人断顿式的动作特点。

(3) 幼儿随 A 段音乐表演。教师引导幼儿自主评价，鼓励幼儿表现出机器人动作的断顿式、僵硬等特点。

3. 与同伴配合玩游戏，随乐做相应动作

(1) 幼儿倾听 B 段音乐，猜猜这是机器人在玩什么游戏。

(2) 教师示范随乐游戏，幼儿观察。

教师：我们在什么时候找到好朋友？（听到机器人倒数的时候）在什么时候出拳？（听到“呀”声时）出拳前我们在做什么？（自由舞蹈）

(3) 幼儿尝试与同伴共同游戏。

幼儿听音乐玩游戏，教师观察幼儿是否及时找到伙伴，是否在听到“呀”声时与同伴玩“石头剪子布”，并提醒幼儿注意表现出机器人的动作特点。

4. 完整游戏，体验快乐

(1) 幼儿两人一组，尝试随乐完整地游戏。游戏后，教师组织幼儿互相评价：你的伙伴表演的机器人好吗？哪里好？他是怎么做的？

(2) 幼儿交换玩伴，多次完整游戏。

附动作建议

第 1～4 小节：幼儿扮演机器人，进行局部的身体活动，表现出断顿式的动作特点。

第 5～8 小节：机器人全身活动，表现出断顿式的动作特点。

第 9～10 小节：每个机器人迅速找到一个同伴，两人面对面站好。

第 11～14 小节：机器人随音乐跳舞，听到“呀”声时，各伸出一只手做石头、剪子或布的动作；听到笑声时，胜的一方挠对方痒痒（若是平局，则两人做互相亲一亲的动作）。

第 15～16 小节：机器人随音乐速度的变化跳舞，音乐停时表示机器人没电了，要马上停止动作并保持造型。

（安徽省合肥市宿州路幼儿园　程　娟）

小 木 偶

乐曲

巡逻兵进行曲(片段)

1=E 2/4　　[美]弗兰克 · 米查姆曲

快板

A

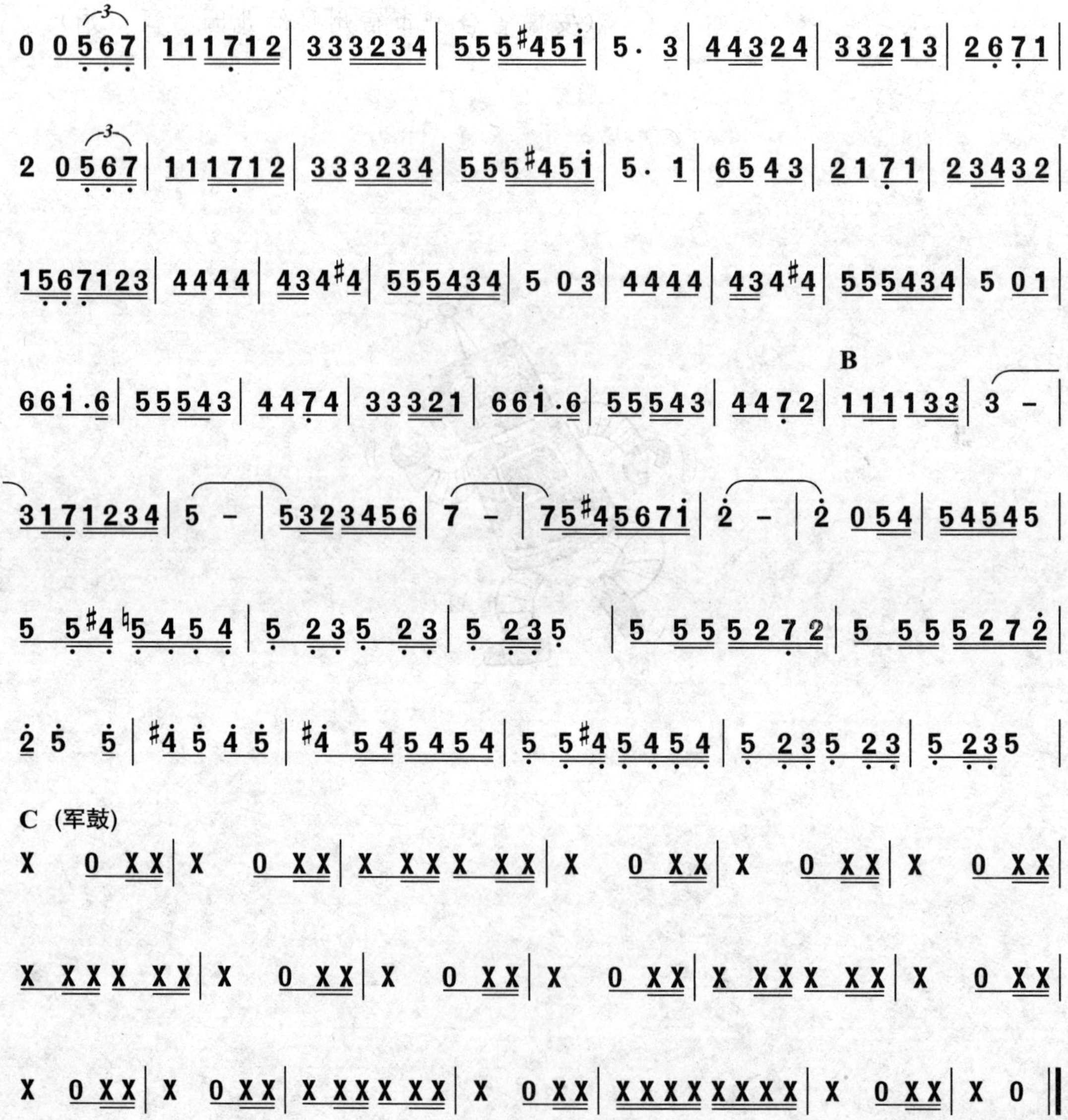

0 0567 | 111712 | 333234 | 555#451 | 5 · 3 | 44324 | 33213 | 2671 |

2 0567 | 111712 | 333234 | 555#451 | 5 · 1 | 6543 | 2171 | 23432 |

1567123 | 4444 | 434#4 | 555434 | 5 0 3 | 4444 | 434#4 | 555434 | 5 01 |

661·6 | 55543 | 4474 | 33321 | 661·6 | 55543 | 4472 | B 111133 | 3 - |

3171234 | 5 - | 5323456 | 7 - | 75#45671 | 2 - | 2 054 | 54545 |

5 5#4♮5454 | 5 235 23 | 5 235 | 5 5552 72 | 5 5552 72 |

2 5 5 | #45 45 | #4 545454 | 5 5#45454 | 5 235 23 | 5 235 |

C (军鼓)

X 0 XX | X 0 XX | X XXX XX | X 0 XX | X 0 XX | X 0 XX |

X XXX XX | X 0 XX | X 0 XX | X 0 XX | X XXX XX | X 0 XX |

X 0 XX | X 0 XX | X XXX XX | X 0 XX | XXXXXXXX | X 0 XX | X 0 ‖

活动分析

《巡逻兵进行曲》是一首典型的、用管乐演奏的进行曲。活动中，教师以“小木偶大战偷粮贼”的故事为线索，根据游戏情节的需要，对原曲进行了剪辑，呈现为三段式的结构。A段和B段音乐节奏明快、轻松活泼，分别匹配小木偶自由律动和通过“石头剪子布”分成红、蓝两队的情节；C段音乐铿锵有力，有激烈的战斗氛围，匹配小木偶为打败偷粮的老鼠而练习对战的情节。幼儿通过有趣的游戏，熟悉乐曲风格与基本结构，随乐表现小木偶的动作特点，体验遵守游戏规则和与同伴互动游戏的快乐。

活动准备

幼儿熟悉乐曲，并能随A段音乐进行律动。

活动过程

1. 复习A段律动

教师带领幼儿随A段音乐复习律动（坐位一次，站位一次），引导幼儿表现出小木偶断顿、铿锵有力的动作特点。

2. 欣赏B段音乐，讨论分队的方法，结伴游戏

（1）欣赏B段音乐并讨论。

教师：每年，粮仓里都会有老鼠来偷粮，为了打败偷粮贼，小木偶决定提前练习对战。

教师：请你听音乐，想一想，小木偶是怎样分成两队的？

幼儿倾听B段音乐并讨论，明确小木偶分队的方法是：两两结伴，玩“石头剪子布”的游戏，赢的人为一队，输的人为一队。

（2）随乐结伴游戏。

教师哼唱A段和B段的旋律，幼儿随A段音乐律动后，寻找一位同伴，玩“石头剪子布”的游戏。

教师播放A、B两段音乐，幼儿随乐律动、游戏。

3. 随C段音乐进行对战游戏

（1）由两名教师完整地示范玩“石头剪子布”之后的分队以及对战练习，幼儿观察、学习。

两队的队长通过“石头剪子布”决定输赢。赢的队向前进攻，前进四步摆出进攻造型，同时说“哈”；输的队后退防守，后退四步并摆出防守造型。

（2）一名教师与一名幼儿示范对战，其他幼儿观察。教师注意指导幼儿掌握游戏玩法。

（3）一名教师与一名幼儿为一队，另请两名幼儿为一队，进行对战。其他幼儿观察。教师提示幼儿关注队伍行进的一致性。

（4）教师与全体幼儿对战。教师提示幼儿关注自己对力量的控制，与音乐的力度和速度一致。

4. 完整游戏

完整游戏一次后，教师引导幼儿讨论：如果出现平局，可以怎么办？

幼儿再次随乐游戏。

活动延伸

当幼儿熟悉游戏玩法以后，可请一部分幼儿扮演木偶兵，另一部分幼儿扮演老鼠兵。木偶兵随 A 段音乐做律动时，老鼠兵可在洞中张望；木偶兵随 B 段音乐寻找同伴时，老鼠兵出洞，木偶兵与老鼠兵一对一结伴，玩“石头剪子布”；随 C 段音乐，木偶兵和老鼠兵对战。教师启发幼儿表现出木偶兵和老鼠兵的角色特点。

（南京市石鼓路小学附属幼儿园　梁　欢）

魔法师和木偶人

乐曲

啤酒桶波尔卡(片段)

1=C $\frac{2}{4}$

[捷克]杰拉玛·万卓达曲

波尔卡速度

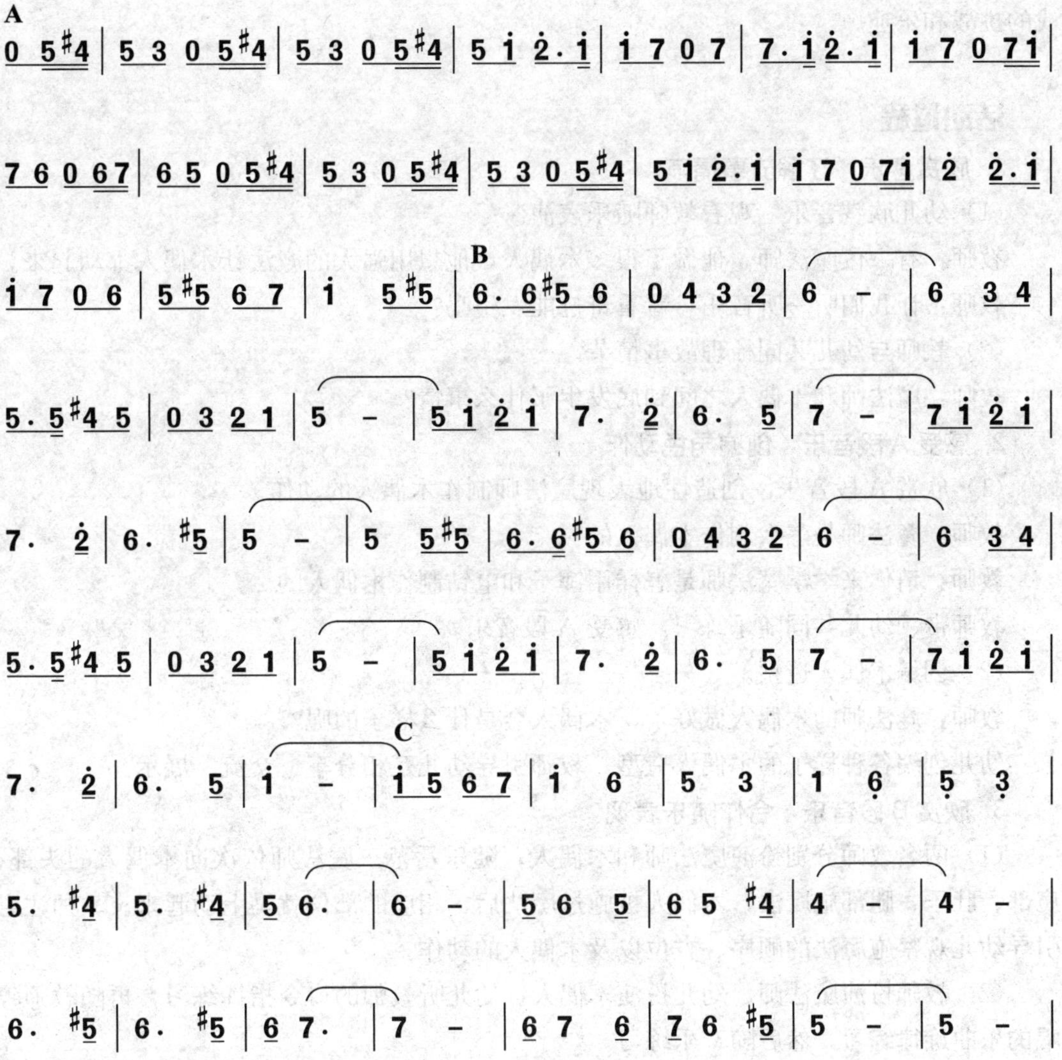

A

0 5#4 | 5 3 0 5#4 | 5 3 0 5#4 | 5 i̇ 2̇·i̇ | i̇ 7 0 7 | 7·i̇ 2̇·i̇ | i̇ 7 0 7i̇ |

7 6 0 67 | 6 5 0 5#4 | 5 3 0 5#4 | 5 3 0 5#4 | 5 i̇ 2̇·i̇ | i̇ 7 0 7i̇ | 2̇ 2̇·i̇ |

B

i̇ 7 0 6 | 5 #5 6 7 | i̇ 5 #5 | 6. 6#5 6 | 0 4 3 2 | 6 - | 6 3 4 |

5. 5#4 5 | 0 3 2 1 | 5 - | 5 i̇ 2̇ i̇ | 7. 2̇ | 6. 5 | 7 - | 7 i̇ 2̇ i̇ |

7. 2̇ | 6. #5 | 5 - | 5 5#5 | 6. 6#5 6 | 0 4 3 2 | 6 - | 6 3 4 |

5. 5#4 5 | 0 3 2 1 | 5 - | 5 i̇ 2̇ i̇ | 7. 2̇ | 6. 5 | 7 - | 7 i̇ 2̇ i̇ |

C

7. 2̇ | 6. 5 | i̇ - | i̇ 5 6 7 | i̇ 6 | 5 3 | 1 6̣ | 5̣ 3̣ |

5. #4 | 5. #4 | 5 6. | 6 - | 5 6 5 | 6 5 #4 | 4 - | 4 - |

6. #5 | 6. #5 | 6 7. | 7 - | 6 7 6 | 7 6 #5 | 5 - | 5 - |

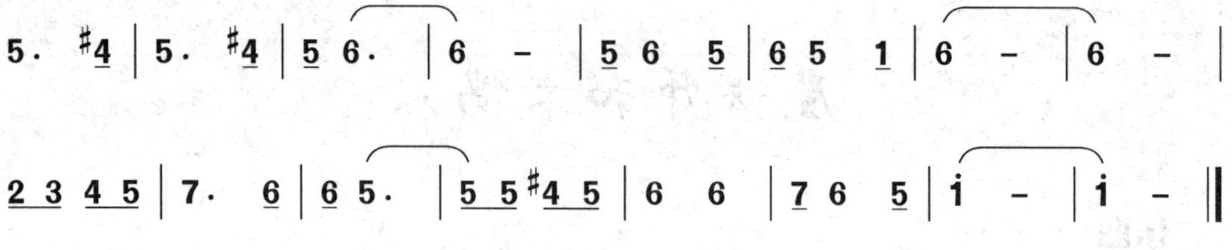

5. ♯4 | 5. ♯4 | 5 6. | 6 - | 5 6 5 | 6 5 1 | 6 - | 6 - |

2 3 4 5 | 7. 6 | 6 5. | 5 5 ♯4 5 | 6 6 | 7 6 5 | 1̇ - | 1̇ - ‖

活动分析

乐曲节选了《啤酒桶波尔卡》的片段，呈现为三段式结构，旋律轻松欢快。教师借助有趣的音乐游戏，让幼儿在随乐游戏中感知乐曲结构，尝试自主创编造型、表现角色形象，并能分角色、按照游戏规则进行表演，感受乐曲欢快、诙谐的风格，体验随乐游戏的挑战和乐趣。

活动过程

1. 欣赏音乐，了解故事情节

（1）幼儿欣赏音乐，观看教师随乐表演。

教师：有一位魔法师，他做了很多木偶人，他想用强大的魔法让木偶人都动起来。

教师：让我们听一听音乐，看看奇迹能发生吗？

（2）教师与幼儿共同梳理故事情节。

教师：魔法师和木偶人之间到底发生了什么事情？

2. 感受 A 段音乐，创编角色动作

（1）欣赏 A 段音乐，创造性地表现魔法师制作木偶人的动作。

教师：魔法师是怎么制作木偶人的？

教师：请你来学学魔法师是怎样用锤子和电钻制作木偶人的。

教师带领幼儿共同随乐练习，感受 A 段音乐。

（2）创编木偶人造型。

教师：魔法师的木偶人做好了，木偶人会是什么样子的呢？

幼儿创编各种样子的木偶人造型，教师引导幼儿互相分享、交流、展示。

3. 欣赏 B 段音乐，合作随乐表现

（1）两名教师分别扮演魔法师和木偶人，随乐示范。魔法师依次向木偶人的头部、肩部、肚子、腿部施魔法，木偶人被施过魔法后，相应的部位就马上动起来。教师注意引导幼儿观察施魔法的顺序、方位以及木偶人的动作。

（2）教师扮演魔法师，幼儿扮演木偶人。幼儿听教师的口令指挥练习，再随教师哼唱的乐曲旋律练习，然后随音乐练习。

（3）一名幼儿扮演魔法师，其余幼儿扮演木偶人。幼儿听教师的口令指挥练习，再随教师哼唱的乐曲旋律练习，然后随音乐练习。

4. 随 A、B 段音乐分角色游戏

(1) 幼儿两人一组，分别扮演魔法师和木偶人，在教师的语言、动作提示下，听 A、B 段音乐进行随乐游戏。

(2) 幼儿尝试自主随乐游戏。

5. 感知 C 段音乐，随乐做动作

(1) 教师随 C 段音乐示范，引导幼儿观察游戏玩法：木偶人做不同的动作感谢魔法师；木偶人做完动作后，魔法师模仿。

(2) 教师扮演木偶人，幼儿扮演魔法师，幼儿听教师的口令指挥练习，再随教师哼唱的乐曲旋律练习，然后随音乐练习。

(3) 幼儿为木偶人创编不同的表示感谢的动作。

教师：如果你是木偶人，你会做什么样的动作来感谢魔法师？

教师引导幼儿梳理动作经验，创造性地做出动作，鼓励幼儿互相学习。

(4) 幼儿两人一组，分角色随乐感受并表现 C 段音乐。

6. 完整地欣赏、表现音乐

(1) 师幼共同梳理、回忆故事情节。

(2) 幼儿两人一组，分角色完整地表现音乐。

(3) 教师引导幼儿创造性地表现 C 段音乐，并再次完整游戏。

附动作建议

A 段：魔法师用锤、钻的方式制作小木偶，小木偶站在原地不动。

B 段：第一、三、五、七乐句，魔法师依次对着小木偶的头部、肩部、肚子、腿部施展魔法；第二、四、六、八乐句，小木偶活动被施魔法的身体部位。

C 段：木偶人做不同的动作感谢魔法师；木偶人做完动作后，魔法师模仿。

（长沙市雨花区绿城育华幼儿园音乐课题组）

快乐淋浴

乐曲

闲聊波尔卡(片段)

1=A $\frac{2}{4}$

[奥]约翰·施特劳斯曲

急板

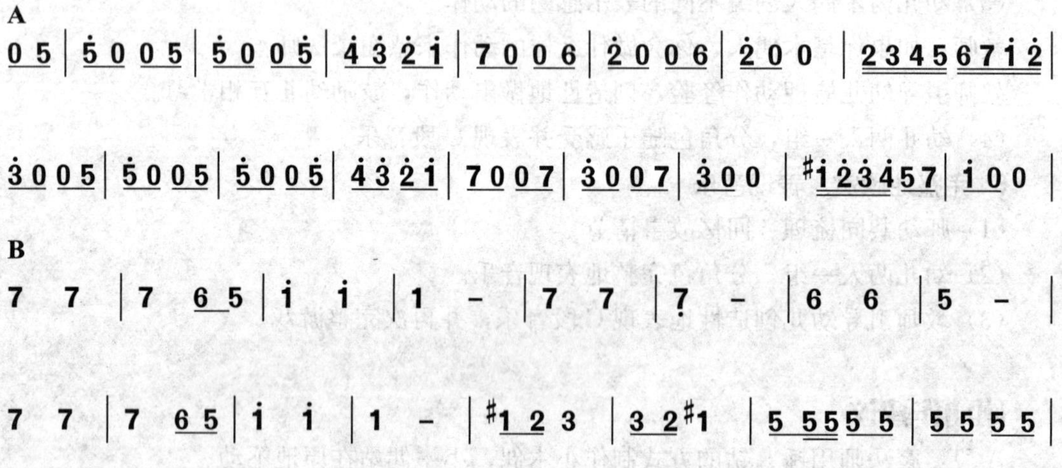

A

0 5 | 5 0 0 5 | 5 0 0 5 | 4 3 2 1 | 7 0 0 6 | 2 0 0 6 | 2 0 0 | 2345 6712 |

3 0 0 5 | 5 0 0 5 | 5 0 0 5 | 4 3 2 1 | 7 0 0 7 | 3 0 0 7 | 3 0 0 | #1234 57 | 1 0 0 |

B

7 7 | 7 6 5 | 1 1 | 1 - | 7 7 | 7 - | 6 6 | 5 - |

7 7 | 7 6 5 | 1 1 | 1 - | #1 2 3 | 3 2 #1 | 5 55 5 5 | 5 5 5 5 |

C

4 4 3 2 | 5 5 4 3 | 6 6 5 4 | 7 7 6 5 | 1 1 1 1 | 1 1 1 1 | 1 1 2 3 | 4 - |

1 1 2 1 | 1 1 2 1 | 1 1 4 1 | 1 1 4 1 | 1 2 | #2 3 | 3 4 | #4 5 5 |

A

0 5 | 5 0 0 5 | 5 0 0 5 | 4 3 2 1 | 7 0 0 6 | 2 0 0 6 | 2 0 0 | 2345 6712 |

3 0 0 5 | 5 0 0 5 | 5 0 0 5 | 4 3 2 1 | 7 0 0 7 | 3 0 0 7 | 3 0 0 | #1234 57 | 1 0 0 |

D

1 2 | 5 - | 1 2 | 5 - | 5 5 5 5 | 5 0 0 | 5 5 5 5 | 5 0 0 | 0 0·1 | 1 ‖

活动分析

乐曲节选自奥地利作曲家小约翰·施特劳斯的作品《闲聊波尔卡》，呈现为“A—B—C—A—D”的结构。各乐段情绪鲜明，差异明显。教师设计了“小朋友洗冷水澡”的情境，将“一开始怕水凉，只是洗洗手”“逐渐适应，可以洗洗脚”“洗身体，觉得凉水还是有些刺激”“适应凉水，愉快地沐浴”“洗好了，愉快地穿好衣裤”等情节，分别与不同乐段的情绪一一对应。活动中，幼儿迁移生活经验，用表情、神态和肢体动作表现洗冷水澡的情形，并在同伴互动中体验律动游戏的快乐。

活动准备

幼儿做各种运动的视频；表现沐浴动作的图片若干张（图 11）。

活动过程

1. 整体感知音乐，了解游戏内容

（1）幼儿欣赏视频，为下一步感知、体验音乐细节做好铺垫。

（2）教师随乐表演淋浴动作，幼儿观察、理解。

教师：刚才我在做什么？我做了哪些动作？

教师：我先做了什么动作，再做了什么动作？

幼儿每说出一个动作，教师就在黑板上贴出相应的图片（给幼儿没说出的动作留出位置），然后再示范一次，帮助幼儿梳理淋浴动作的顺序。

2. 创编游戏动作，表现故事情绪

（1）教师引导幼儿仔细观察已排序的图片，说说每张图片上小朋友是什么表情并学一学，想一想原因是什么。

（2）教师提问，引导幼儿运用朗诵的方法掌握不同乐段的节奏。

教师：刚才洗手的动作是怎么做的？洗脚的动作怎么做？

洗手节奏：| X - | X - | X X X X | X - |

慢 慢 快快快快 快

洗脚节奏：| X X | X - | X X | X - | X X | X - | X X | X - |

踏 一 踏， 洗 一 洗， 再 踏 踏， 再 洗 洗，

X X | X - | X X | X - | X X | X - | X X | X - |

再 一 次， 洗 一 洗， 最 后 再 洗 一 洗。

教师边讲解，边示范，引导幼儿练习并及时反馈，帮助幼儿记忆动作和节奏。

（3）幼儿在音乐的伴奏下表演，教师观察，如果发现有幼儿主动将平时洗冷水浴时的一些动作、表情迁移进来，可及时鼓励，激发其他幼儿把更多的生活经验迁移到活

动中。

3. 增加游戏角色，丰富情感交流

（1）请配班教师扮演一个超级莲蓬头，引导幼儿讨论，为配班教师提供多种不同的莲蓬头造型以供选择。

（2）师幼共同随乐游戏。

第一次游戏时，如果出现幼儿拥挤到莲蓬头下的情况，教师可引导幼儿思考解决拥挤的方法，如可多设几个莲蓬头等。

再次游戏时，幼儿通过与教师的互动、与同伴的互动、观摩教师与幼儿的互动，丰富情感上的交流，感受游戏的乐趣。从中，幼儿感受到音乐可以分享，快乐可以分享，并对一起做游戏的人、一起分享快乐的人心存感激。

附教学图片

图 11 《快乐淋浴》教学图片

（广东省东莞市长安镇中心幼儿园　梁万华）

美食总动员

歌曲

美食总动员

1=F $\frac{2}{4}$

佚名词曲

欢快地

(0 3234 | 565432 | 3134 | 5i5432 | 1 i i) |: XXX | XXX |

(白)冰激凌，汉堡包，
(动作一)

XXX | XXX :|| 51234 | 5465 | 2i53 | 3234 | 3122 |

炸鸡腿，大香蕉。(动作二) (动作三)

1· 234 | 3122 | 1· 234 | 3122 | 1·234 | 3122 | 1 i |

好吃好吃好吃好吃 好吃好吃好吃好吃

B

i7 | 65 | 43 | 21 | 12 | 34 | 56 | 7i | XXXX | XXXX | XXXX | X - |

(动作四) pipipopo pipipopo 肚子在打鼓，
(动作五)

XXXX | XXXX | XXXX | X - | XXXX | XXXX | XXXX |

pi pi po po pi pi po po 肚子不舒服。东找找呀 西找找呀 厕所在哪

A

X - | XXXX | XXXX | XXXX | X - |: XXX | XXX |

里？没有厕所 没有厕所 拉在裤裤 上。冰激凌，汉堡包，
(动作六) (动作一)

XXX | XXX :|| 51234 | 5465 | 2i53 | 3234 | 3122 |

炸鸡腿，大香蕉。(动作二) (动作三)

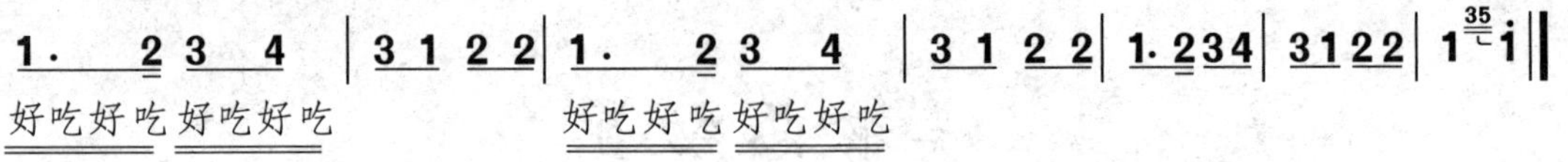

1. 2 3 4 | 3 1 2 2 | 1. 2 3 4 | 3 1 2 2 | 1.234 | 3122 | 1 ³⁵i ||
好吃好吃好吃好吃　　好吃好吃好吃好吃

活动分析

乐曲为ABA结构，其中A段旋律活泼欢快，B段旋律紧凑而强烈。活动中，教师设计了贪吃的小男孩嘟嘟与服务员互动的情节，引导幼儿尝试分角色表现，并互相配合；设计了“抢马桶”的游戏，引导幼儿在游戏中表现出嘟嘟急于入厕的诙谐与幽默，启发幼儿在体验游戏快乐的同时，懂得应合理进食、不暴饮暴食的道理，并在重复的A段中，随乐细嚼慢咽，合理地享受美食。

活动过程

1. 听故事，了解游戏内容

教师边讲故事边做动作。故事大意如下。

有一个小男孩叫嘟嘟，他特别贪吃，一会儿吃吃这个，一会儿吃吃那个，嘴巴一刻都不停，连做梦都在不停地吃。他每天都要坐着小汽车去一个地方，这个地方叫做美食城。他一进美食城就口水直流，一会儿到这儿拿个吃的，吃呀吃呀吃（做动作一），一会儿到那儿拿个吃的，吃呀吃呀吃（做动作一），还不时冲别人做鬼脸（做动作二）。吃饱啦，他就摸摸小肚子，回味一下，嘴里还不停地说：“好吃，好吃，好吃!”（动作三）。“哎哟!”（动作四）发生什么事啦?“肚子怎么疼起来啦?”嘟嘟着急地找厕所（动作五），找呀找，终于找到了小马桶（动作六）。

2. 欣赏完整的音乐，练习基本动作

（1）教师随乐示范，幼儿跟做动作。

（2）教师提问，帮助幼儿理解、记忆。

教师：嘟嘟吃了些什么?

教师：他是怎么吃的?

教师：吃了几次呢?吃完后他又做了什么事情?

3. 欣赏A段音乐，练习分角色表演

（1）教师扮演服务员，请幼儿帮忙设计动作，表现服务员端出美食来诱惑嘟嘟的样子。

（2）幼儿两人一组，分别扮演服务员和嘟嘟，尝试配合表演。教师观察、指导。

（3）执教教师与配班教师分角色表演，启发幼儿观察，关注两人动作的方位变化。

（4）教师先后与一名幼儿、多名幼儿分角色表演，引导幼儿互相评价、提出改进建议。

（5）幼儿两人一组，分角色随乐表演，注意用不同方向的动作进行表现。

4. 欣赏B段音乐，玩“抢马桶”的游戏

（1）教师随乐示范，引导幼儿发现B段和A段故事内容不同，动作也不同。

（2）教师引导幼儿随乐进行趣味竞争游戏“抢马桶”。游戏玩法如下。

将幼儿的椅子摆成单圈，幼儿随音乐沿逆时针方向小跑。音乐停时，幼儿迅速坐到一个“马桶”（即一把椅子）上。没有抢到马桶的幼儿扮演病人，在上轮游戏中没有抢到马桶的幼儿扮演医生。医生给病人打一针，并告诫病人不能再暴饮暴食了。可循环游戏两三遍。

5. 完整游戏

教师播放完整的音乐。幼儿倾听，发现B段音乐结束后，A段音乐再次出现。教师启发幼儿思考：服务员又端出来好吃的了，这回嘟嘟还像刚才那样使劲儿吃吗？可以怎么吃？引导幼儿随音乐做出细嚼慢咽的动作，表现出嘟嘟虽然很想吃，但努力克制自己，细嚼慢咽的样子。

活动延伸

区域活动中，教师可在表演区播放乐曲《美食总动员》，还可以提供适宜的乐器，供幼儿练习，进一步理解音乐、表现音乐。

附动作建议

动作一：两手五指捏合，做拿食物的动作，再放到嘴前，做吃食物的动作。

动作二：两手分别放在耳侧，伸舌头、做鬼脸。

动作三：跟着节奏轻拍肚子，表现吃饱了的样子。

动作四：两手在肚子上画圈，表现揉肚子的样子。

动作五：两手分别在两腿上有节奏地拍腿。（在“抢马桶”的游戏中，变为沿逆时针方向绕着椅子围成的圈小跑）

动作六：在乐句的最后一小节拍屁股一下。（在“抢马桶”的游戏中，变为坐在椅子上）

（陕西师范大学幼儿园　宋姗姗）

酸酸葡萄

歌曲

酸酸葡萄

1=D 4/4　　　　彭野词曲

中速

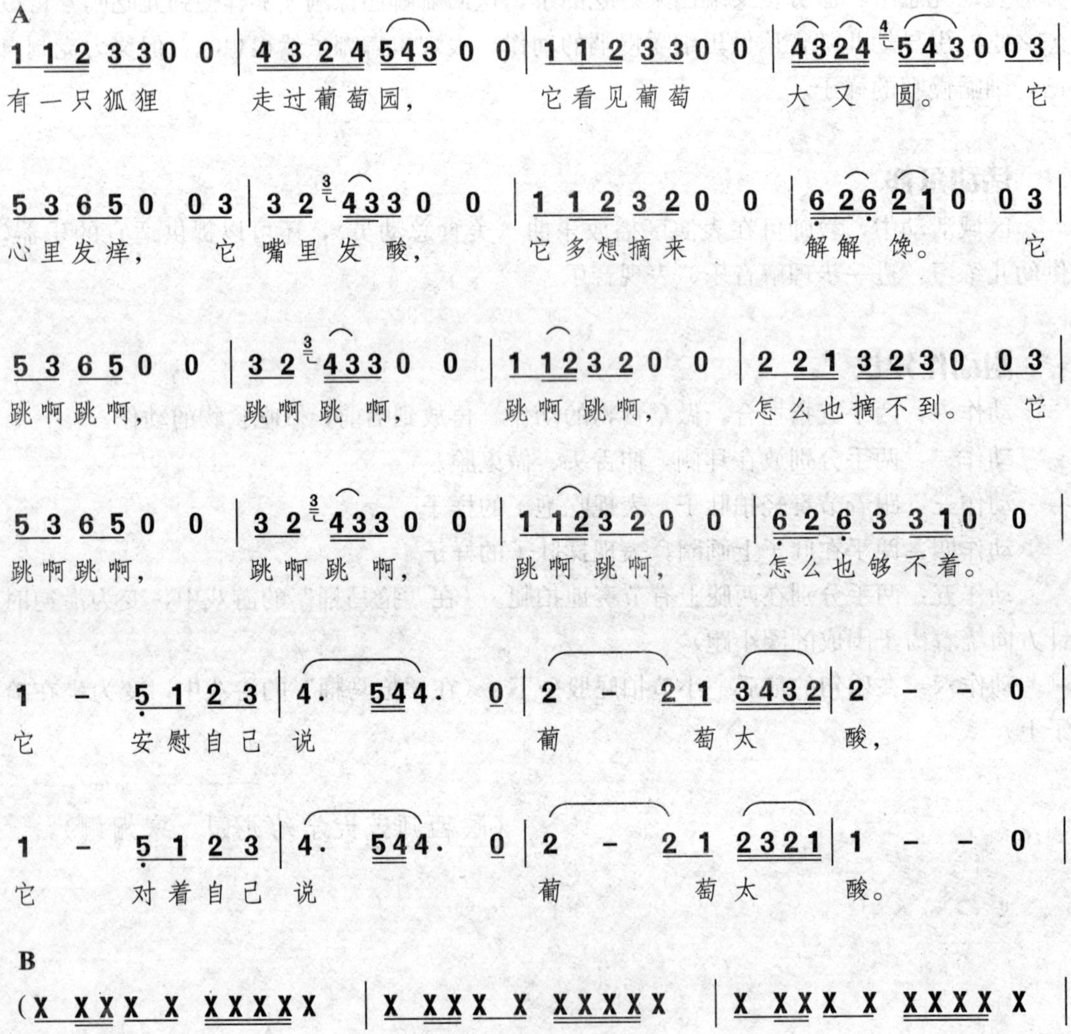

A

1 1 2 3 3 0 0 | 4 3 2 4 5 4 3 0 0 | 1 1 2 3 3 0 0 | 4 3 2 4 5 4 3 0 0 3 |

有一只狐狸　走过葡萄园，　它看见葡萄　大又圆。它

5 3 6 5 0 0 3 | 3 2 4 3 3 0 0 | 1 1 2 3 2 0 0 | 6 2 6 2 1 0 0 3 |

心里发痒，它嘴里发酸，　它多想摘来　解解馋。它

5 3 6 5 0 0 | 3 2 4 3 3 0 0 | 1 1 2 3 2 0 0 | 2 2 1 3 2 3 0 0 3 |

跳啊跳啊，　跳啊跳啊，　跳啊跳啊，　怎么也摘不到。它

5 3 6 5 0 0 | 3 2 4 3 3 0 0 | 1 1 2 3 2 0 0 | 6 2 6 3 3 1 0 0 |

跳啊跳啊，　跳啊跳啊，　跳啊跳啊，　怎么也够不着。

1 - 5 1 2 3 | 4. 5 4 4. 0 | 2 - 2 1 3 4 3 2 | 2 - - 0 |

它　安慰自己说　葡　萄太　酸，

1 - 5 1 2 3 | 4. 5 4 4. 0 | 2 - 2 1 2 3 2 1 | 1 - - 0 |

它　对着自己说　葡　萄太　酸。

B

(X XXX X XXXXX | X XXX X XXXXX | X XXX X XXXX X |

C

X XXX X XXXXX) | X X X X X X X X X X X | X X X X X X X X X X X |

吃 不到 葡 萄 就说葡萄酸， 吃 不到 葡 萄 就说葡萄酸。

XXXXXXX XXXXXXX | XX XXX XX XXX | XX XXX XX XXX ‖

你说应当不应当？你说应当不应当？ 应当！不应当！应当！不应当！ 应当！不应当！应当！不应当！

活动分析

歌曲曲风诙谐、幽默。A 段音乐叙事性强，教师引导幼儿将随乐拍手的动作，替换为“拍手—转手腕”交替进行的动作，并能积极思考，创编出新的动作来替换，在唱到“酸”字时拍击朋友的肩膀，能合拍地唱歌词及做动作；B 段和 C 段音乐节奏感强，带有说唱风格，教师鼓励幼儿大胆表现“应当不应当”的呼应部分，引导幼儿能正确对待困难，积极地分享解决问题的办法。

活动准备

狐狸手偶一只（如图 12 所示）。

活动过程

1. 学狐狸跳舞，完整地感知音乐

（1）教师出示手偶，幼儿跟狐狸学动作。

教师：今天我们班来了个小客人，看看，它是谁？

教师操作狐狸手偶，让其随音乐做跳舞的动作（A 段第 1～16 小节动作为有节奏地拍手，其余动作见附），幼儿欣赏并跟学。

第一遍结束后，教师请幼儿说一说狐狸都做了哪些动作。

第二遍结束后，教师请幼儿说一说歌里讲了一件什么事情，理解歌词内容。

（2）幼儿观察狐狸动作的变化，尝试替换 A 段动作。

教师再次操作狐狸手偶，让其随乐做跳舞的动作（见附），幼儿观察、跟做。

教师：这次狐狸的动作跟刚才有什么不一样？我们也试一试。

2. 逗狐狸，创编 C 段动作

（1）幼儿自由创编逗狐狸的动作。

教师：狐狸吃不到葡萄就说葡萄酸，真是太有意思了，我们一起来逗逗它吧！你们想怎样逗狐狸呢？

教师：狐狸吃不到葡萄就说葡萄酸，你们觉得这么做应当不应当？狐狸自己会怎么想呢？我们来问问它吧！

教师引导幼儿对着狐狸手偶问：小狐狸，你吃不到葡萄就说葡萄酸，你说应当不应当啊？

（2）分角色表演C段。

教师引导幼儿一边有节奏地念C段歌词，一边用自己创编的动作逗狐狸。

教师扮演狐狸，用动作回应幼儿，启发幼儿创编出更多逗狐狸的动作。

3. 游戏：逗狐狸

（1）教师示范游戏玩法。

教师：狐狸要请你玩游戏了，请仔细看看它是怎样找朋友的，还要听一听它是在唱到哪一句歌词的时候找到朋友的。

（2）幼儿扮演狐狸，尝试游戏。

游戏玩法如下。

A段

一名幼儿扮演狐狸，在圈外边做动作边随音乐走动，其他幼儿坐在圈上，边唱边做相应的动作。在唱到最后一个“酸”字时，狐狸轻轻地推一下离自己最近的一名幼儿肩膀，这名幼儿就是狐狸找到的朋友。

B段

两人绕圈追跑，先回到椅子处的幼儿坐下，没有抢到椅子的幼儿成为狐狸，站到圈内。

C段

全体幼儿随音乐有节奏地念词，坐在圈上的幼儿做各种创编的动作逗狐狸，狐狸以肢体动作回应。在最后两小节处，狐狸说“应当”，坐在圈上的其他幼儿齐说“不应当”，双方对话，直至歌曲结束。

（3）增加游戏难度。

教师引导扮演狐狸的幼儿想一个动作替换掉A段中拍手的动作，其他幼儿跟学。

教师可鼓励其他幼儿一起帮忙，想出新的动作，然后再次游戏。

4. 讨论

教师：有什么办法让狐狸能吃到葡萄呢？

教师：当我们遇到困难时，不要随便放弃，只要开动脑筋，总会想到解决问题的办法！

活动延伸

1. 幼儿游戏熟悉音乐和玩法后，教师可以逐步请幼儿替换更多的动作。例如，先替换一个动作（将A段中的拍手动作替换成狐狸走路的动作），再替换两个动作……直到幼儿将原来预设的动作根据歌词内容全部替换掉，变成幼儿自己创编的动作。

2. 请幼儿在活动后将自己想到的帮狐狸摘葡萄的方法画下来，跟朋友分享。

附动作建议

A段

第1～16小节：在胸前拍两次手，再在左侧/右侧转动两次手腕。

第17～19小节：轻拍自己的胸口。

第20小节：双手在胸前向前推出。

第21～24小节：动作同第17～20小节。

B段

第25～28小节：双臂屈肘，在胸前绕环。

C段

第29～30小节：双手在嘴边做吃东西的样子；两拍一次，共做四次。

第31小节：双手在左右耳侧转手腕；一拍一次，左右各做两次。

第32～33小节：说“应当”时，在胸前拍手一次；说“不应当”时，双手由胸前向外推出。

附手偶形象

图12 狐狸手偶

（长沙市政府机关第二幼儿园教研团队）

孙悟空和铁扇公主

乐曲

欢　沁(片段)

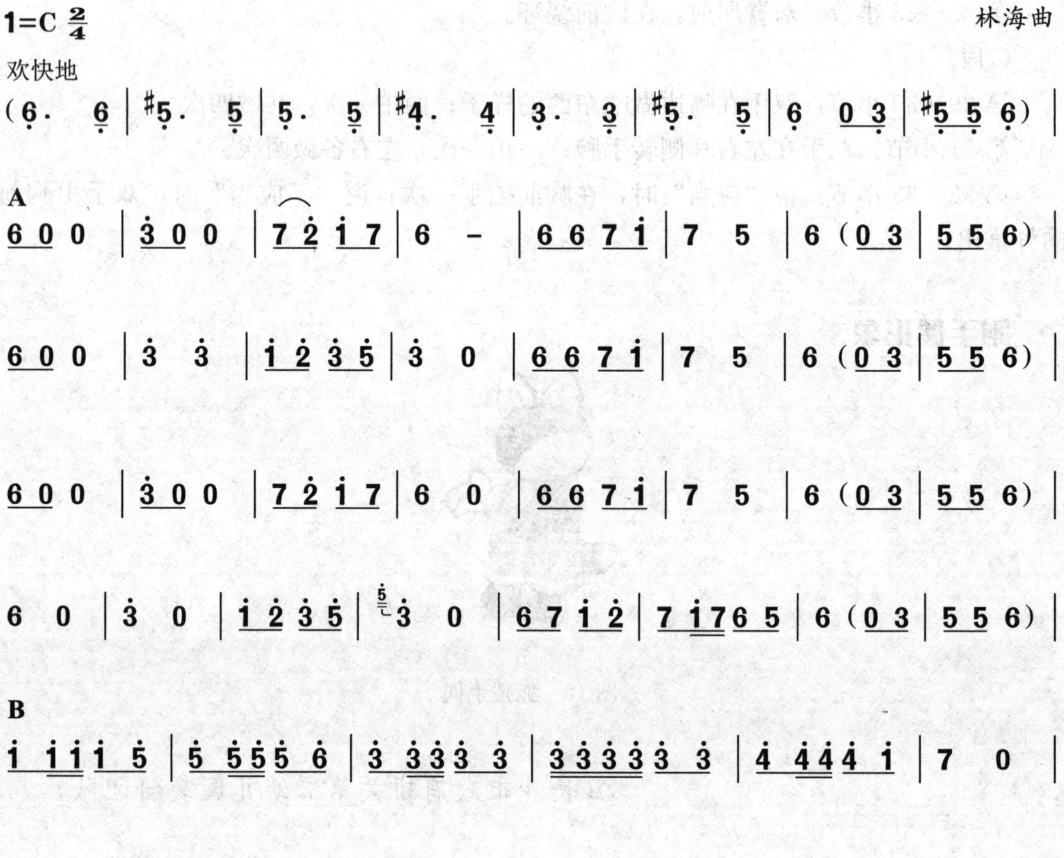

1=C $\frac{2}{4}$ 林海曲

欢快地

(6. 6 | #5. 5 | 5. 5 | #4. 4 | 3. 3 | #5. 5 | 6 03 | #556) |

A

600 | 300 | 7217 | 6 - | 6671 | 7 5 | 6 (03 | 556) |

600 | 3 3 | 1235 | 3 0 | 6671 | 7 5 | 6 (03 | 556) |

600 | 300 | 7217 | 6 0 | 6671 | 7 5 | 6 (03 | 556) |

6 0 | 3 0 | 1235 | 3 0 | 6712 | 717 65 | 6 (03 | 556) |

B

1 111 5 | 5 555 6 | 3 333 3 | 3333 3 3 | 4 444 1 | 7 0 |

3 333 7 | 6 0 | 4 #5 7 #2 | 3 1 7 6 | 7 0 3 3 | 3 0 ‖

活动分析

乐曲节选自《欢沁》，包含AB两个不同风格的乐段，并经剪辑，在两乐段中间增加了一声尖叫的声效，在游戏中起到提示幼儿的作用。教师设计了有趣的故事情境，引导幼儿听A段音乐做出用左、右手与同伴互相传递物品的动作，并在每个乐句的最后三拍做出藏物品的动作，听B段音乐掩饰自己的表情，与同伴互动游戏。通过活动，幼儿感受中国传统故事和音乐的独特魅力，乐于参与音乐游戏，体验集体游戏的快乐。

活动准备

自制芭蕉扇和宝盒道具各一个（芭蕉扇要能放进宝盒里），眼罩一个；每名幼儿的左手手腕上戴一个自制魔法手环。

活动过程

1. 听故事，进入活动主题

教师讲述故事。故事大意如下。

孙悟空、猪八戒和沙和尚一起，跟着唐僧去西天取经。这天，他们来到了一个非常炎热的地方，这个地方到处都是火，地面都是滚烫的，根本没有办法走路。这个地方就是火焰山。孙悟空听说铁扇公主有一把芭蕉扇，可以把火焰山的火扇灭，于是就去找铁扇公主借芭蕉扇。可是，铁扇公主不愿意把芭蕉扇借给孙悟空。孙悟空只好想办法，悄悄地把芭蕉扇拿了出来。为了不让铁扇公主发现，孙悟空想请小猴子们帮忙，把扇子传起来，这样铁扇公主来的时候，就不知道扇子在谁那儿啦！

教师：小猴子们，你们愿意帮助孙悟空吗？那我们要先学会传递的本领，才能帮助孙悟空传扇子哦！

2. 欣赏 A 段音乐，学习传递的动作

（1）学习准备的手势。

教师：你们看，每只小猴子的手上都戴了一个神奇的魔法手环，我说“定”，戴了魔法手环的这只手就要手心朝上定在腿上，不可以再动啦！另一只手手心朝下放在旁边。

（2）学习拍手的动作。

教师：现在请你们举起没有戴魔法手环的手，拍自己定住的手，再拍旁边小猴子的手。

教师：现在要提升难度了，没有戴魔法手环的手抬高一点，定在空中，继续练习拍自己、拍朋友的手。

（3）幼儿随着 A 段音乐游戏，教师注意指导、纠错。

（4）教师出示芭蕉扇和宝盒，讲解传递的游戏规则。

教师：这次，我们把“拍自己”的动作改为“拿宝盒”，把“拍朋友”的动作改为“把宝盒放在旁边小猴子的手上”。

3. 完整地欣赏音乐，玩游戏

（1）第一次欣赏完整的音乐，明确在什么时候做出藏盒子的动作。

教师和幼儿围坐成一个圈，扮演小猴子。圈内坐一个戴眼罩的人，扮演铁扇公主。

教师：这是谁来了？

教师：铁扇公主来的时候有什么声音？（脚步声，即 A 段每个乐句的最后三拍）那我们怎么办？怎么藏？

教师：只是拿盒子的小猴子藏吗？怎样才能让铁扇公主猜不出盒子在哪？（所有小猴子都要做藏的动作）我们在音乐的什么时候藏盒子呢？

（2）第二次欣赏完整的音乐，进行游戏。

教师讲解，帮助幼儿理解游戏规则：听到铁扇公主脚步声的时候，所有小猴子都要赶快把盒子藏起来，这时铁扇公主还不可以取下眼罩；听到尖叫声的时候，铁扇公主可以取下眼罩，观察小猴子们的表情；音乐结束之后，铁扇公主才可以猜扇子在谁的手里；铁扇公主有三次猜的机会。

配班教师扮演铁扇公主，执教教师坐在圈上，带领幼儿一起游戏。

（3）请藏盒子的幼儿扮演铁扇公主，循环游戏。

4. 讨论猜出盒子在哪里的方法，提高游戏水平

幼儿讨论，在教师的带领下总结：铁扇公主可以听盒子的声音，所以我们传的时候要尽量轻一点；还可以看表情，所以大家的表情都不能露出破绽；还可以通过数节拍的方法，猜出盒子藏在哪只小猴子的手里。

（西安市第二保育院　韦　娜）

猪八戒吃西瓜

乐曲

陶笛波尔卡

1=C $\frac{4}{4}$ $\frac{2}{4}$

苏义堡曲
魏俊燕改编

波尔卡速度

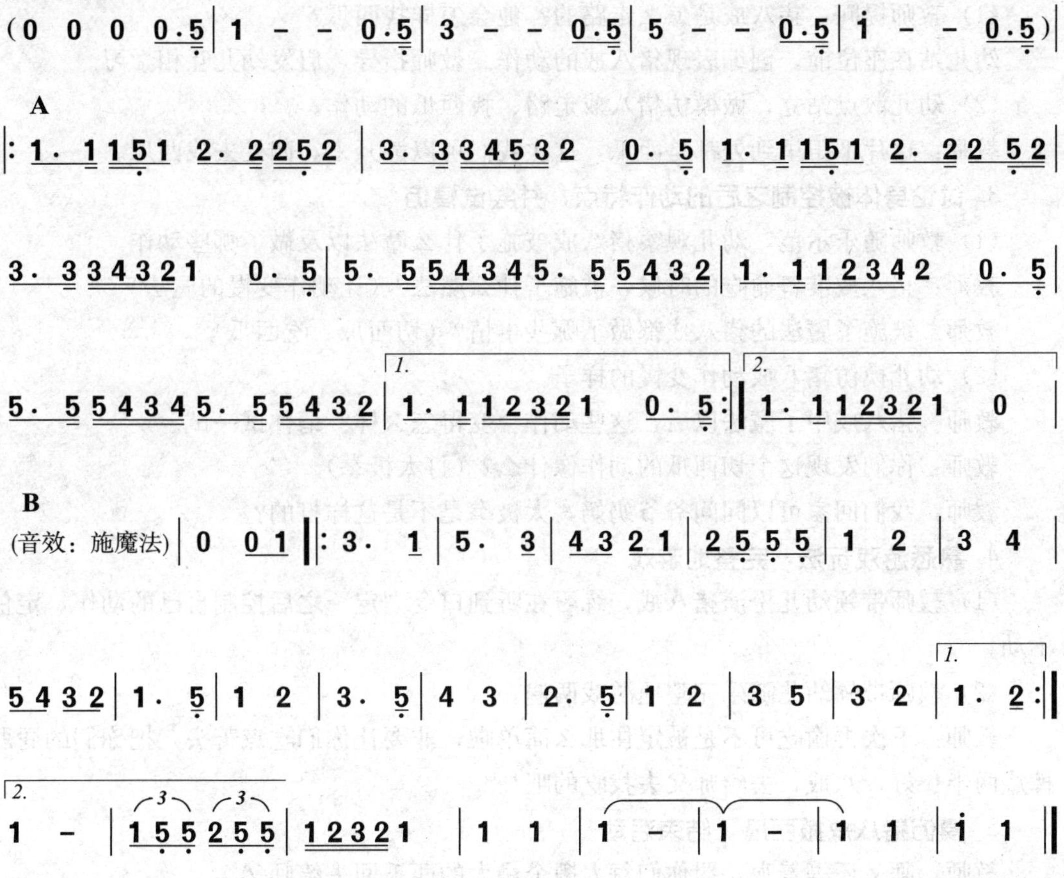

(0 0 0 0·5 | 1 – – 0·5 | 3 – – 0·5 | 5 – – 0·5 | 1 – – 0·5) |

A

|: 1· 1151 2· 2252 | 3· 334532 0· 5 | 1· 1151 2· 22 52 |

3· 334321 0· 5 | 5· 554345· 55432 | 1· 112342 0· 5 |

5· 554345· 55432 |1. 1· 112321 0· 5 :|2. 1· 112321 0 |

B

(音效：施魔法) | 0 01 |: 3· 1 | 5· 3 | 4321 | 2555 | 1 2 | 3 4 |

5432 | 1· 5 | 1 2 | 3· 5 | 4 3 | 2· 5 | 1 2 | 3 5 | 3 2 |1. 1· 2 :|

2. 1 – | 155 255 | 12321 | 1 1 | 1 – | 1 – | 1 1 | 1 1 ||

活动分析

《猪八戒吃西瓜》是幼儿很熟悉的故事，诙谐、有趣，情节极具戏剧性。乐曲欢快、愉悦，符合故事情绪。教师对乐曲进行剪辑，一方面在A段与B段之间加入孙悟空变魔法的音效，让幼儿更容易进入游戏情境，另一方面将B段音乐在原曲的速度基础上变慢，更加匹配故事情节。幼儿在活动中自由创编猪八戒走路、找西瓜的动作，并尝试用慢动作表现猪八戒被施魔法以后的样子，控制自己的身体动作，体验游戏的乐趣。

活动过程

1. 倾听故事，熟悉音乐和故事情节

教师讲述故事。故事大意如下。

这天，天气可真热呀，师徒四人走得又累又渴，唐僧就派孙悟空和猪八戒去找点解渴的西瓜。孙悟空一个筋斗云翻到了九霄云外，猪八戒扛着他的大钉耙走、走、走，好累呀，走、走、走，好渴呀。猪八戒终于找到了一个大西瓜，正要偷吃，正好被孙悟空用千里眼看到了。孙悟空施了个魔法，让猪八戒的动作一下子变慢了。猪八戒发现了孙悟空，刚想逃跑，就被孙悟空定住啦！

2. 听音乐观察学习，创编猪八戒走路、找西瓜的动作

(1) 教师提问：猪八戒是怎么走路的？他会怎样找西瓜？

幼儿站在座位前，创编表现猪八戒的动作。教师指导，启发幼儿互相学习。

(2) 幼儿散点站立，做模仿猪八戒走路、找西瓜的动作。

教师：这片瓜田里到处都是西瓜，这次我们可以散开来，四处去找西瓜。

3. 讨论身体被控制之后的动作特点，并尝试模仿

(1) 教师随乐示范，幼儿观察猪八戒被施了什么魔法以及做了哪些动作。

教师：猪八戒准备偷吃的时候，被施了什么魔法？（让动作变慢的魔法）

教师：被施了魔法的猪八戒都做了哪些事情？（切西瓜、吃西瓜）

(2) 幼儿模仿猪八戒动作变慢的样子。

教师：猪八戒中了魔法以后，这些动作会变得怎么样？请你试一试。

教师：你们发现这个切西瓜的动作像什么？（打太极拳）

教师：我们回家可以问问爷爷奶奶，太极拳是不是这样打的？

4. 熟悉游戏玩法，完整地游戏

(1) 教师带领幼儿扮演猪八戒，练习在听到口令“定”之后控制自己的动作，定住不动。

(2) 教师带领幼儿随乐完整地游戏两遍。

教师：下次再偷吃可不是被定住那么简单啦，非要让你们吃点苦头，把你们的屁股摔成两半！好，八戒，去给师父去找吃的吧！

5. 模仿猪八戒搬西瓜，结束活动

教师：师父还等着呢，罚你们每人搬个最大的西瓜回去给师父。

附动作建议

前奏

第 1～5 小节：准备。

A 段

第 6～7 小节：模仿猪八戒走路的样子。

第 8～9 小节：模仿猪八戒四处张望、找西瓜的动作，然后摊手表示没发现西瓜。

第 10～11 小节：动作同第 6～7 小节。

第 12～13 小节：动作同第 8～9 小节。

重复时，第 12～13 小节：高兴地发现一个大西瓜。

B 段

第 14～15 小节：猪八戒被施魔法，全身抖动。

第 16～19 小节：两臂缓慢地画圆，做从地上捧西瓜的动作，边捧边说“捧起大西瓜”。

第 20～23 小节：缓慢地做切西瓜的动作，边切边说“一切切两半”。

第 24～27 小节：缓慢地将左手凑向嘴巴，同时说“先吃这一半”。

第 28～31 小节：缓慢地将右手凑向嘴巴，同时说“再吃这一半”。

第 16～31 小节重复一遍，动作也重复一遍。

第 32～37 小节：原地缓慢地跑，模仿猪八戒逃跑却跑不动的样子。

第 38 小节：孙悟空说口令“定!”，猪八戒定住不动。

（南京市石杨路幼儿园　魏俊燕）

赵　州　桥

歌曲

小　放　牛

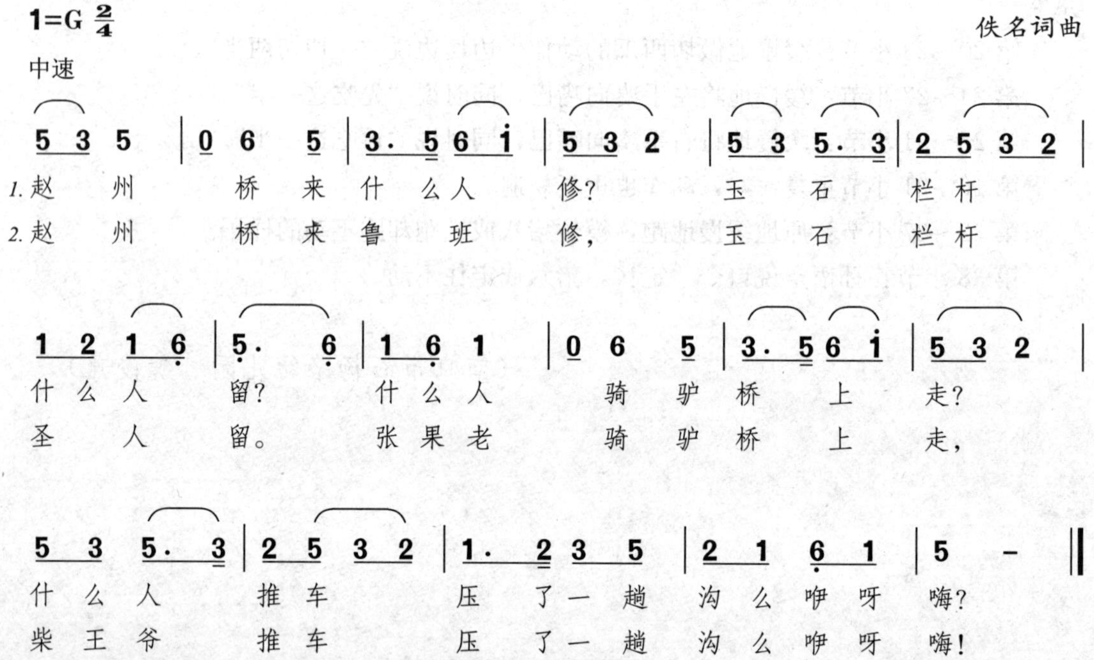

1=G $\frac{2}{4}$

佚名词曲

中速

5 3 5 | 0 6 5 | 3. 5 6 i | 5 3 2 | 5 3 5. 3 | 2 5 3 2 |

1. 赵 州 桥 来 什 么人 修？ 玉 石 栏 杆

2. 赵 州 桥 来 鲁 班 修， 玉 石 栏 杆

1 2 1 6 | 5. 6 | 1 6 1 | 0 6 5 | 3. 5 6 i | 5 3 2 |

什 么 人 留？ 什 么 人 骑 驴 桥 上 走？

圣 人 留。 张 果 老 骑 驴 桥 上 走，

5 3 5. 3 | 2 5 3 2 | 1. 2 3 5 | 2 1 6 1 | 5 - ‖

什 么 人 推 车 压 了一 趟 沟 么 咿 呀 嗨？

柴 王 爷 推 车 压 了一 趟 沟 么 咿 呀 嗨！

活动分析

《小放牛》是一首具有河北地方特色的歌曲，讲述的是关于赵州桥的民间传说。教师通过创设游戏化的情境，引导幼儿根据故事情节创编各种不同的桥的造型，并在语言和动作的提示下合作造桥、表现出八仙检查桥的各种不同动作特征，让幼儿在体验河北地方歌曲风格的同时，萌发出了解家乡名胜古迹的兴趣。

活动准备

八仙的图片；幼儿听过关于八仙的传说。

活动过程

1. 观察八仙的图片

（1）教师出示八仙的图片，请幼儿说一说他们是谁，有什么特点。

（2）教师做骑毛驴倒着走的动作，请幼儿猜猜自己模仿的是哪个神仙。然后，鼓励幼儿自愿上前，用动作表现八仙的特征。

• 你们怎么知道我模仿的是张果老呀？（骑毛驴、倒着走）

• 那你们会用动作表现其他几个神仙吗？

2. 随乐玩“搭桥”游戏

（1）教师一边讲述关于赵州桥的民间传说，一边做相应的动作。大意如下。

八仙听说凡间的人们在造桥，就从天上往下看。只见人们先打地基（拍腿），再筑桥柱（拍肩），忙得不亦乐乎！这样造桥结不结实呢？让我们一起来试试吧！

（2）教师带领幼儿尝试随着音乐做搭桥的动作。

（3）教师带领幼儿回顾：我们是在音乐的什么地方搭好桥的呢？通过再次听音乐，明确是在两段歌词之间的间奏处搭好桥。

（4）教师以“让桥更结实”为由，启发幼儿想出合作造桥的办法，并鼓励幼儿两人一组，坐在座位上随着音乐试一试。

（5）教师根据幼儿合作造桥的情况，有针对性地提问、指导。如：

• 刚才我们搭的都是矮矮的桥，怎样才能搭高高的桥呢？

• 我们一起把身后的“小栅栏”（即小椅子）搬走吧！

• 我们来搭一座和别人不一样的桥吧。准备，1，2，3，变！

• 嗯，这座桥很特别，还非常结实。我们再变一座不一样的桥吧！1，2，3，变！

（6）幼儿两人一组，跟着音乐完整地进行双人合作造桥的游戏。

3. 创编表现“八仙检查桥是否结实”的动作

（1）教师介绍游戏情境：我们造了这么多不一样的桥，八仙要来检查了。

教师：请你看一看是谁来了，他做了什么动作。

（2）教师扮演张果老，一边倒着走来检查，一边说：走走走走、看看看看，走走走走、看看看看，停住不动；走走走走、推推推推，走走走走、推推推推——嗯，这座桥还挺结实的。

幼儿根据动作特征，推断出教师模仿的是张果老。

（3）幼儿自由选择八仙中的一位，在教师的带领下，随着音乐自由创编表现他检查桥的动作。

（4）请一名幼儿自愿上前来和教师一起共同扮演张果老。其他幼儿两人一组，随歌曲的第一段合作造型，在音乐播放到间奏时，摆好桥的造型不动。随歌曲的第二段，两个张果老一起做动作，表现张果老检查桥的情景。

（5）教师请“小张果老”选出最结实的桥，搭出这座桥的两名幼儿即上前来，在下一次游戏中和教师一起扮演神仙。

4. 幼儿集体合作，共同搭一座大桥

（1）教师：小鲁班们，我们一起搭一座最坚固的桥好吗？这么多小鲁班，怎样搭出一座大桥呢？

（2）幼儿集体合作，搭好大桥后，教师扮演张果老，检查桥是否结实。教师对幼儿的表现给予肯定，并提出带幼儿去看一看真正的赵州桥的愿望。

（河北省军区国防幼儿园　史彩霞　李　晓）

开 酒 店

歌曲

开 酒 店

方 明 惠词
佚 名曲
方明惠改编曲

1=F $\frac{2}{4}$

中速

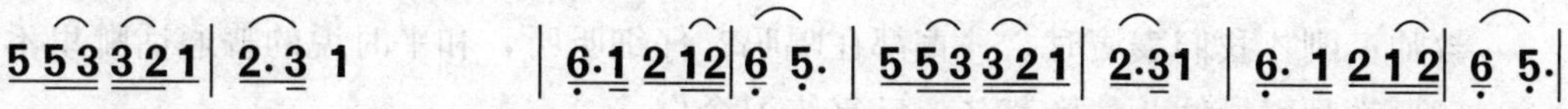

553321 | 2.3 1 | 6.1 212 | 6 5. | 553321 | 2.31 | 6.1 212 | 6 5. |

(大厨)我呀 是 大 厨 哟，(服务员)我是服务 员，(合)我俩 一 起 来 呀，开 个大酒 店。

(白)(合) 欢迎大家来做客！
(服务员) 请问你要点什么菜？
(顾客) ××菜。
(服务员) 师傅啊，顾客要点××菜。
(大厨) 哦，炒炒炒，炒好了！

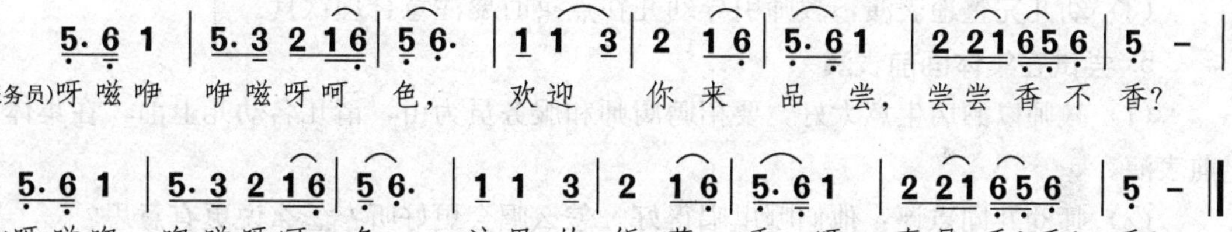

5.6 1 | 5.3 216 | 5 6. | 1 1 3 | 2 16 | 5.61 | 2 21656 | 5 - |

(服务员)呀 嗞 咿 咿 嗞 呀 呵 色， 欢 迎 你 来 品 尝，尝尝 香 不 香？

5.6 1 | 5.3 216 | 5 6. | 1 1 3 | 2 16 | 5.61 | 2 21656 | 5 - ‖

(合)呀 嗞 咿 咿 嗞 呀 呵 色， 这 里 的 饭 菜 香 呀，真 是 香！香！ 香！

活动分析

歌曲改编自黄梅戏，以贴近幼儿生活的“开酒店”为题材，把幼儿平时的角色游戏和日常的生活经验音乐化、戏剧化。活动中，教师通过提供简单的小道具，创设游戏情境，引导幼儿体验黄梅戏中特有的婉转唱腔和风趣对白，在点菜、互动表演等轻松有趣的环节中，享受传统戏曲的独有美感，架起一座生活与传统戏曲之间的兴趣之桥。

活动准备

适合幼儿穿戴的厨师帽若干、服务员的围裙若干。

活动过程

1. 欣赏黄梅戏表演

执教教师（厨师打扮）与两名配班教师（一名服务员打扮、一名顾客打扮）完整地表演，幼儿欣赏。

教师：我们刚才表演的是什么？

教师：黄梅戏是安徽的地方戏，受到国内外许多观众的喜爱，生活中的故事都可以用黄梅戏来表演。

2. 再次欣赏，熟悉并学习演唱

教师（带有黄梅戏的念白腔）：黄梅戏跟我们平时唱歌有什么不一样？黄梅戏真好听，我们一起来试试吧。

教师放慢速度演唱，适时反复，以降低难度。幼儿尝试跟唱。

3. 学习表演点菜、上菜等片段，了解并练习念白部分

（1）教师带领幼儿尝试模仿念白，并讨论黄梅戏念白的语言特色。

教师：刚才我们表演时，一直都在唱吗？仔细听听，和平时说的普通话哪里不同？

（2）教师引导幼儿替换菜名，反复练习念白。

教师：点菜时要注意什么？还可以点什么菜？

4. 学习表演短剧，体验黄梅戏表演的乐趣

（1）幼儿初步尝试演唱，教师注意速度的调整和体态的暗示。

（2）教师带领幼儿讨论短剧中各个角色的特点，并梳理总结：大厨最神气；服务员热情周到，微笑服务；顾客夸赞菜香时很高兴。

（3）幼儿完整地表演，教师引导幼儿在点菜时要注意合理饮食。

5. 尝试在集体面前表演

（1）教师以酒店生意太好，要招聘厨师和服务员为由，请几名幼儿上前，在集体面前表演。

（2）师幼共同点评：他们哪里唱得好？怎么唱会更好听？怎么说更有意思？

6. 分角色自主表演

（1）幼儿三人一组，自主分配角色，分别扮演大厨、服务员和顾客，进行表演。教师巡回指导，提醒幼儿注意角色间的交流。表演结束后，教师注意组织幼儿用反思性评价学习的方法，分析自己表演的情况，提出问题以及改进的建议。

（2）幼儿五六人一组，自主分配角色，尝试两三人共同扮演某一角色，进行表演。

活动延伸

1. 鼓励幼儿在表演区自由结伴表演。

2. 播放《打猪草》等适合幼儿欣赏的黄梅戏，引导幼儿欣赏，让幼儿更多地了解黄梅戏的唱腔及演员表演时的神态和体态动作，并模仿、学习。

（安徽省合肥市庐阳区教育体育局　方明惠；
安徽省合肥市宿州路幼儿园　张　静）

斗　逗　乐

歌曲

斗逗乐

1=A $\frac{4}{4}$ $\frac{2}{4}$
富有韵味地

方明慧、陈天竹词
方明慧、陈天竹改编曲
吴庆莉、陈天竹配器

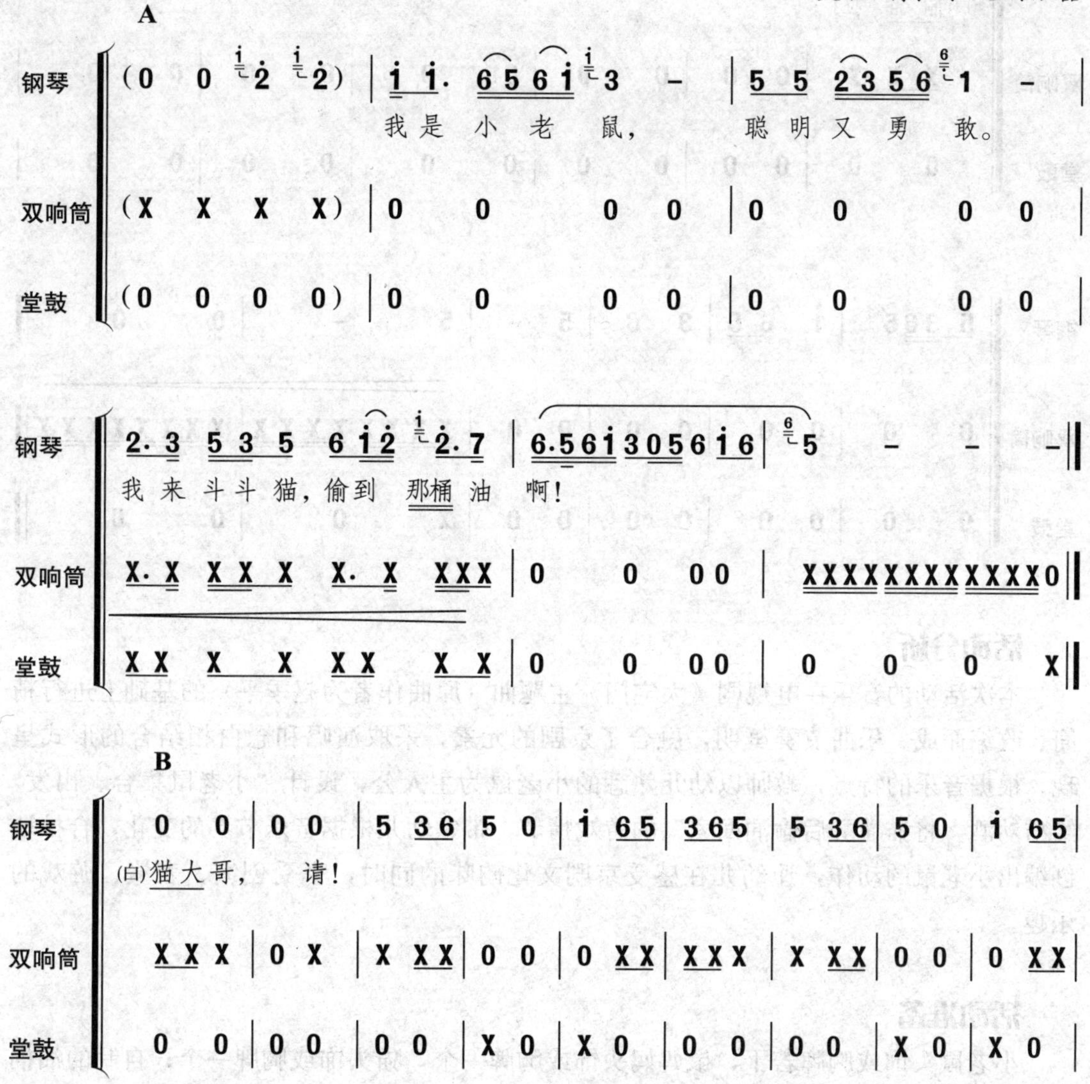

A

钢琴
我是小老鼠，聪明又勇敢。

双响筒

堂鼓

钢琴
我来斗斗猫，偷到那桶油啊！

双响筒

堂鼓

B

钢琴
(白)猫大哥，请！

双响筒

堂鼓

钢琴	3 6 5	5 3 6	5 0	1̇ –	6 5	3 –	6 –	5 –	5 – ‖
双响筒	X X X	X X X	0 0	0 0	X X	X –	X –	XXXXXXXX	XXXX0 ‖
堂鼓	0 0	0 0	X 0	X 0	0 0	0 0	0 0	0 0	0 X ‖

C

钢琴	0 0	0 0	5 365	1̇ 65365	5 365	1̇ 65365
	(白)偷 油 啦！					
双响筒	X X X	0 0	0 0	0 0	0 0	0 0
堂鼓	0 0	0 0	0 0	0 0	0 0	0 0

钢琴	5 365	1̇ 65	3 6	5 –	5 –	0 0 ‖
双响筒	0 0	0 0	0 0	0 0	XXXXXXXX	XXXXXXXX ‖
堂鼓	0 0	0 0	0 0	0 0	X 0	0 0 ‖

活动分析

本次活动的音乐在电视剧《大宅门》主题曲（原曲作者为赵季平）的基础上进行精简、改编而成。乐曲节奏鲜明，融合了京剧的元素，采取演唱和念白相结合的形式呈现。根据音乐的特点，教师以幼儿熟悉的小老鼠为主人公，设计“小老鼠集合、出发，给猫劝酒，将猫灌醉后偷油回家”的游戏情节，带领幼儿根据音乐节奏的变化，合拍地创编出小老鼠的动作，让幼儿在感受京剧文化韵味的同时，享受创编、表演、游戏的乐趣。

活动准备

小老鼠头饰或胸牌若干，鼠妈妈头饰或胸牌一个，猫头饰或胸牌一个；自制的油桶道具三个；堂鼓、双响筒各一个。

活动过程

1. 导入，初步学唱歌曲中的京剧唱腔

（1）教师介绍游戏名称并演唱A段音乐中小老鼠的唱段，请幼儿倾听：我们今天来玩一个“猫鼠斗逗乐”的游戏，游戏中小老鼠有一段非常有趣的唱腔，听——

（2）教师引导幼儿讨论：你觉得这段唱腔中什么地方最有趣？

（3）根据幼儿的讨论，教师再次范唱。

（4）教师鼓励幼儿跟唱小老鼠的唱段，并提出演唱要求：要神气，像唱戏一样。

2. 完整地欣赏游戏音乐

教师播放完整的音乐，请幼儿倾听：小老鼠是怎么斗猫的呢？下面这段音乐说的就是小老鼠请猫喝酒、偷油的故事。

3. 欣赏A段音乐，创编小老鼠集合、出发的动作

（1）教师播放A段音乐，启发幼儿思考：小老鼠想要偷到油，先要做什么？

（2）教师用堂鼓和双响筒奏出“咚——哒哒哒哒”的节奏，启发幼儿想象：小老鼠在做什么？然后，带领幼儿模仿小老鼠集合、出发的样子。

4. 欣赏B段音乐，了解小老鼠斗猫、劝酒的情节，创编相应的动作

（1）教师播放B段音乐，提出以下问题，帮助幼儿理解音乐情节：到了油桶那儿，小老鼠对猫说了什么？（猫大哥，请！）它们要请猫做什么呢？（喝酒）

（2）教师鼓励幼儿跟着音乐自由地模仿小老鼠做一做倒酒、劝酒的动作：在音乐的什么位置把酒倒好？在音乐的什么位置劝猫喝？是怎么劝的？谁来学一学？

（3）教师与幼儿一起随音乐练习。

（4）教师引导幼儿进一步明确游戏动作：我们跟着音乐一起倒酒、劝酒，数数倒了几次？（倒了三次）我们再来试试。

5. 随A段和B段音乐游戏

（1）教师和幼儿一起梳理游戏情节：小老鼠先神气地唱歌，然后集合，一起出发，给猫倒酒、劝它喝酒。

教师：我们一起玩玩吧！

（2）教师带领幼儿随A段和B段音乐游戏两三遍。

教师注意指导幼儿的动作与音乐合拍，在休止时控制身体不动，在游戏中学会倾听音乐、感受节奏的变化，知道什么时候停、什么时候动。

6. 欣赏C段音乐，了解小老鼠偷油、回家的情节，创编相应的动作

（1）教师播放C段音乐，请几名幼儿自愿上来，跟教师一起扮演小老鼠，尝试偷油。

（2）教师带领幼儿梳理动作，将动作与音乐匹配：刚才我们是听到什么声音后去偷油的？我们是怎么吃油的？吃饱了是什么样子？什么声音提醒我们要回家了？

（3）教师带领幼儿集体练习偷油、回家的动作。练习前，教师可引导幼儿讨论，提醒幼儿：仓库里有三个油桶，我们这么多小老鼠一起去，要注意不要挤在一起，可以分散开，去不同的油桶里偷油吃。

7. 完整游戏

（1）教师与幼儿一起演唱 A 段小老鼠的唱词，并回顾游戏情节和音乐结构。

教师：小老鼠们，我们完整地练练斗猫、偷油的本领。

教师：注意要唱得神气，还要听音乐！

教师：小老鼠们，每次行动前都会有什么声音提示我们？

（2）教师带领幼儿随完整的音乐游戏。

教师：这次我们真的要斗猫了，看你们能不能偷到油。瞧！（配班教师扮演猫出场）

配班教师扮演猫，执教教师扮演鼠妈妈，幼儿扮演小老鼠，完整游戏两三遍。在音乐快结束时，鼠妈妈说："哎呀，我的头好晕！宝贝们，快过来，我们喝的油有问题，是……"猫说："你们喝的是酒，哈哈！跟我走吧！"鼠妈妈说："唉呀，我们上当了！小老鼠们别害怕，赶紧回家，我们下次再来！"

教师可根据幼儿游戏的情况，用游戏口吻提醒幼儿遵守规则。

活动延伸

当幼儿能较好地随乐游戏后，可增加游戏的难度，如：变化猫醉倒的姿势或位置，以增加小老鼠进出仓库的难度；在小老鼠偷油时，提高动作与音乐契合的要求，要求小老鼠先看看猫，再吃油；等等。

（安徽省合肥市庐阳区教育体育局　方明惠；
安徽省合肥市双岗幼儿园　阎　艳）

江 南

歌曲

江 南

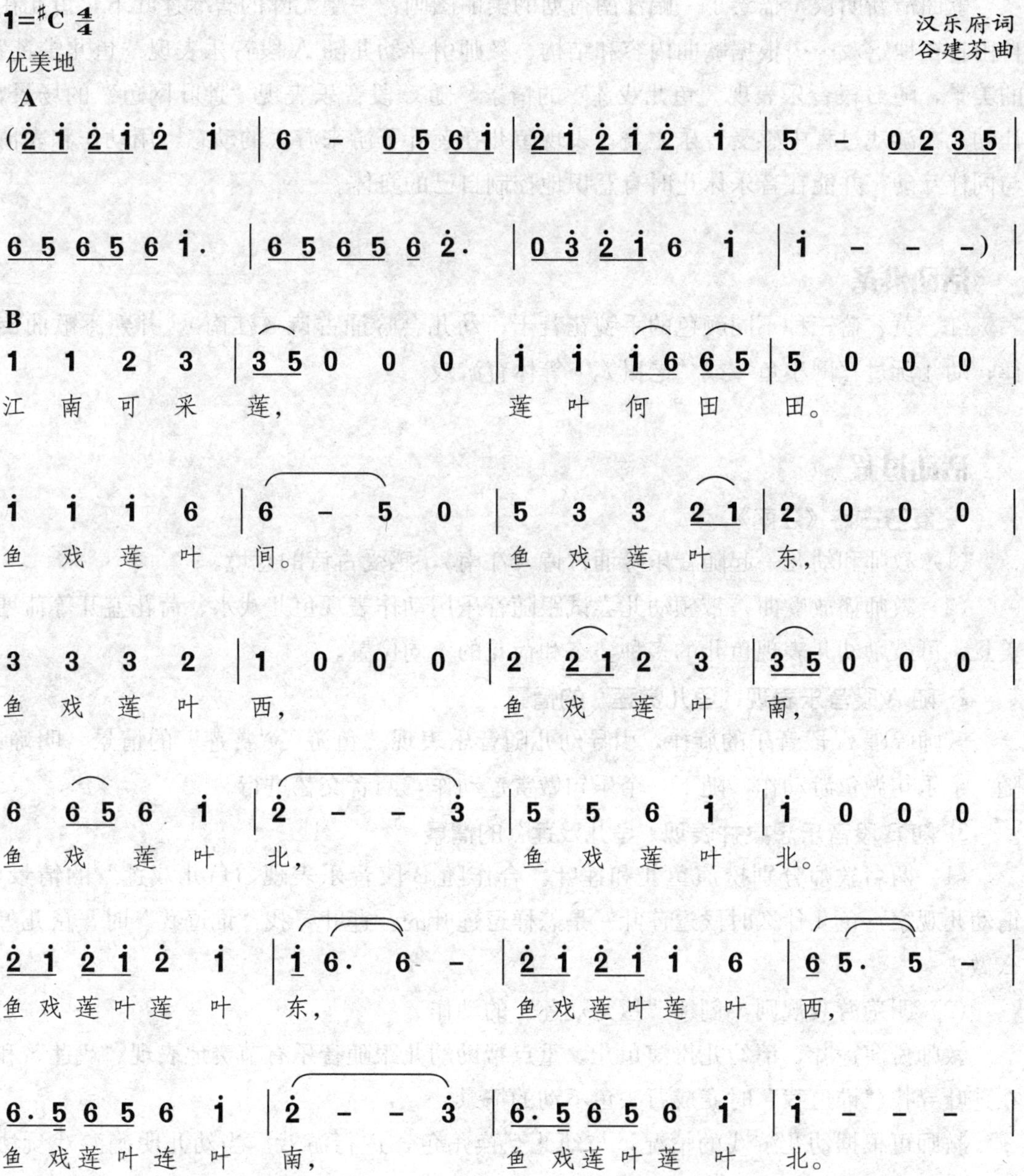

1=♯C 4/4
优美地

汉乐府词
谷建芬曲

A

(2 1 2 1 2 i | 6 - 0 5 6 i | 2 1 2 1 2 i | 5 - 0 2 3 5 |

6 5 6 5 6 i. | 6 5 6 5 6 2. | 0 3 2 i 6 i | i - - -) |

B

1 1 2 3 | 3 5 0 0 0 | i i i 6 6 5 | 5 0 0 0 |
江 南 可 采 莲， 莲 叶 何 田 田。

i i i 6 | 6 - 5 0 | 5 3 3 2 1 | 2 0 0 0 |
鱼 戏 莲 叶 间。 鱼 戏 莲 叶 东，

3 3 3 2 | 1 0 0 0 | 2 2 1 2 3 | 3 5 0 0 0 |
鱼 戏 莲 叶 西， 鱼 戏 莲 叶 南，

6 6 5 6 i | 2 - - 3 | 5 5 6 i | i 0 0 0 |
鱼 戏 莲 叶 北， 鱼 戏 莲 叶 北。

2 i 2 i 2 i | i 6. 6 - | 2 i 2 i i 6 | 6 5. 5 - |
鱼戏莲叶莲 叶 东， 鱼戏莲叶莲 叶 西，

6. 5 6 5 6 i | 2 - - 3 | 6. 5 6 5 6 i | i - - - |
鱼戏莲叶连 叶 南， 鱼戏莲叶莲 叶 北。

C

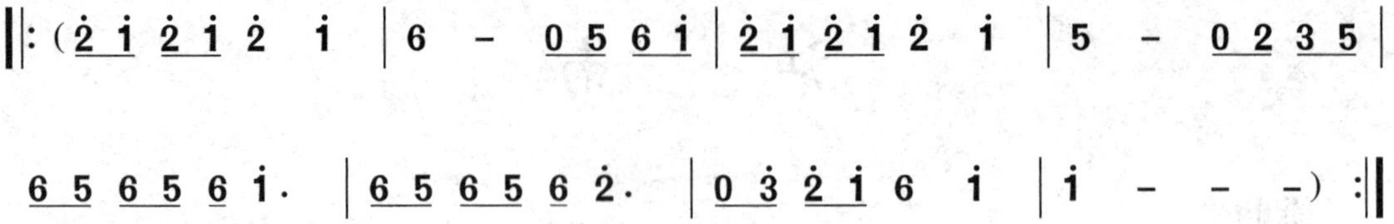

‖: (2̇ 1̇ 2̇ 1̇ 2̇ 1̇ | 6 - 0 5 6 1̇ | 2̇ 1̇ 2̇ 1̇ 2̇ 1̇ | 5 - 0 2 3 5 |

6 5 6 5 6 1̇· | 6 5 6 5 6 2̇· | 0 3̇ 2̇ 1̇ 6 1̇ | 1̇ - - -) :‖

活动分析

歌曲清新明快，描绘了一幅江南荷塘的美丽图画：一望无际的碧绿莲叶下，鱼儿在自由自在地嬉戏……根据歌曲内容和结构，教师引导幼儿随A段音乐表现“鱼儿赏莲”的美景，随B段音乐表现“鱼儿戏莲”的情景，随C段音乐表现“莲叶网鱼”的场景，让幼儿在游戏过程中感受音乐之美，表现鱼儿在莲叶下游来游去的动态，用动作和表情与同伴互动，并能在音乐休止时有意识地控制自己的身体。

活动准备

红、黄、蓝三种不同颜色的手腕花若干；幼儿会吟诵古诗《江南》，并熟悉歌曲旋律；幼儿玩过“网小鱼”或“老鼠笼”等体育游戏。

活动过程

1. 复习古诗《江南》

（1）教师和幼儿一起随音乐吟诵古诗《江南》，感受古诗的意境。

（2）教师播放歌曲，带领幼儿尝试跟随音乐用动作表现鱼儿戏水、荷花盛开等荷塘美景，可鼓励幼儿表现鱼儿的多种姿态和荷花的不同位置。

2. 随A段音乐表现“鱼儿赏莲”的情景

教师哼唱A段音乐的旋律，引导幼儿随音乐表现“鱼游”“赏莲”的情景，明确：随一个乐句做鱼游动作，随下一个乐句做赏莲动作，两者交替进行。

3. 随B段音乐想象并表现“鱼儿戏莲”的情景

（1）两名教师分别扮演鱼儿和莲叶，合作随B段音乐表现“鱼儿戏莲”的情景，请幼儿观察：鱼儿什么时候逗莲叶？是怎样逗莲叶的？莲叶寻找“谁逗我”时，鱼儿怎么做？

（2）明确游戏规则，创编“鱼儿戏莲”的动作。

教师扮演莲叶，请幼儿扮演鱼儿，重点帮助幼儿跟随音乐有节奏地表现“戏莲”和在莲叶寻找“谁逗我”时变成石头鱼不动的情景。

教师可根据幼儿游戏的情况，与幼儿互换角色，进行游戏。当幼儿明确游戏玩法后，也可自由结伴进行游戏。

4. 分角色随乐游戏

（1）幼儿佩戴红、黄或蓝色的手腕花，围成单圈坐下。教师请戴红色手腕花的幼儿扮演小红鱼，随音乐在圈内游来游去。其他幼儿围坐在圈上，扮演莲叶。随A段音乐，鱼儿一边游一边找莲叶，“赏莲”时要停在一片莲叶面前，莲叶做开花的样子，表示开出一朵荷花。随B段音乐，莲叶用双手蒙住眼睛，鱼儿自由地“戏莲”；当莲叶睁眼寻找“谁逗我”时，鱼儿变身石头鱼，控制身体不动。

（2）教师轮流请戴黄色或蓝色手腕花的幼儿扮演小黄鱼或小蓝鱼，其他幼儿扮演莲叶，随乐游戏三四遍。

5. 随C段音乐表现“莲叶网鱼”的场景

（1）教师带领幼儿迁移“网小鱼”或“老鼠笼”的游戏经验，引导幼儿明确随C段音乐游戏的玩法：莲叶们手拉手变成一张大大的渔网，当莲叶们站起来、双臂上举时，鱼儿们可以在渔网内外游来游去；当莲叶们蹲下、双手放下时，留在渔网中的小鱼即被网住了，其他的鱼儿也不能再游动。

（2）教师带领幼儿随音乐反复游戏一两遍。

6. 随完整的音乐游戏

（1）教师播放完整的音乐，幼儿随乐游戏。教师重点关注幼儿在游戏中的安全，并指导幼儿听音乐、合拍地游戏。

（2）在一遍音乐结束前，教师可说出预令“小×鱼回去，小×鱼出来”，让幼儿交换角色，体验循环游戏的乐趣。

活动延伸

1. 散点结伴游戏。幼儿散点站立，两两结伴，一人扮鱼儿，一人扮莲叶，随音乐游戏。教师可帮助幼儿进一步丰富“鱼儿赏莲”“鱼儿戏莲”的动作。

2. 双圈结伴游戏。幼儿站成双圈，内、外圈的幼儿分别扮演鱼儿和莲叶，随音乐游戏。

附动作建议

A段（鱼儿赏莲）

第1～2小节：鱼儿游来游去，莲叶静止。

第3～4小节：鱼儿赏莲，莲叶开出荷花。

第5～6小节：同第1～2小节。

第7～8小节：同第3～4小节。

B段（鱼儿戏莲）

第9小节：莲叶用手蒙住双眼，鱼儿自由做“戏莲”的动作。

第10小节：莲叶做寻找的样子，鱼儿变成石头鱼，保持动作不动。

第 11～32 小节：以每两个小节为单位，重复第 9～10 小节的动作。

C 段（莲叶网鱼）

第 33～39 小节：莲叶围圈站立，双手举起，鱼儿自由游动。

第 40 小节：莲叶蹲下，双手同时放下，鱼儿定住不动。

（南京市石鼓路小学附属幼儿园　江思敏）

舞 狮

乐曲

娱乐升平(片段)

1=C 2/4 丘鹤俦曲

小行板

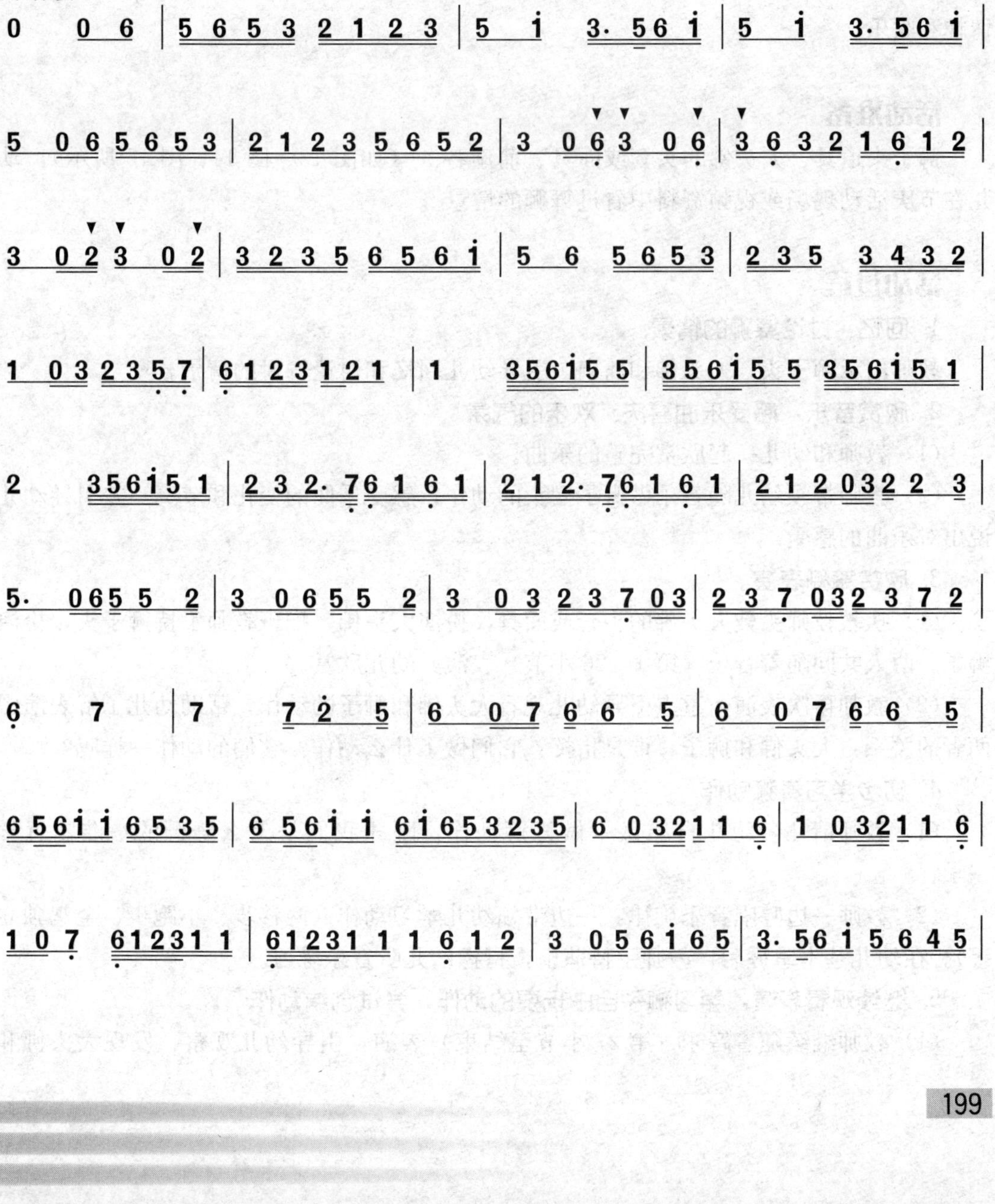

0 0 6 | 5 6 5 3 2 1 2 3 | 5 1̇ 3· 5 6 1̇ | 5 1̇ 3· 5 6 1̇ |

5 0 6 5 6 5 3 | 2 1 2 3 5 6 5 2 | 3 0 6 3 0 6 | 3 6 3 2 1 6 1 2 |

3 0 2 3 0 2 | 3 2 3 5 6 5 6 1̇ | 5 6 5 6 5 3 | 2 3 5 3 4 3 2 |

1 0 3 2 3 5 7 | 6 1 2 3 1 2 1 | 1 3 5 6 1̇ 5 5 | 3 5 6 1̇ 5 5 3 5 6 1̇ 5 1 |

2 3 5 6 1̇ 5 1 | 2 3 2· 7 6 1 6 1 | 2 1 2· 7 6 1 6 1 | 2 1 2 0 3 2 2 3 |

5· 0 6 5 5 2 | 3 0 6 5 5 2 | 3 0 3 2 3 7 0 3 | 2 3 7 0 3 2 3 7 2 |

6 7 | 7 7 2̇ 5 | 6 0 7 6 6 5 | 6 0 7 6 6 5 |

6 5 6 1̇ 1̇ 6 5 3 5 | 6 5 6 1̇ 1̇ 6 1̇ 6 5 3 2 3 5 | 6 0 3 2 1 1 6 | 1 0 3 2 1 1 6 |

1 0 7 6 1 2 3 1 1 | 6 1 2 3 1 1 1 6 1 2 | 3 0 5 6 1̇ 6 5 | 3· 5 6 1̇ 5 6 4 5 |

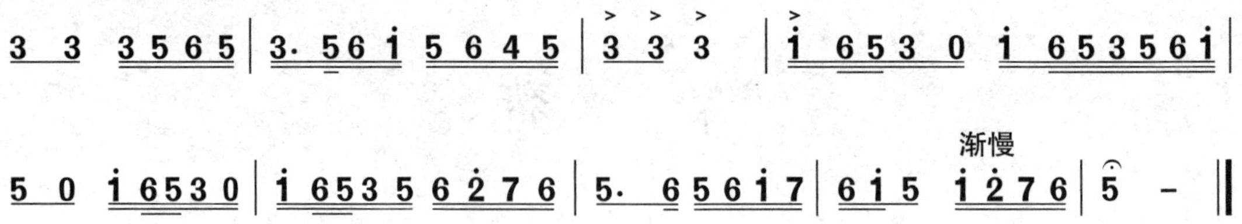

3 3 3565 | 3· 56 1̇ 5645 | 3 3 3 | 1̇ 653 0 1̇ 65356 1̇ |

渐慢

5 0 1̇ 6530 | 1̇ 6535 6 2̇ 76 | 5· 656 1̇ 7 | 6 1̇ 5 1̇ 2̇ 76 | 5 - ‖

活动分析

《娱乐升平》的旋律流畅动听，欢快活泼，具有一种乐观向上的情绪色彩。活动中，幼儿欣赏舞狮，通过讨论和模仿，初步学习简单的舞狮动作，感受和表现乐曲的喜庆气氛。在蒲扇的指挥下，幼儿跟随音乐进行律动表演，并尝试创编狮子自娱自乐、与同伴互相逗乐的动作。在理解音乐的基础上，幼儿合作游戏，体验大头佛和狮子互相逗乐的情趣和欢乐。

活动准备

狮子头道具、大头佛的头套或面具、蒲扇各一（如图 13、图 14、图 15 所示）；幼儿在节庆活动现场或视频资料中看过舞狮的情景。

活动过程

1. 回忆、讨论舞狮的情景

教师出示狮子头、大头佛和蒲扇，引导幼儿回忆和讨论舞狮的情景。

2. 欣赏音乐，感受乐曲喜庆、欢乐的气氛

（1）教师和幼儿一起欣赏完整的乐曲。

（2）教师带领幼儿随音乐做狮子摆头的动作，感受乐曲的变化和节奏，并引导幼儿说出对乐曲的感受。

3. 欣赏舞狮表演

（1）执教教师头戴大头佛的头套或面具，扮演大头佛，配班教师手持狮子头，扮演狮子。两人共同随着音乐（第 1～26 小节）表演，幼儿欣赏。

（2）教师再次表演，重点引导幼儿观看大头佛和狮子的动作，帮助幼儿了解表演中两者的关系：大头佛和狮子，谁是指挥？它们做了什么动作？它们的动作一样吗？

4. 初步学习舞狮动作

（1）教师请几名幼儿自愿做一做舞狮动作：刚才我们是怎么舞狮的？谁愿意学一学？

（2）教师一边哼唱音乐旋律，一边带领幼儿学习动作（两移步、小跑步、金鸡独立等）。在幼儿基本掌握后，教师手持蒲扇，指挥幼儿听音乐练习。

5. 继续观看表演，学习狮子自由玩耍的动作，尝试创编动作

（1）教师继续随着音乐（第 27 小节至结束）表演，引导幼儿观察、发现大头佛和

狮子的动作不一样了——大头佛在看、逗狮子；狮子在玩耍。

（2）教师请幼儿说一说：刚才狮子是怎么玩耍的？请幼儿学着做一做。在此基础上，鼓励幼儿创编狮子自由玩耍的动作，如抓痒、翻滚、蹬脚、吃东西、摇头摆尾、与同伴嬉戏等。

6. 随音乐完整地表演

（1）教师手持蒲扇，扮演大头佛。幼儿徒手模仿手持狮子头的动作，看大头佛的指挥，完整地随乐练习一两次。

（2）教师根据幼儿练习的情况，指导幼儿合拍地表演。当发现有幼儿做出富有创意的动作时，可请其展示给大家看，鼓励幼儿大胆创编动作。

（3）教师戴上大头佛面具或头套，手持蒲扇，扮演大头佛。幼儿手持狮子头，扮演狮子，在教师的带领下随乐表演。

活动延伸

1. 由一名幼儿扮演大头佛，其他幼儿扮演狮子，进行游戏。大头佛可以自创叫醒狮子的动作。

2. 幼儿两人合作，一人扮演大头佛，一人扮演狮子进行游戏。

3. 教师和幼儿商定好一些指令性动作的含义，如：蒲扇由上向下拍，狮子就要蹲下或躺下；蒲扇由下向上挥，狮子就要站起来或跳起来；蒲扇绕一个圈，狮子就可以自由玩耍；等等。然后，由教师扮演大头佛当指挥，幼儿扮演狮子，进行游戏。大头佛随意在不同的乐句变换指挥动作，狮子做出相应的反应。

附动作建议

准备动作：狮子随意躺在地上睡觉。

第 1～14 小节：大头佛用蒲扇把狮子叫醒；狮子被叫醒后，随意做摇头、摆尾、眨眼、梳胡子、洗脸等动作，一拍一下。

第 15～18 小节：第一拍，立正站好；第二拍至第七拍做金鸡独立动作，即每拍的前半拍双手曲臂，举起狮子头，左脚向左侧迈出一步，落地后半蹲，后半拍双手向上高举，右脚提起，用左脚单脚站立，两侧交替进行；第八拍做两移步动作，即两脚分开与肩同宽，稍微屈膝，身体前倾，左右脚交替前移。

第 19～20 小节：前三拍继续做两移步动作；第四拍做跃步动作，即双手曲臂，举起狮子头，双脚分开向左跳起，轻轻落地。

第 21～22 小节：继续做跃步动作，每拍一步，左右交替进行。

第 23 小节：前一拍继续做跃步动作；从后一拍开始，双手高举狮子头，左右脚交替向前跑。

第 24 小节：继续高举狮子头，左右脚交替向前跑。

第 25 小节：前一拍继续高举狮子头，左右脚交替向前跑；从后一拍开始，双脚踮起，两臂伸直，高举狮子头并不停颤动。

第 26 小节：继续踮脚、伸臂，高举狮子头并不停颤动。

（第 15～26 小节，大头佛和狮子的动作一样）

第 27～42 小节：大头佛手持蒲扇在空中平绕一圈后，狮子自由做动作，大头佛随意走动，观看狮子表演。

第 43～44 小节：狮子做想睡觉的样子。

第 45 小节：狮子躺在地上，摆好造型，做睡着的样子。

附道具形象

图 13　狮子头

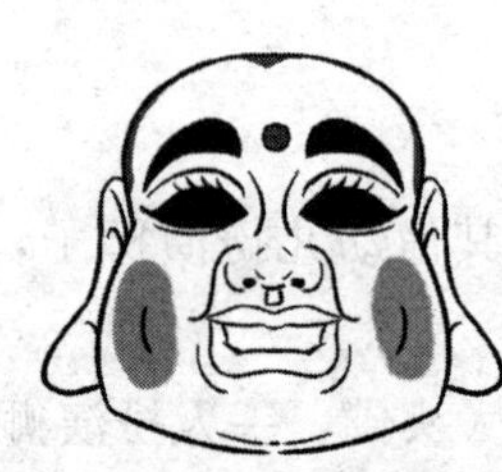

图 14　大头佛

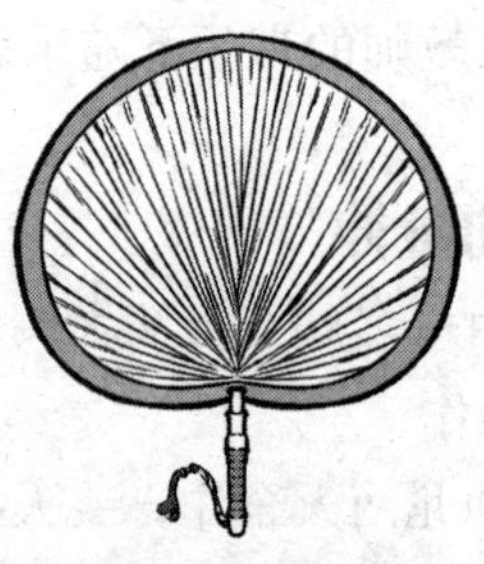

图 15　蒲扇

（广州市花都区第一幼儿园　王燕玲）

抢 板 凳

乐曲

抢 板 凳

欢快地　　　　戴世春、夏永红、赵桂兰曲

A

(扎 扎 | 扎 扎) ‖: 匡. 个令 丁 | 匡. 个令 丁 | 匡. 个令 丁 | 匡 0 |

匡. 个令 丁 | 匡. 个令 丁 | 匡. 个令 丁 | 匡 0 :‖

B

‖: 匡 令 匡 令 | 匡 令 匡 令 :‖ 匡 令 匡 令 | 匡 令 匡 令 | 匡 匡 衣 令 | 匡 0 |

C

‖: 匡 令 匡 令 | 匡 0 | 0 匡令 衣 令 | 匡 0 :‖ 匡 令 匡 令 | 匡 0 |

0 匡令 衣 令 | 匡 0 | 匡. 个令 丁 | 匡. 个令 丁 | 匡 匡 衣 令 | 衣令 匡 ‖

活动分析

花鼓灯作为淮河流域千百年流传下来的民间艺术瑰宝，具有独特的艺术风格，讲究收与放、动与静的巧妙结合，动作的节奏性强，且富有变化。教师将著名的花鼓灯舞蹈片段《抢板凳》与传统游戏“抢椅子”结合，设计出具有浓厚花鼓灯特色的韵律活动，带领幼儿初步感知花鼓灯音乐的艺术特点，并尝试随花鼓灯的音乐节奏做相应的动作，充分感受家乡本土文化的魅力。

活动准备

花鼓灯视频两段（其中一段为经典花鼓灯舞蹈表演片段《抢板凳》）；教学图谱（图16）；扇子（人手一把）；长板凳两条。

活动过程

1. 了解花鼓灯

（1）教师介绍花鼓灯——

在我们安徽，美丽的淮河岸边，许多人会跳一种舞蹈。每当遇到高兴的事情，大家就会跳起这种舞来。这种舞蹈在许多比赛中获得了大奖，还走进了人民大会堂，为国家领导人和外国友人表演呢！

（2）教师边哼唱锣鼓节奏，边手持扇子表演一小段花鼓灯舞蹈。然后请幼儿说一说：谁见过这种舞蹈？你知道它叫什么名字吗？

2. 欣赏花鼓灯视频，初步感受花鼓灯的艺术特点

（1）教师播放花鼓灯视频，和幼儿一起欣赏。

（2）教师提问，带领幼儿讨论花鼓灯的舞蹈动作和音乐特点。

• 视频里的小朋友是怎么跳舞的？谁愿意学一学？

• 花鼓灯的音乐和我们平时听的音乐有什么不一样？

（3）教师根据幼儿的回答小结：这就是我们安徽的花鼓灯，特别喜庆热闹，它的音乐主要是由锣、鼓、镲等乐器演奏出来的，我们一起来听一听。

3. 结合图谱，感受锣鼓节奏

教师出示图谱，并播放花鼓灯的锣鼓音乐，边听边指图谱，带领幼儿完整地欣赏音乐。在指到图谱中的扇子、脚印、板凳等图案时，教师可分别做打开扇子、碎步走、坐在板凳上有节奏地挪动等动作，为接下来幼儿随音乐做动作做好铺垫。

4. 理解图谱，将图谱与音乐、动作对应

（1）教师指图谱，帮助幼儿理解：第一行的四个点是做什么的？（提醒我们：要做好准备了）

（2）教师指图谱第二行、第三行，帮助幼儿理解其与音乐 A 段的关系，并熟悉相应的动作。

• 这就是我们花鼓灯里的小花鼓。有几个小花鼓？（三个小花鼓，代表三个锣鼓点）

• 三个锣鼓点以后，扇子怎么样？（打开）

幼儿回答后，教师边指图谱第二行、第三行，边哼唱音乐 A 段，在指到花鼓图案时点节奏，指到扇子图案时打开扇子，帮助幼儿理解 A 段图谱，熟悉 A 段动作。

（3）教师指图谱第四行，提问：

• 这一串小脚丫是什么意思？（让小脚走起来）

• 这个板凳呢？（坐下来）

幼儿回答后，教师边指图谱第四行，边哼唱音乐 B 段，并随着锣鼓节奏做碎步走的动作，并在指到第四行末的板凳图案时，坐下来。

（4）教师边指图谱第五行，边哼唱音乐 C 段，并随着锣鼓节奏做动作。帮助幼儿明确：坐下来以后，按照锣鼓点的节奏，小屁股动起来；听到最后一个锣鼓点的时候，坐在板凳上，不动了。

5. 尝试跟随锣鼓节奏做动作

（1）教师哼唱音乐 A 段，带领幼儿根据锣鼓节奏，在每个乐句的最后一个鼓点上，打开扇子。

（2）教师引导幼儿在打开扇子时，做出不同的亮相动作。

（3）教师哼唱音乐B段和C段，带领幼儿跟随节奏，做小碎步走的动作，并在B段音乐结束时，坐回座位，然后随C段音乐，原地做有节奏地挪屁股的动作。

（4）幼儿围成圈，在教师的带领下，随哼唱的锣鼓节奏完整地做动作。

6. 游戏：抢板凳

（1）教师播放经典花鼓灯舞蹈表演片段《抢板凳》，和幼儿一起观看，然后请幼儿说一说：这个游戏，和我们以前玩的“抢椅子”游戏，有什么不一样？

（2）教师根据幼儿的回答，梳理游戏玩法，重点讲解随音乐的节奏怎样做动作，明确游戏规则：所有人并排坐在长板凳上，随着锣鼓节奏一下一下地往同一个方向“挤”（挪），从板凳的一头被“挤”下去以后，要迅速绕过板凳，坐到队尾，接着向前“挤”；当锣鼓节奏停止时，坐在板凳最前面的幼儿即为“板凳王”。

（3）幼儿在教师的带领下，随乐玩游戏。

（4）教师根据幼儿的游戏情况，提出安全游戏的要求，并提醒幼儿：在玩游戏时，不仅要仔细地听音乐，还要遵守游戏规则。

（5）教师宣布：“花鼓灯杯”抢板凳大赛马上就要开始了，我们要好好练习，参加比赛。鼓励幼儿在没有教师带领的情况下，再次完整地玩游戏。

附动作建议

前奏：幼儿右手持扇，站在圈上，做好准备。

A段：每个乐句的前三个小节，做花鼓灯舞蹈中风摆柳的动作，沿逆时针方向前进；第四个小节，打开扇子，自由亮相；每四个小节为一个乐句，共四个乐句，做四个不同的亮相动作。

B段：手持扇子，做小碎步前进；在最后一小节处，分成两组分别在两条长板凳的前面站定。

C段：并排坐在长板凳上，随着锣鼓节奏玩“抢板凳”的游戏。

附图谱

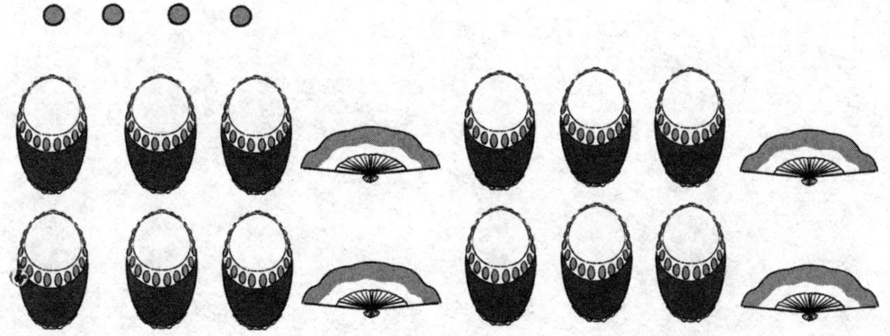

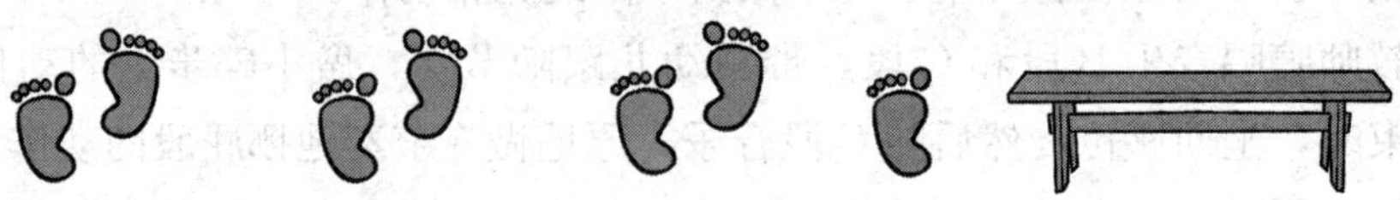

图 16 《抢板凳》教学图谱

（安徽省蚌埠市张公山第一幼儿园　戴世春　夏永红）

跌 倒 歌

乐曲

跌 倒 歌(片段)

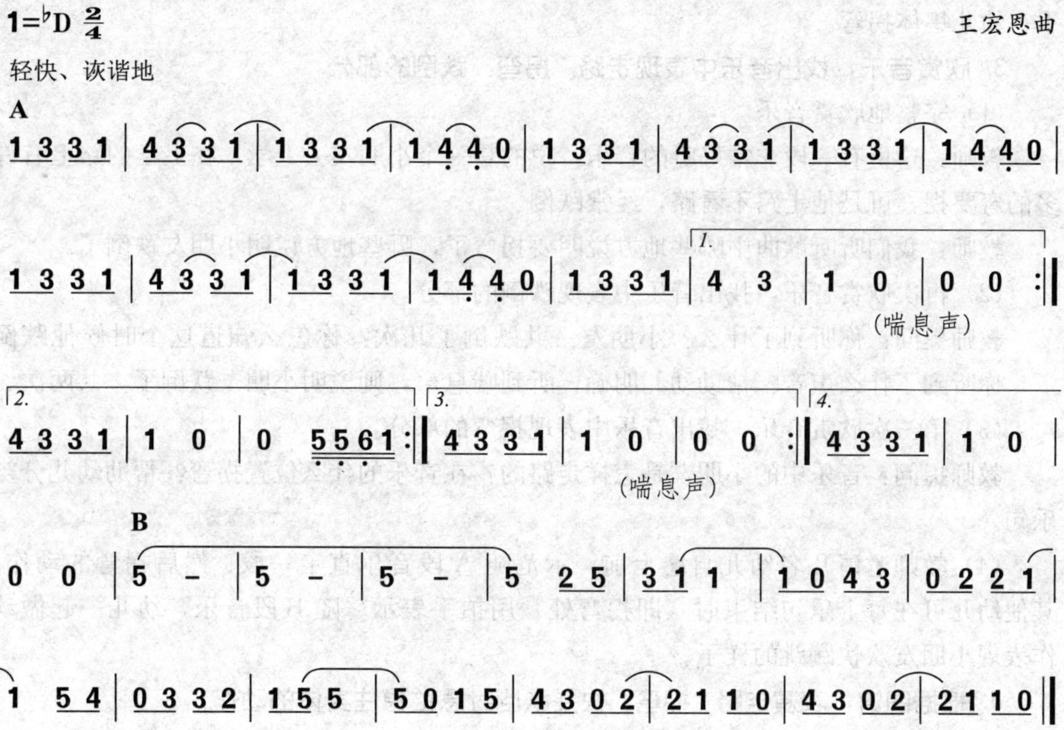

1=♭D $\frac{2}{4}$

王宏恩曲

轻快、诙谐地

A

1 3 3 1 | 4 3 3 1 | 1 3 3 1 | 1 4 4 0 | 1 3 3 1 | 4 3 3 1 | 1 3 3 1 | 1 4 4 0 |

1 3 3 1 | 4 3 3 1 | 1 3 3 1 | 1 4 4 0 | 1 3 3 1 |1. 4 3 | 1 0 | 0 0 :‖ (喘息声)

|2. 4 3 3 1 | 1 0 | 0 5 5 6 1 :‖3. 4 3 3 1 | 1 0 | 0 0 :‖4. 4 3 3 1 | 1 0 | (喘息声)

B

0 0 | 5 - | 5 - | 5 - | 5 2 5 | 3 1 1 | 1 0 4 3 | 0 2 2 1 |

1 5 4 | 0 3 3 2 | 1 5 5 | 5 0 1 5 | 4 3 0 2 | 2 1 1 0 | 4 3 0 2 | 2 1 1 0 ‖

活动分析

《跌倒歌》是一首台湾布农族的歌曲，含有明显的转音、喘气音和连音，旋律轻快、诙谐，节奏鲜明。活动中，教师将音乐和幼儿生活中经常发生的“跌倒”相结合，引导幼儿在倾听音乐的基础上，借助图谱，尝试分辨乐句，合拍地表现小朋友走路、拐弯、快要跌倒时急忙稳住身体以及欢快蹦跳的情景，在欢乐、有趣的音乐中，发展空间智能和身体运动智能，培养对生活的敏锐观察和热爱。

活动准备

教学图谱一张（图 17）。

活动过程

1. 随乐律动，热身

幼儿在教师的带领下，随着音乐有节奏地做踏步、热身、骑自行车、游泳、休息等动作（最后一个动作为跌倒在地），感受轻松、诙谐的氛围。

2. 表演走路拐弯、跌倒的动作

（1）教师请几名幼儿自愿上前，表演走路时拐弯的动作，和走路时跌倒的动作。

（2）教师哼唱歌曲旋律，幼儿集体练习拐弯动作。在每个乐句结束时，教师拍一下手，幼儿集体拐弯。

3. 欣赏音乐，找出音乐中表现走路、拐弯、跌倒的部分

（1）完整地欣赏音乐。

教师：这里有一段非常好听的音乐，说的是一个小朋友去上学，在上学的路上有许多的弯要拐，可是他走路不看路，经常跌倒。

教师：我们听听歌曲中哪些地方说明要拐弯了，哪些地方说明小朋友跌倒了。

（2）再次欣赏音乐，找出音乐中表现跌倒的部分。

教师提问：你听到了什么？小朋友一共跌倒了几次？你怎么知道这个时候他跌倒了，你听到了什么声音？帮助幼儿明确：听到喘息声，则说明小朋友跌倒了，共两次。

（3）第三次欣赏音乐，找出音乐中表现拐弯的部分。

教师提问：音乐中的小朋友是怎样走路的？在音乐的什么位置拐弯？帮助幼儿分辨乐句。

（4）教师邀请几名幼儿自愿上前，示范随 A 段音乐直走一段、然后拐弯的动作。其他幼儿可在每个乐句结束时（即拐弯处）用拍手表示。随 B 段音乐，幼儿一起做动作表现小朋友欢快蹦跳的样子。

4. 根据图谱，表演走路、拐弯、快要跌倒时急忙稳住身体的动作

（1）教师出示教学图谱，请幼儿边听音乐，边看图谱，要求听到表示拐弯的音乐就拍手告诉大家，听到表示跌倒的音乐就跟着喘气。

（2）教师哼唱歌曲旋律，请幼儿站成两三列，练习随音乐走路、转身、快要跌倒时稳住身体的动作。教师重点指导幼儿在每个乐句结束时做出转身动作，在听到表示跌倒的音乐时摆出不同的快要跌倒时的身体造型。

（3）幼儿听音乐再次练习。要求转身时要干脆，让所有人都看得到。摆跌倒造型时的要求：做不同的造型动作，可以有高有低，身体尽量拉长；摆好造型后，要稳住身体，不要跌到地上。

5. 重点练习快要跌倒时的不同造型动作

（1）教师提出游戏要求：孩子们，你们上学去，妈妈给你们每人带了一个碗，不能打碎了，中午吃饭还得用呢！走在路上要看路，别摔跤了，记得拐弯啊！

（2）幼儿再次随乐练习。教师观察、指导。

(3) 教师请造型有创意的幼儿上前展示，鼓励、激发大家摆出更丰富的造型。

(4) 幼儿再次随乐练习。教师注意指导幼儿互相之间保持安全距离。

6. 完整随乐表演

(1) 幼儿完整地随音乐表演，做出走路、拐弯、快要跌倒时急忙稳住身体、高兴地蹦跳、最后又差一点跌倒等系列动作。教师注意提醒幼儿不要拥挤在一起，尽量散开，走得远一点。

(2) 教师告诉幼儿：这段音乐的名字叫《跌倒歌》，是台湾布农族的歌曲。然后，教师和幼儿一起总结：今天我们差点跌倒了这么多次，为什么？以后走路要怎样走？

附教学图谱

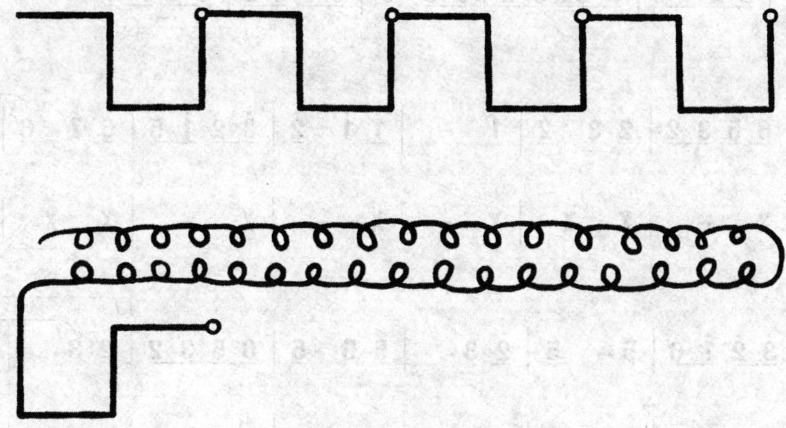

图 17 《跌倒歌》教学图谱

(深圳市第三幼儿园音乐课题组 李 静)

快乐拉祜

乐曲

快乐拉祜(片段)

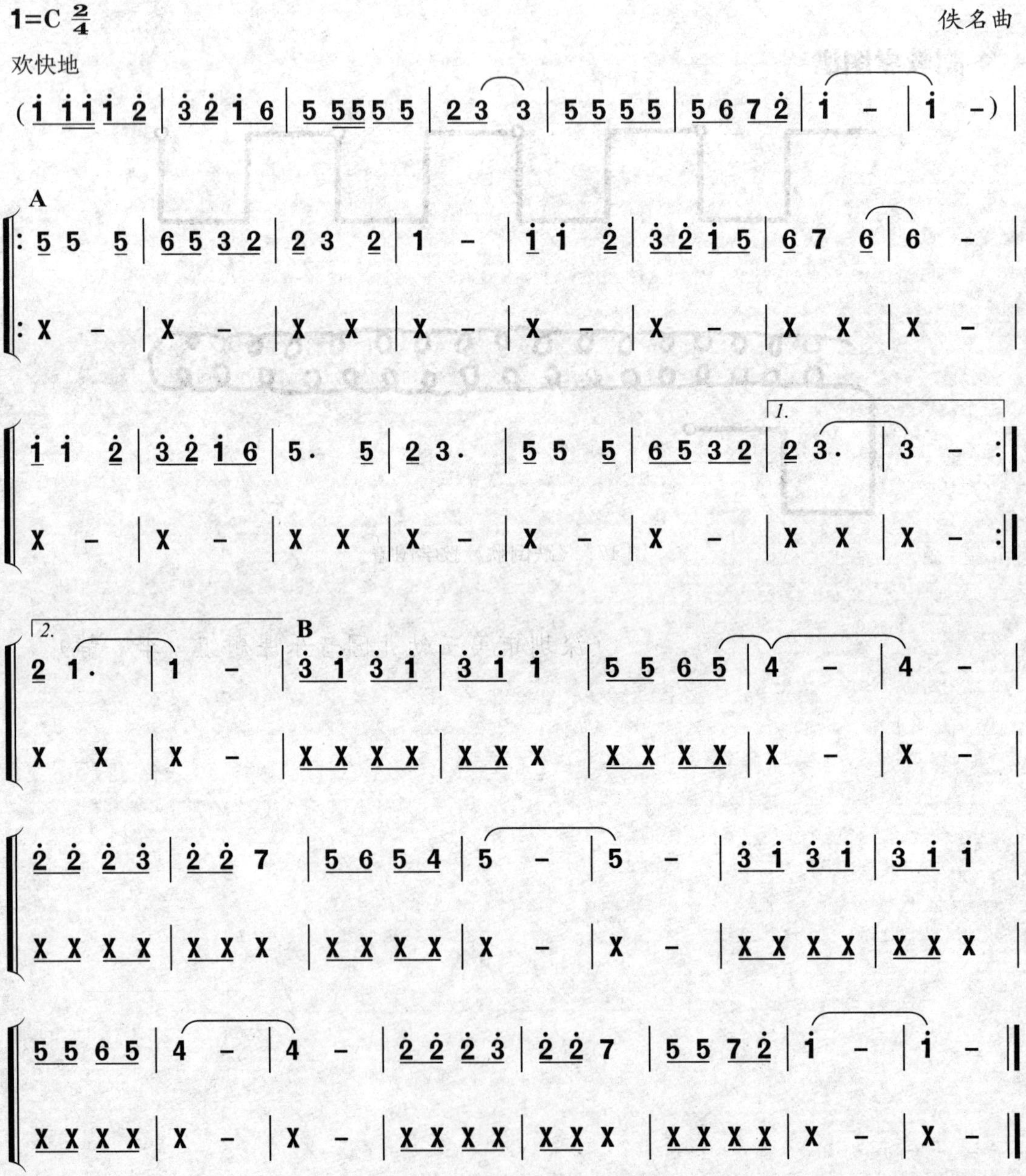

1=C $\frac{2}{4}$ 佚名曲

欢快地

(1̇ 1̇1̇1̇ 1̇ 2̇ | 3̇ 2̇ 1̇ 6 | 5 55 5 5 5 | 2 3 3 | 5 5 5 5 | 5 6 7 2̇ | 1̇ - | 1̇ -) |

A

|: 5 5 5 | 6 5 3 2 | 2 3 2 | 1 - | 1̇ 1̇ 2̇ | 3̇ 2̇ 1̇ 5 | 6 7 6 | 6 - |

|: X - | X - | X X | X - | X - | X - | X X | X - |

1̇ 1̇ 2̇ | 3̇ 2̇ 1̇ 6 | 5. 5 | 2 3. | 5 5 5 | 6 5 3 2 |1. 2 3. | 3 - :||

X - | X - | X X | X - | X - | X - | X X | X - :||

|2. 2 1. | 1 - | B 3̇ 1̇ 3̇ 1̇ | 3̇ 1̇ 1̇ | 5 5 6 5 | 4 - | 4 - |

X X | X - | X X X X | X X X | X X X X | X - | X - |

2̇ 2̇ 2̇ 3̇ | 2̇ 2̇ 7 | 5 6 5 4 | 5 - | 5 - | 3̇ 1̇ 3̇ 1̇ | 3̇ 1̇ 1̇ |

X X X X | X X X | X X X X | X - | X - | X X X X | X X X |

5 5 6 5 | 4 - | 4 - | 2̇ 2̇ 2̇ 3̇ | 2̇ 2̇ 7 | 5 5 7 2̇ | 1̇ - | 1̇ - ||

X X X X | X - | X - | X X X X | X X X | X X X X | X - | X - ||

活动分析

《快乐拉祜》是一首拉祜族民歌，曲调欢快，节奏明朗。教师在幼儿熟悉这首音乐，会随乐做简单身体动作的基础上，引导幼儿学习在双圈上交换舞伴的方法，大胆创编表现“大鬼王”的动作，并通过讨论，商定“由谁来当下一个大鬼王”的游戏规则，体验用铃鼓与同伴合作表演的快乐。

活动准备

铃鼓（人手一个）；自制“大鬼王”帽子一顶；每名幼儿左手腕上戴一朵手腕花；幼儿已熟悉音乐，并能随乐做简单的身体动作（见附）。

活动过程

1. 复习身体动作

（1）教师引导幼儿随乐复习身体动作。

（2）教师启发幼儿思考：怎样随着这段音乐，和好朋友一起跳舞？

2. 尝试站双圈，随乐做动作

（1）教师根据幼儿的回答，请幼儿站成双圈。内圈和外圈的幼儿两两相对，面对面随乐做动作。

（2）教师继续提问：我还想和更多的好朋友跳舞，怎么办？

3. 观察教师示范，学习交换舞伴的方法

（1）两名教师合作，示范在双圈上交换舞伴的方法，即将原来“左臂屈肘，握拳向下拉”的动作替换成与同伴对握左手，将原来“原地踏步”的动作替换成沿逆时针方向走。请幼儿仔细观察：我们是怎么做的？把什么动作换了？

（2）教师根据幼儿的回答，可再次示范，帮助幼儿主动发现、学习。

（3）教师带领幼儿随乐练习，提醒幼儿发现手腕花的提示作用，即每次都是用戴手腕花的手与同伴握手。

（4）教师用说口令“握手”“向前走”的方法，提示幼儿随音乐练习。当幼儿基本掌握后，可连续播放两遍A段音乐，请幼儿随乐交换四次舞伴。

4. 大胆创编表现大鬼王的动作，商定“由谁当下一个大鬼王”的游戏规则

（1）幼儿随完整的音乐律动。教师鼓励幼儿在B段音乐的指定乐句处（即第30～34小节处）创编表现大鬼王的动作。

（2）教师给一名幼儿戴上“大鬼王”帽子，请其扮演大鬼王，然后再次播放完整的音乐。幼儿随乐律动。当播放到B段音乐的指定乐句处时，大鬼王带领大家做一个自己创编的动作。

（3）教师引导幼儿讨论：怎么决定由谁来当下一个大鬼王呢？有什么好办法，又方便，又能让每个人都当到？

教师根据幼儿的讨论，梳理游戏规则，如：大鬼王带领大家做完动作后，将帽子戴到和自己面对面的小朋友的头上，让他做下一任大鬼王。

5. 探索手持铃鼓随乐律动的方法

(1) 教师出示铃鼓，激发幼儿自由探索：带着铃鼓，怎样与同伴一起跳刚才的舞蹈？

(2) 幼儿自由探索，教师观察、指导。

(3) 教师和幼儿一起小结：和同伴合作拍铃鼓时，要单手控制铃鼓，让铃鼓竖起来，鼓面对着同伴，便于同伴敲击。

附动作建议

前奏

第 1～8 小节：做好准备。

A 段

第 9～10 小节：拍手。

第 11～12 小节：拍头。

第 13～14 小节：拍手。

第 15～16 小节：拍肩。

第 17～18 小节：拍手。

第 19～20 小节：拍腿。

第 21～22 小节：左臂屈肘，握拳向下拉。

第 23～24 小节：原地踏步。

重复的一遍：动作同上。

B 段

第 25～29 小节：面向圆心，齐喊“拉祜拉祜拉祜哟——”

第 30～34 小节：大鬼王带领大家随乐做一个自己创编的动作。

第 35～39 小节：同第 25～29 小节。

第 40～44 小节：同第 30～34 小节。

（河海大学幼儿园　王晓青　蔡　洪）

苗　　鼓

乐曲

苗　鼓

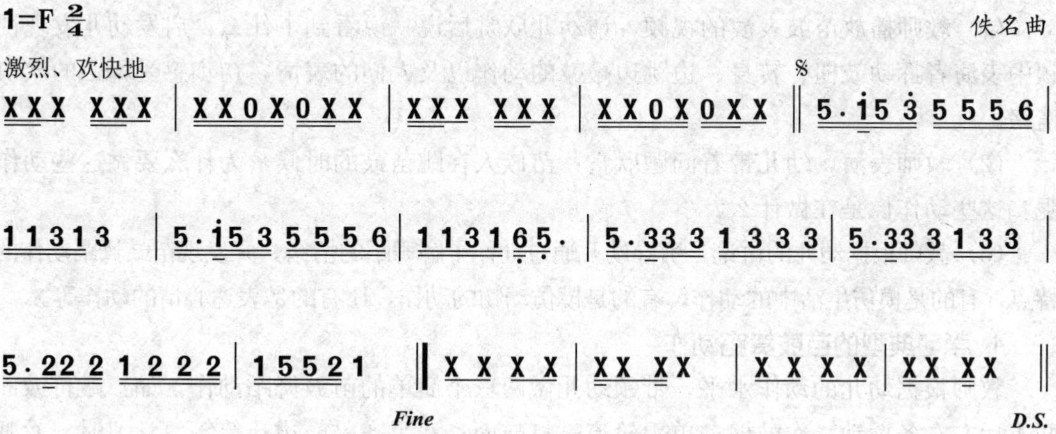

1=F $\frac{2}{4}$　　　　佚名曲

激烈、欢快地

XXX XXX | XX0X0XX | XXX XXX | XX0X0XX ‖ 𝄋 5·i15 3̇ 5556 |

11313 | 5·i15 3 5556 | 11316 5· | 5·33 3 1333 | 5·33 3 133 |

5·22 2 1222 | 15521 ‖ XXXX | XX XX | XXXX | XX XX ‖

Fine　　　　D.S.

活动分析

苗鼓是我国少数民族文化艺术中的一块瑰宝，跳苗鼓是苗家人民最喜欢的一项民俗活动。跳苗鼓时，鼓点忽轻柔、忽强劲、忽缓和、忽急骤，并配以“脚跳、手击、腰旋、体转”的动作，极富观赏性和感染力，为幼儿主动地参与舞蹈学习和创作提供了可能。活动中，教师带领幼儿从了解苗家风情入手，采用欣赏舞蹈视频和教师表演的方式，让幼儿感受苗家人民的热情、奔放，初步学习典型的苗鼓舞蹈动作。“小小苗鼓王选拔赛”环节的设计，为幼儿大胆、自主地随乐表现提供了平台，并让幼儿在热烈、欢快的氛围中，进一步感受苗鼓富于变化的鼓点节奏和动作特点。

活动准备

苗鼓一面；幼儿每人一对自制的鼓槌（将废旧报纸卷成鼓槌状，一端可系红绸装饰）；苗鼓表演的视频；幼儿对苗族的民俗风情有一些简单的了解。

活动过程

1. 学习用苗语互相问候

教师和幼儿一起回顾近段时间了解的有关苗族的一些风俗民情，并请幼儿模仿教师，说说苗语。如："你好"的苗语发音同"梦汝"，"男孩"的苗语发音同"带勾"，"女孩"的苗语发音同"带帕"。

2. 了解苗鼓及苗族舞蹈

（1）教师与幼儿一起讨论，了解苗族人能歌善舞，并带领幼儿随音乐做简单的苗族舞蹈动作。

（2）教师出示苗鼓，向幼儿介绍有关苗鼓的风俗，请幼儿自由地摸摸苗鼓、敲敲苗鼓、听听鼓声。

3. 欣赏苗鼓表演

（1）教师播放苗鼓表演的视频，请幼儿欣赏后说一说看到了什么，启发幼儿发现视频中表演者挥动鼓槌、转身、边跳边敲鼓的动作以及人们的表情，初步感受舞蹈的欢快情绪。

（2）教师表演，幼儿带着问题欣赏：苗族人在跳苗鼓的时候，为什么要做这些动作呢？这些动作像是在做什么？

（3）教师根据幼儿的讨论，引导幼儿通过动作了解舞蹈的情绪，并发现苗鼓舞蹈动作的特点，有的是模仿生活中的动作，有的是模仿动物的动作，还有的是表达心情的动作等。

4. 学习典型的苗鼓舞蹈动作

教师根据幼儿的动作水平，带领幼儿做两三个简单的苗鼓舞蹈动作，如：敲打鼓面两下后左右各挥动一次鼓槌；单手轮流敲打鼓面；双手齐敲鼓边；等等。学习时，教师不要播放音乐，可通过说口令或哼唱旋律的方式带领幼儿做动作。

5. 竞选"小小苗鼓王"

（1）教师创设"苗鼓节"的情境，宣布要在男孩和女孩中各推选一名"小小苗鼓王"。

（2）幼儿自由寻找身边的物品（如桌子、柜子、墙壁等），将其假想成苗鼓，自由创编自己在高兴时想做的动作，并结合自己所学的基本动作，随乐即兴舞蹈。第一轮为集体表演，第二轮男孩组和女孩组分别表演。

（3）表演结束后，教师请幼儿推选出"小小苗鼓王"。如幼儿参与积极性高，也可让每个幼儿都当"苗鼓王"，再次随音乐舞蹈。

活动延伸

1. 布置苗族风俗民情图片展，帮助幼儿进一步了解苗族人民的生活习惯和风俗。

2. 在美工区投放硬卡纸、银色亮光纸，供幼儿制作苗家项圈。做好的项圈可投放到表演区，供小演员表演时佩带。

3. 引导幼儿利用身边的桌子、椅子等常见物品，用木质小鼓槌随音乐进行打击乐演奏，进一步感受苗鼓鼓点节奏的多变性。

（湖南省人民政府直属机关第二幼儿院　吕　奕）

纳孜尔库姆

乐曲

纳孜尔库姆

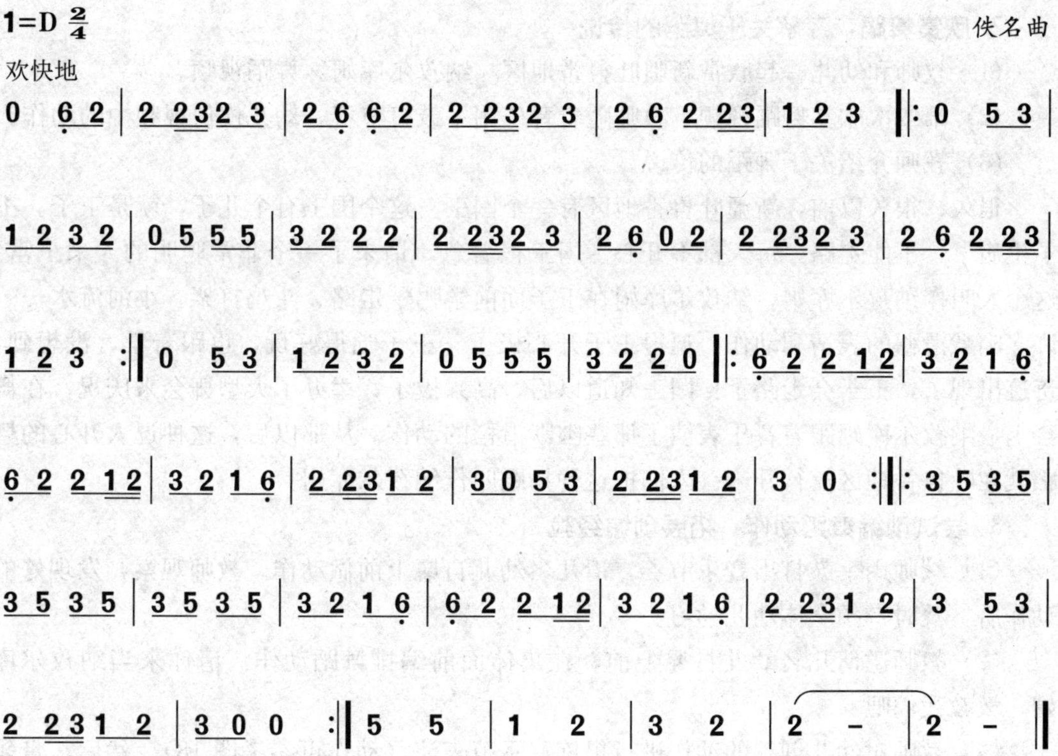

1=D $\frac{2}{4}$　　　　佚名曲

欢快地

0 6 2 | 2 23 2 3 | 2 6 6 2 | 2 23 2 3 | 2 6 2 23 | 1 2 3 ‖: 0 5 3 |

1 2 3 2 | 0 5 5 5 | 3 2 2 2 | 2 23 2 3 | 2 6 0 2 | 2 23 2 3 | 2 6 2 23 |

1 2 3 :‖ 0 5 3 | 1 2 3 2 | 0 5 5 5 | 3 2 2 0 ‖: 6 2 2 12 | 3 2 1 6 |

6 2 2 12 | 3 2 1 6 | 2 23 1 2 | 3 0 5 3 | 2 23 1 2 | 3 0 :‖: 3 5 3 5 |

3 5 3 5 | 3 5 3 5 | 3 2 1 6 | 6 2 2 12 | 3 2 1 6 | 2 23 1 2 | 3 5 3 |

2 23 1 2 | 3 0 0 :‖ 5 5 | 1 2 | 3 2 | 2 - | 2 - ‖

活动分析

纳孜尔库姆是在新疆东部地区广为流行的维吾尔族民间舞蹈，通常模仿各种动物的打斗、行走、叼食等动作，幽默、诙谐。音乐节奏鲜明，富有动感，极具感染力。幼儿通过欣赏舞蹈视频，了解关于这种舞蹈的传说，学习基本的舞蹈动作，尝试随音乐节奏创编新的动作并表演，感受维吾尔族民间舞蹈的独特魅力。

活动准备

《纳孜尔库姆》舞蹈视频；手鼓（教师用）。

活动过程

1. 欣赏音乐，感受乐曲的欢快、幽默

（1）教师请幼儿欣赏音乐，并说一说：听完音乐，你有什么感受？你想做什么呢？

（2）幼儿第二次欣赏音乐，并尝试随着音乐有节奏地拍手，逐步加上脚步和头、肩的动作。

（3）幼儿第三次欣赏音乐，在第二次的基础上，加上眉、眼、嘴等面部动作和表情。

2. 欣赏舞蹈，了解关于舞蹈的传说

（1）教师和幼儿一起欣赏新疆吐鲁番地区《纳孜尔库姆》舞蹈视频。

（2）第二次欣赏舞蹈视频，教师随着音乐用手鼓打节奏，幼儿模仿视频中的动作。

（3）教师介绍关于舞蹈的传说。

很久、很久以前，新疆吐鲁番地区有一个国王。这个国王有个儿子，就是王子。王子生病了，不能走路，每天都不开心。国王很着急，请来了一个非常聪明的人来王宫。这个人叫作纳孜尔库姆。纳孜尔库姆在王子面前学鸭子走路、斗鸡打架、小河流水……许多幽默滑稽的表情和动作，逗得王子开心极了。王子觉得好玩，也跟着学，没想到，奇迹出现了，王子会走路了！国王知道以后，高兴极了，举办了大型舞会来庆祝。在舞会上，纳孜尔库姆跟着音乐表演了那些幽默滑稽的动作。从那以后，这种逗人开心的舞蹈就在吐鲁番地区流行开来。人们把这种舞蹈叫作纳孜尔库姆。

3. 尝试创编舞蹈动作，拓展创编经验

（1）教师用手鼓打出音乐节奏，请几名幼儿自愿上前做动作。教师观察，发现好的动作后，及时带领全体幼儿学习。

（2）教师邀请几名幼儿自愿上前，在集体面前编排舞蹈动作：请你来当纳孜尔库姆，教教我们吧。

（3）教师对幼儿创编的动作进行提炼，示范表演（动作可参考图 18）。然后，带领幼儿重点练习鸭子步、斗鸡、小河流水等基本动作。

（4）幼儿分散，自由组合，编排舞蹈动作。教师播放音乐并巡回指导。

指导要点：整个舞蹈要以屈腿蹲步为基础进行创作，行进中的屈腿蹲步要跟随音乐速度的变化而变化；在舞蹈过程中，背部要直立；要加入丰富的表情。

4. 分组展示、表演

（1）每组幼儿轮流上前，展示、表演本组创编的舞蹈。

（2）教师引导幼儿相互鼓励、评价，并相互致谢。

附舞蹈动作示意图

图 18　《纳孜尔库姆》动作示意图

（乌鲁木齐市红旗幼儿园　马滨海）

赛　马

歌曲

赛　马(片段)

1=F $\frac{2}{4}$

许卓娅词
黄海怀曲

奔放、热烈地

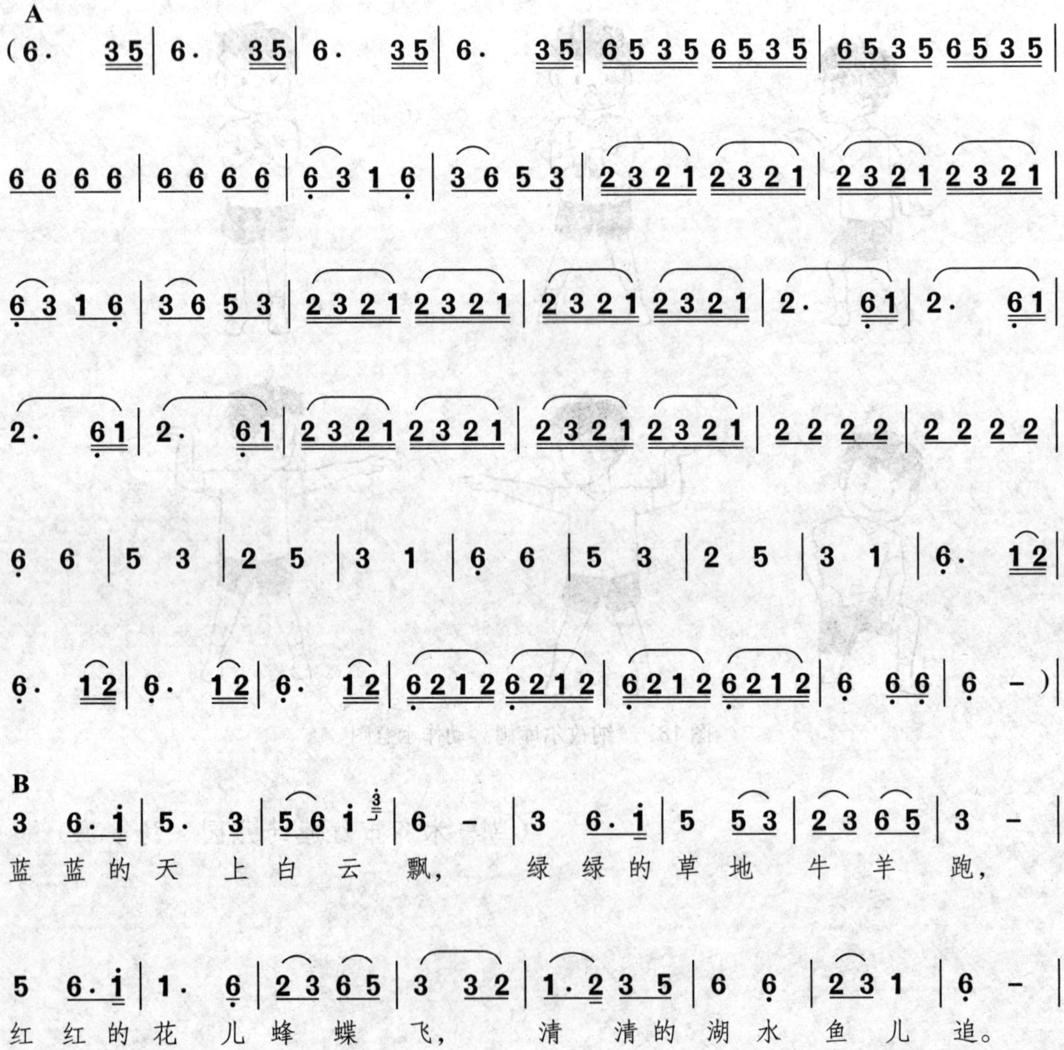

A

(6· 35 | 6· 35 | 6· 35 | 6· 35 | 6535 6535 | 6535 6535 |

6666 | 6666 | 6316 | 3653 | 2321 2321 | 2321 2321 |

6316 | 3653 | 2321 2321 | 2321 2321 | 2· 61 | 2· 61 |

2· 61 | 2· 61 | 2321 2321 | 2321 2321 | 2222 | 2222 |

6 6 | 5 3 | 2 5 | 3 1 | 6 6 | 5 3 | 2 5 | 3 1 | 6· 12 |

6· 12 | 6· 12 | 6· 12 | 6212 6212 | 6212 6212 | 6 66 | 6 -) |

B

3 6·1 | 5· 3 | 56 1 | 6 - | 3 6·1 | 5 53 | 23 65 | 3 - |

蓝 蓝 的 天 上 白 云 飘， 绿 绿 的 草 地 牛 羊 跑，

5 6·1 | 1· 6 | 23 65 | 3 32 | 1·2 35 | 6 6 | 23 1 | 6 - |

红 红 的 花 儿 蜂 蝶 飞， 清 清 的 湖 水 鱼 儿 追。

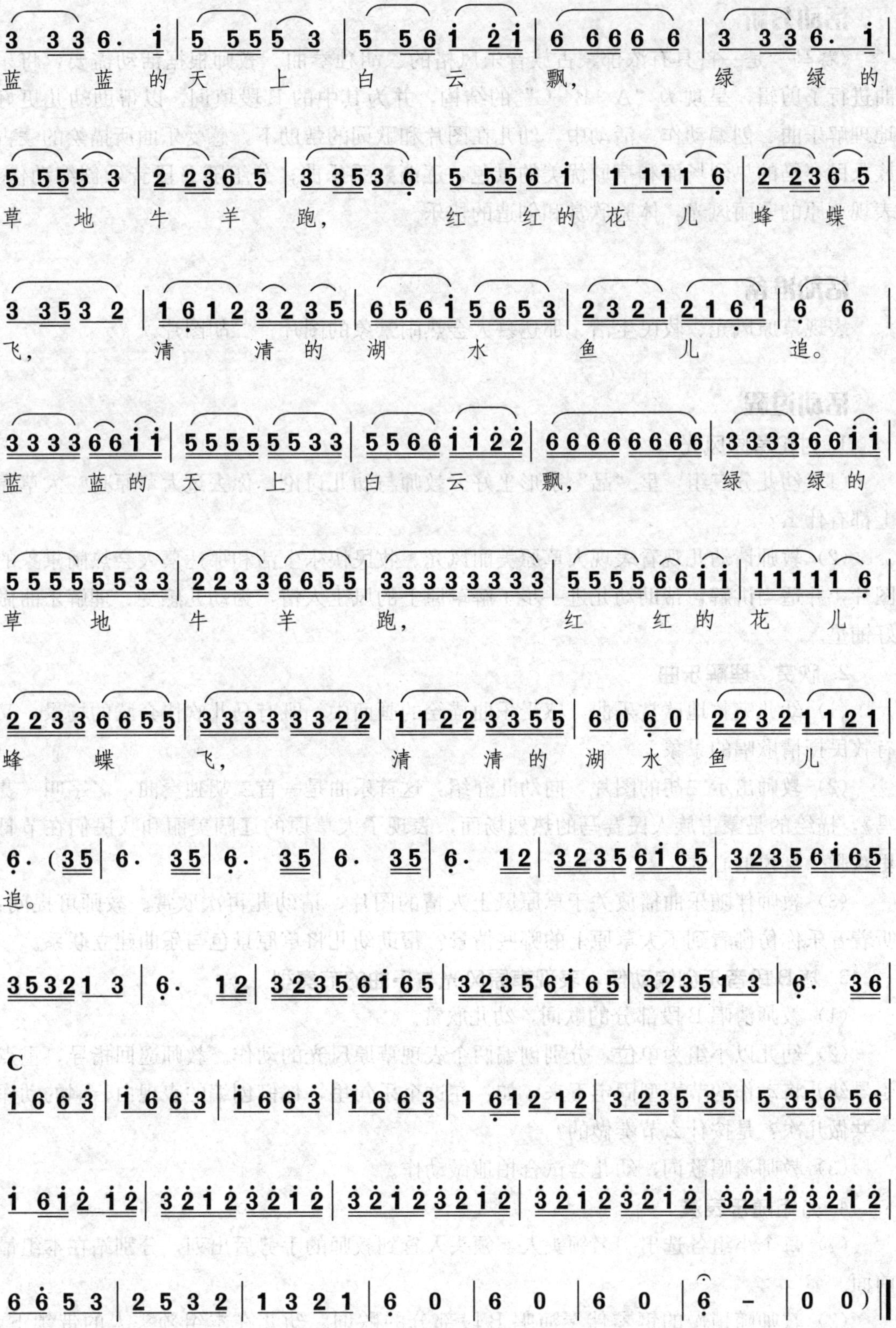

3 336. i | 5 555 3 | 5 56i 2i | 6 666 6 | 3 336. i |
蓝 蓝的天 上 白 云 飘， 绿 绿的

5 555 3 | 2 236 5 | 3 353 6 | 5 556 i | 1 111 6 | 2 236 5 |
草 地 牛 羊 跑， 红 红的 花 儿 蜂 蝶

3 353 2 | 1612 3235 | 656i 5653 | 2321 2161 | 6 6 |
飞， 清 清 的 湖 水 鱼 儿 追。

333366ii | 55555533 | 5566ii22 | 66666666 | 33336 6ii |
蓝 蓝 的 天 上 白 云 飘， 绿 绿 的

55555533 | 22336655 | 33333333 | 55556 6ii | 11111 6 |
草 地 牛 羊 跑， 红 红 的 花 儿

22336655 | 33333322 | 11223355 | 6 0 6 0 | 22321121 |
蜂 蝶 飞， 清 清 的 湖 水 鱼 儿

6. (35 | 6. 35 | 6. 35 | 6. 35 | 6. 12 | 32356i65 | 32356i65 |
追。

353213 | 6. 12 | 32356i65 | 32356i65 | 32351 3 | 6. 36 |

C

i663 | 1663 | i663 | i663 | 1612 12 | 3 235 35 | 5 35656 |

i 6i2 i2 | 3212 3212 | 3212 3212 | 3212 3212 | 3212 3212 |

6653 | 2532 | 1321 | 6 0 | 6 0 | 6 0 | 6 – | 0 0) ‖

活动分析

《赛马》是一首具有浓郁蒙古族音乐风格的二胡独奏曲。教师根据活动需要，将乐曲进行了剪辑，呈现为“A—B—C”的结构，并为其中的B段填词，以帮助幼儿更好地理解乐曲、创编动作。活动中，幼儿在图片和歌词的帮助下，感受乐曲所描绘的蒙古族人民赛马的热烈场面和草原优美的景色，逐渐熟悉乐曲；分组随B段音乐创编动作，表现草原的美丽风光，体验欣赏和创造的快乐。

活动准备

表现草原风光、牧民生活、那达慕大会热闹景象的图片；二胡图片。

活动过程

1. 讨论草原风光

（1）幼儿分三组，呈“品”字形坐好。教师与幼儿讨论：你去过大草原吗？大草原上都有什么？

（2）教师请幼儿观看表现大草原美丽风光、牧民快乐生活和那达慕大会热闹景象的图片，并适当讲解，帮助幼儿进一步了解草原上的风土人情，为幼儿感受、理解乐曲做好铺垫。

2. 欣赏、理解乐曲

（1）幼儿完整地欣赏乐曲，感受乐曲描绘的画面中，既有马儿欢快奔腾的场景，又有牧民抒情歌唱的景象。

（2）教师出示二胡的图片，向幼儿介绍：这首乐曲是一首二胡独奏曲，名字叫《赛马》，描绘的是蒙古族人民赛马的热烈场面，表现了大草原的辽阔美丽和牧民们在节日里欢腾、喜悦的心情。

（3）教师伴随乐曲播放关于草原风土人情的图片，请幼儿再次欣赏。教师可提问：听着音乐你仿佛看到了大草原上的哪些情景？帮助幼儿将草原景色与乐曲建立联系。

3. 随B段音乐创编动作，表现草原风光与乐曲的节奏型

（1）教师清唱B段部分的歌词，幼儿欣赏。

（2）幼儿以小组为单位，分别创编两个表现草原风光的动作。教师巡回指导，重点引导幼儿将动作的节奏型固定下来，如：在这个乐句里，你们创编的表现白云飘的动作一共做几次？是按什么节奏做的？

（3）教师清唱歌词，幼儿尝试合拍地做动作。

4. 分组随乐表演

（1）每个小组各选出一名领头人，领头人看到教师的手势后出列，分别站在本组最前面。

（2）教师随稍慢的钢琴伴奏演唱B段部分的歌词。幼儿在本组领头人的带领下，

随乐表演自己创编的动作。可表演两遍。

(3) 教师播放B段音乐。幼儿在本组领头人的带领下，随乐表演自己创编的动作。

(4) 教师播放完整的音乐。幼儿欣赏A段和C段音乐（可自由地做有节奏地点头、拍手等动作），当播放到B段时，幼儿在本组领头人的带领下表演自己创编的动作。

活动延伸

1. 歌词共四句，重复三遍。教师在本次活动中，可先引导幼儿根据其中两句创编动作，随乐表演时，可重复表演同样的动作。当幼儿较熟悉后，再创编更丰富的动作。

2. 可带领幼儿提取乐曲中的节奏型，开展打击乐器演奏活动。

（河北省石家庄市润苗幼儿园　姜晓艳）

天　鹅

乐曲

天　鹅

——选自《动物狂欢节》组曲

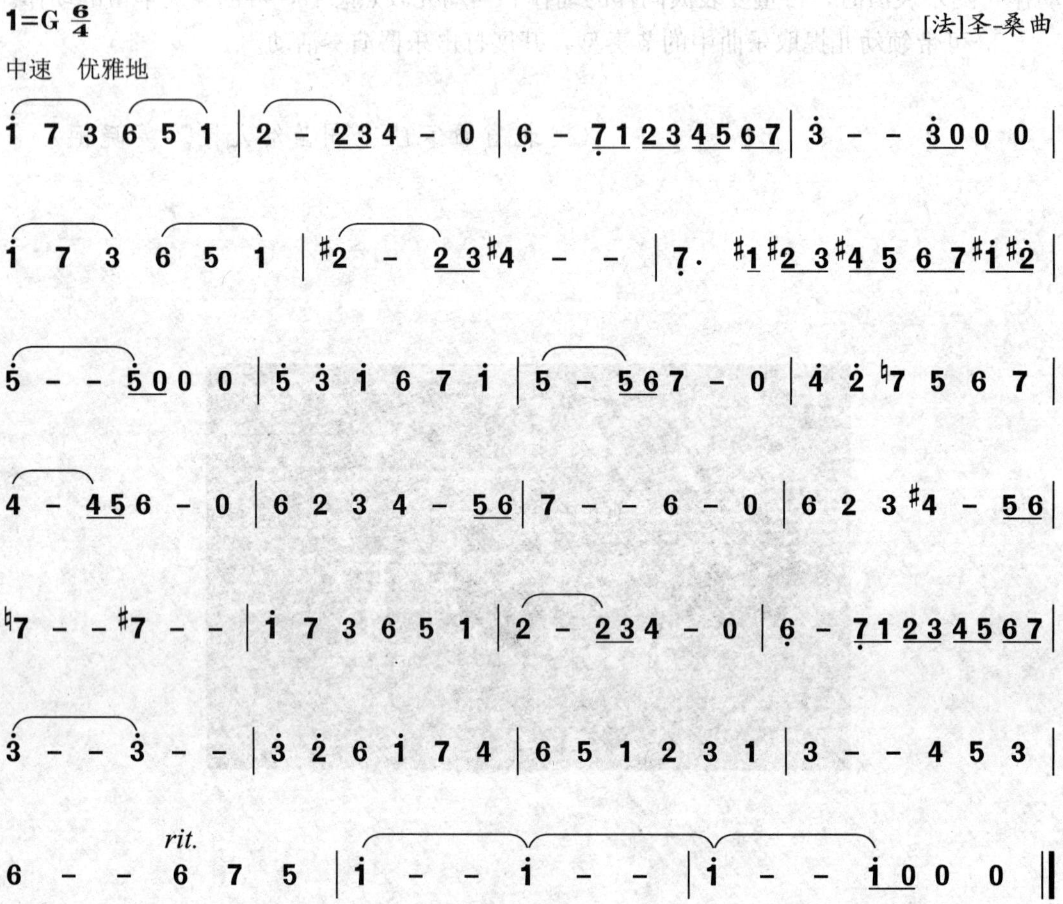

1=G $\frac{6}{4}$　　[法]圣-桑曲

中速　优雅地

i 7 3 6 5 1 | 2 – 23 4 – 0 | 6 – 71 23 45 67 | 3 – – 30 0 0 |

i 7 3 6 5 1 | #2 – 2 3 #4 – – | 7. #1 #2 3 #4 5 6 7 #i #2 |

5 – – 50 0 0 | 5 3 i 6 7 i | 5 – 56 7 – 0 | 4 2 ♮7 5 6 7 |

4 – 45 6 – 0 | 6 2 3 4 – 56 | 7 – – 6 – 0 | 6 2 3 #4 – 56 |

♮7 – – #7 – – | i 7 3 6 5 1 | 2 – 23 4 – 0 | 6 – 71 23 45 67 |

3 – – 3 – – | 3 2 6 i 7 4 | 6 5 1 2 3 1 | 3 – – 4 5 3 |

6 – – 6 7 5 *rit.* | i – – i – – | i – – i0 0 0 ‖

活动分析

该乐曲选自法国作曲家圣-桑的《动物狂欢节》组曲，曲调舒展优美，节奏从容。借助图片，教师带领幼儿观察、了解天鹅的不同造型，并在音乐伴随下进行个人、双人、多人的肢体造型，感受肢体表达的丰富和有趣，培养使用肢体表达的兴趣和能力。

活动准备

表现单只天鹅、两只天鹅、一群天鹅的图片各三张。

活动过程

1. 欣赏音乐，谈论关于天鹅的话题

（1）教师和幼儿一起欣赏音乐。

（2）教师介绍音乐的名称，并引导幼儿讨论：你见过天鹅吗？天鹅是什么样子的？

2. 探索单只天鹅造型的表现方式

（1）教师出示第一张图片（表现天鹅的优美姿态），请幼儿欣赏并描述。教师一边总结，一边用肢体动作来表现：雪白的羽毛、长长的脖子、优美的姿态，天鹅真美！

（2）教师出示第二张图片（天鹅起飞），引导幼儿观察并体会天鹅张开翅膀的力度与美，尝试用不同的动作表现：瞧，这只天鹅要准备起飞了。它起飞的动作是什么样子的？请你也来做一只准备起飞的天鹅，想想翅膀还可以怎么放呢？

幼儿自由模仿。

（3）教师出示第三张图片（天鹅休息），引导幼儿观察、讨论，集体模仿天鹅休息时的优美姿态：猜猜天鹅在做什么？我们一起来学一学。

3. 游戏：变天鹅

（1）幼儿散点站立。教师扮演天鹅，跟随音乐舞动。在每个乐句结束时，教师选择一名幼儿，可用触摸、递眼神、做邀请动作等不同方式示意。该幼儿接收到示意信息后，自由做出一个表现天鹅的造型。

（2）幼儿站在圈上。教师做第一只飞舞的天鹅，在圈内随音乐舞动。在第一个乐句结束时，教师选择一名幼儿，给出示意信息，并自己做好天鹅造型。被示意的幼儿则为下一只飞舞的天鹅，继续随音乐舞动，在下一个乐句结束时，选择一名同伴、示意，并做好天鹅造型。如此传递下去，游戏继续进行。

4. 双人合作表现天鹅造型

（1）幼儿欣赏图片，讨论动作。

教师：刚刚我们欣赏了单只天鹅的图片。天鹅跟自己的伙伴在一起的时候，又会怎么样呢？我们一起来看一看。

教师依次出示第四、五、六张照片，引导幼儿观察。

• 第四张图片上，两只天鹅在做一样的动作——起飞。
• 第五张图片上，两只天鹅在做什么？（脖子弯曲，碰在一起）
• 第六张图片上，两只天鹅看起来感觉怎样？（很亲密、相亲相爱）

（2）幼儿自由结伴，尝试做双人造型。

教师：请你们也找到自己的伙伴，做两只天鹅在一起的造型。

5. 探索群体式天鹅造型的表现方式

（1）教师出示第七、八、九张图片，引导幼儿欣赏：更多天鹅在一起时，又会怎么样呢？

（2）教师带领幼儿在增加难度的圈上游戏中，进一步探索、体验。

幼儿站在圈上，扮演小天鹅蛋。两名配班教师扮演大天鹅蛋，站在圈内。音乐响起后，执教教师做第一只飞舞的天鹅，随乐舞动，并在圈内和两名配班教师一起做造型；在第一个乐句结束时，执教教师示意一名幼儿，该幼儿模仿天鹅宝宝破壳而出，然后继续随乐舞动，到圈内和教师一起做造型；在第二个乐句结束时，该幼儿示意一名同伴……如此传递，游戏继续进行。最后，全体幼儿与教师一起，在圈内做好群体造型。

活动延伸

1. 教师可随音乐舞蹈，表现故事《丑小鸭》的内容，请幼儿欣赏，体会“用动作讲故事”的有趣。然后，教师启发幼儿想一想：如果你是一只天鹅，会做一只怎样的天鹅？又会有怎样的故事呢？鼓励幼儿利用羽毛、头饰、丝巾等辅助材料装扮自己，并随音乐自主表演，在结尾处自由造型。

2. 请家长带幼儿去动物园观察天鹅，或观看关于天鹅的视频，帮助幼儿更进一步地了解天鹅的生活习性、动作特点，更加生动地表现天鹅的姿态。

（湖南省委新湘幼儿院　兰　姣　谌丽莹）

有趣的按摩

乐曲

终曲

——选自《动物狂欢节》组曲

1=C 4/4

[法]圣-桑曲

欢快、热烈地

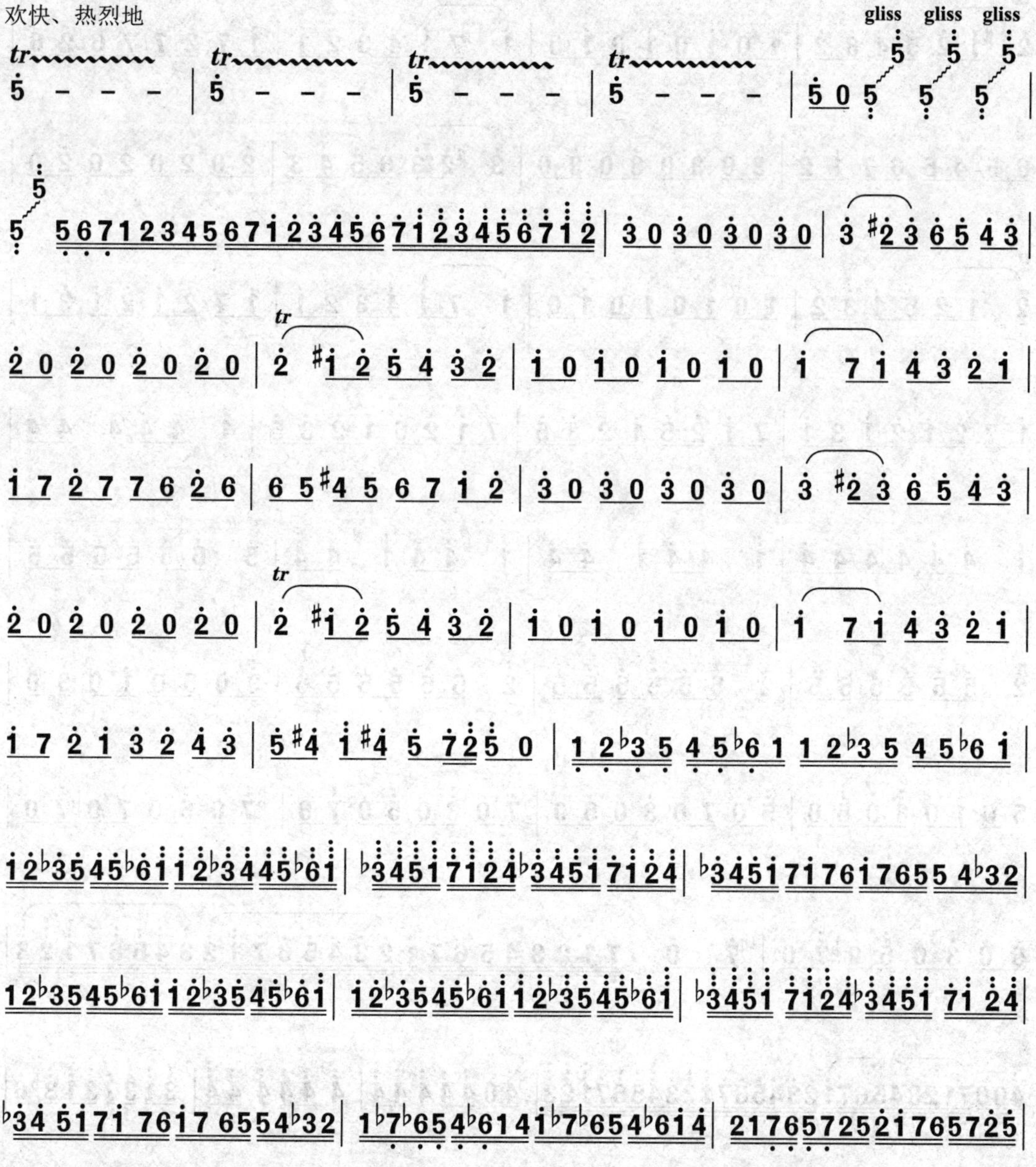

gliss gliss gliss

tr 5 - - - | tr 5 - - - | tr 5 - - - | tr 5 - - - | 5 0 5 5 5 |

5 5671234567123456712345671 2 | 3 0 3 0 3 0 3 0 | 3 #2 3 6 5 4 3 |

2 0 2 0 2 0 2 0 | tr 2 #1 2 5 4 3 2 | 1 0 1 0 1 0 1 0 | 1 7 1 4 3 2 1 |

1 7 2 7 7 6 2 6 | 6 5 #4 5 6 7 1 2 | 3 0 3 0 3 0 3 0 | 3 #2 3 6 5 4 3 |

2 0 2 0 2 0 2 0 | tr 2 #1 2 5 4 3 2 | 1 0 1 0 1 0 1 0 | 1 7 1 4 3 2 1 |

1 7 2 1 3 2 4 3 | 5 #4 1 #4 5 7 2 5 0 | 1 2 b3 5 4 5 b6 1 1 2 b3 5 4 5 b6 1 |

1 2 b3 5 4 5 b6 1 1 2 b3 4 4 5 b6 1 | b3 4 5 1 7 1 2 4 b3 4 5 1 7 1 2 4 | b3 4 5 1 7 1 7 6 1 7 6 5 5 4 b3 2 |

1 2 b3 5 4 5 b6 1 1 2 b3 5 4 5 b6 1 | 1 2 b3 5 4 5 b6 1 1 2 b3 5 4 5 b6 1 | b3 4 5 1 7 1 2 4 b3 4 5 1 7 1 2 4 |

b3 4 5 1 7 1 7 6 1 7 6 5 5 4 b3 2 | 1 b7 b6 5 4 b6 1 4 1 b7 b6 5 4 b6 1 4 | 2 1 7 6 5 7 2 5 2 1 7 6 5 7 2 5 |

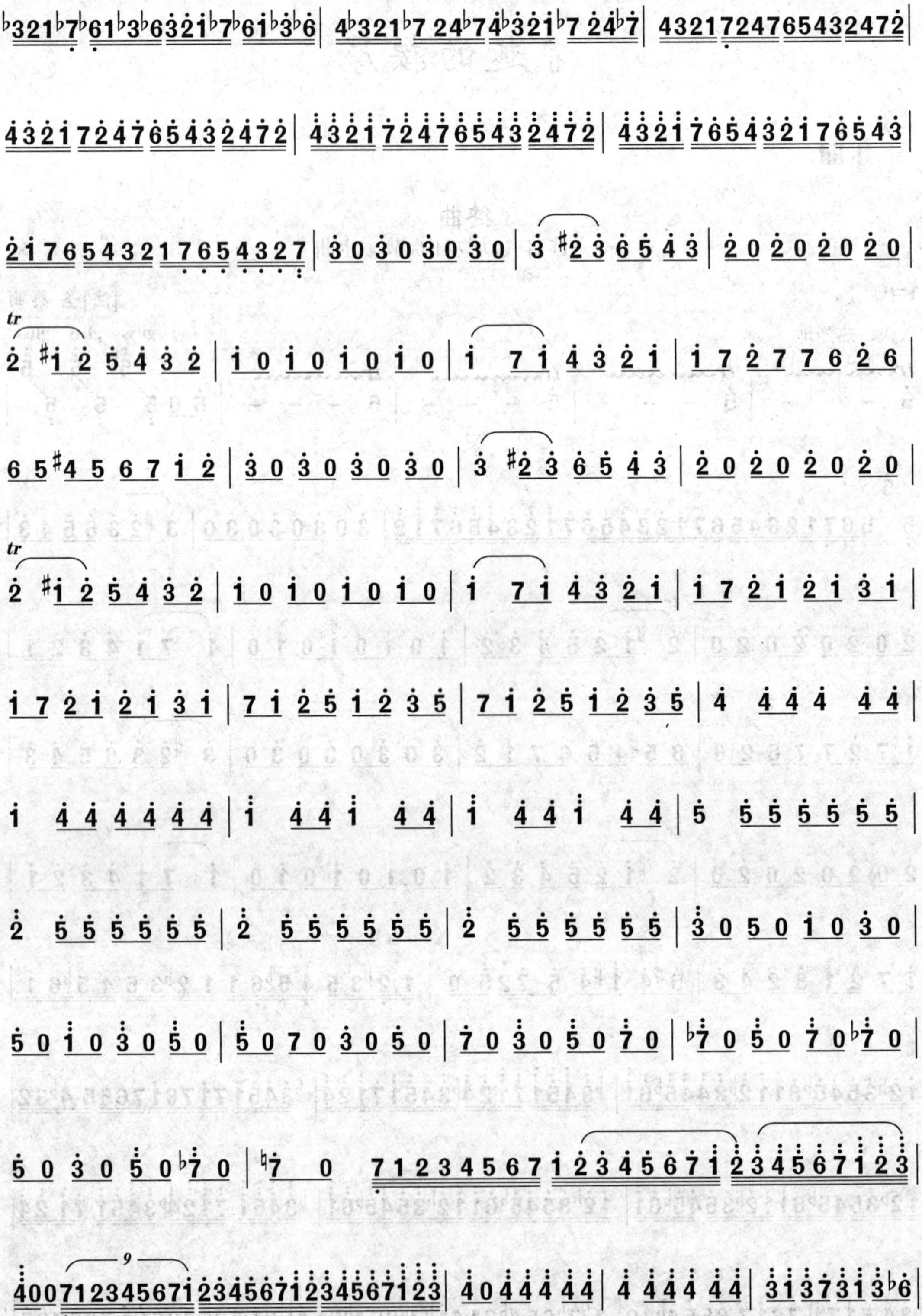

♭321♭7♭61♭3♭6321♭7♭61♭3♭6 | 4♭321♭7 24♭74♭321♭7 24♭7 | 4321724765432472 |

4321724765432472 | 4321724765432472 | 4321765432176543 |

2176543217654327 | 3 0 3 0 3 0 3 0 | 3 ♯2 3 6 5 4 3 | 2 0 2 0 2 0 2 0 |

tr
2 ♯1 2 5 4 3 2 | 1 0 1 0 1 0 1 0 | 1 7 1 4 3 2 1 | 1 7 2 7 7 6 2 6 |

6 5 ♯4 5 6 7 1 2 | 3 0 3 0 3 0 3 0 | 3 ♯2 3 6 5 4 3 | 2 0 2 0 2 0 2 0 |

tr
2 ♯1 2 5 4 3 2 | 1 0 1 0 1 0 1 0 | 1 7 1 4 3 2 1 | 1 7 2 1 2 1 3 1 |

1 7 2 1 2 1 3 1 | 7 1 2 5 1 2 3 5 | 7 1 2 5 1 2 3 5 | 4 4 4 4 4 4 |

1 4 4 4 4 4 4 | 1 4 4 1 4 4 | 1 4 4 1 4 4 | 5 5 5 5 5 5 5 |

2 5 5 5 5 5 5 | 2 5 5 5 5 5 5 | 2 5 5 5 5 5 5 | 3 0 5 0 1 0 3 0 |

5 0 1 0 3 0 5 0 | 5 0 7 0 3 0 5 0 | 7 0 3 0 5 0 7 0 | ♭7 0 5 0 7 0 ♭7 0 |

5 0 3 0 5 0 ♭7 0 | ♮7 0 7123456712345671234567123 |

9
40071234567123456712345671 23 | 4 0 4 4 4 4 4 | 4 4 4 4 4 4 | 3 1 3 7 3 1 3 ♭6 |

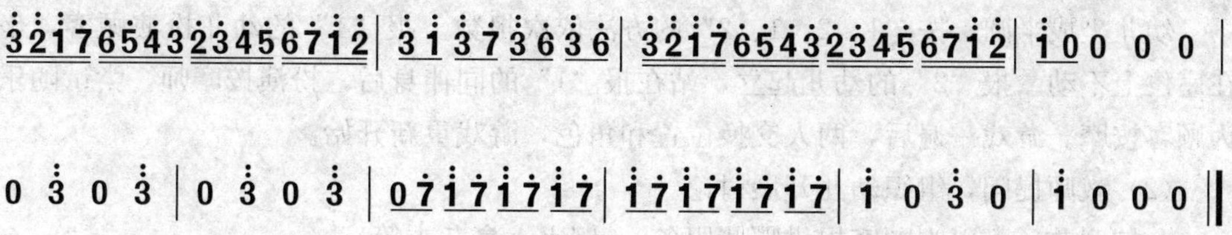

3217 6543 2345 6712 | 31 37 36 36 | 3217 6543 2345 6712 | 10 0 0 0 |

0 3 0 3 | 0 3 0 3 | 07 17 17 17 | 17 17 17 17 | 1 0 3 0 | 1 0 0 0 ‖

活动分析

乐曲为法国作曲家圣-桑的作品《动物狂欢节》组曲中的终曲，整体风格非常欢快，给人带来愉悦的感受。教师设计了按摩师、顾客等游戏角色，带领幼儿在观看视频的基础上，通过讨论、模仿、创编，随音乐合拍地做出不同的按摩动作，在给自己按摩、与同伴互相按摩的过程中，感受乐曲活泼、流畅的音乐性质及节奏，让幼儿感受到音乐能让原本平淡的生活变得轻松有趣。

活动准备

电影《大独裁者》中卓别林大师配乐修面的视频片段。

活动过程

1. 欣赏视频，引发活动兴趣

（1）教师和幼儿一起欣赏电影《大独裁者》中卓别林大师配乐修面的视频片段。

（2）请幼儿说一说：这段视频让你觉得怎么样？你想不想也来试试？

2. 创编各种按摩动作并随乐练习

（1）教师提问，启发幼儿讨论：理发店里除了修面、理发，还可以提供哪些服务？引导幼儿根据讨论的内容做一做按摩的动作，丰富相应的动词，如揉、按、捏、捶等。

（2）在明确了按摩动作之后，教师哼唱一小段音乐旋律，请幼儿尝试合拍地做动作，感受音乐的节奏。

（3）教师播放一小段音乐。幼儿在教师的带领下，尝试随乐合拍地做按摩动作。

3. 欣赏示范，尝试随乐给自己按摩

（1）执教教师扮演按摩师，随乐给配班教师扮演的顾客按摩，幼儿欣赏。

（2）教师和幼儿一起回顾：按摩师为顾客按摩了哪些身体部位？

（3）幼儿尝试随乐给自己按摩。这时，幼儿要兼顾动作的节奏和动作的变化，容易忙乱，教师可引导幼儿讨论解决办法，如按照“头部—手臂—脸部—背部—腿部”的顺序按摩、提前想好动作、认真听音乐等。

（4）幼儿再次随乐给自己按摩。结束后，教师可带领幼儿梳理经验，并启发幼儿了解：按摩时要讲究手法的轻重，舒服的背后是要付出辛苦劳动的。

4. 尝试两人互相按摩

（1）幼儿两人一组，尝试随乐互相按摩。

幼儿坐成半圆，按“1、2、1、2”的方法依次报数。报“1”的幼儿扮演顾客，坐在座位上不动。报“2”的幼儿起立，站在报“1”的同伴身后，扮演按摩师，尝试随乐为顾客按摩。游戏一遍后，两人交换位置和角色，游戏重新开始。

（2）教师提问，组织幼儿开展讨论。

• 按摩前还可以为顾客提供哪些服务？（倒水、拿杂志等）

• 怎样调整按摩的力度？（根据顾客的需求调整）

5. 随乐完整游戏

幼儿两人一组，根据讨论的结果增加更多的服务内容，再次游戏，体验随乐按摩的乐趣。例如：在音乐的前奏部分，按摩师为顾客拿毛巾、递水杯、询问是否有特殊需求；在音乐的结束部分，顾客表现出按摩后很舒服的样子，按摩师则向顾客收费，并有礼貌地说“欢迎下次光临”；等等。

活动延伸

带领幼儿进一步探索为日常生活中的其他动作配乐，并随乐合拍地做一做，感受音乐的有趣。

（南京市第一幼儿园　费　颖）

魔仙的指法

乐曲

化 石(片段)

——选自《动物狂欢节》组曲

1=♭B 2/2

[法]圣-桑曲

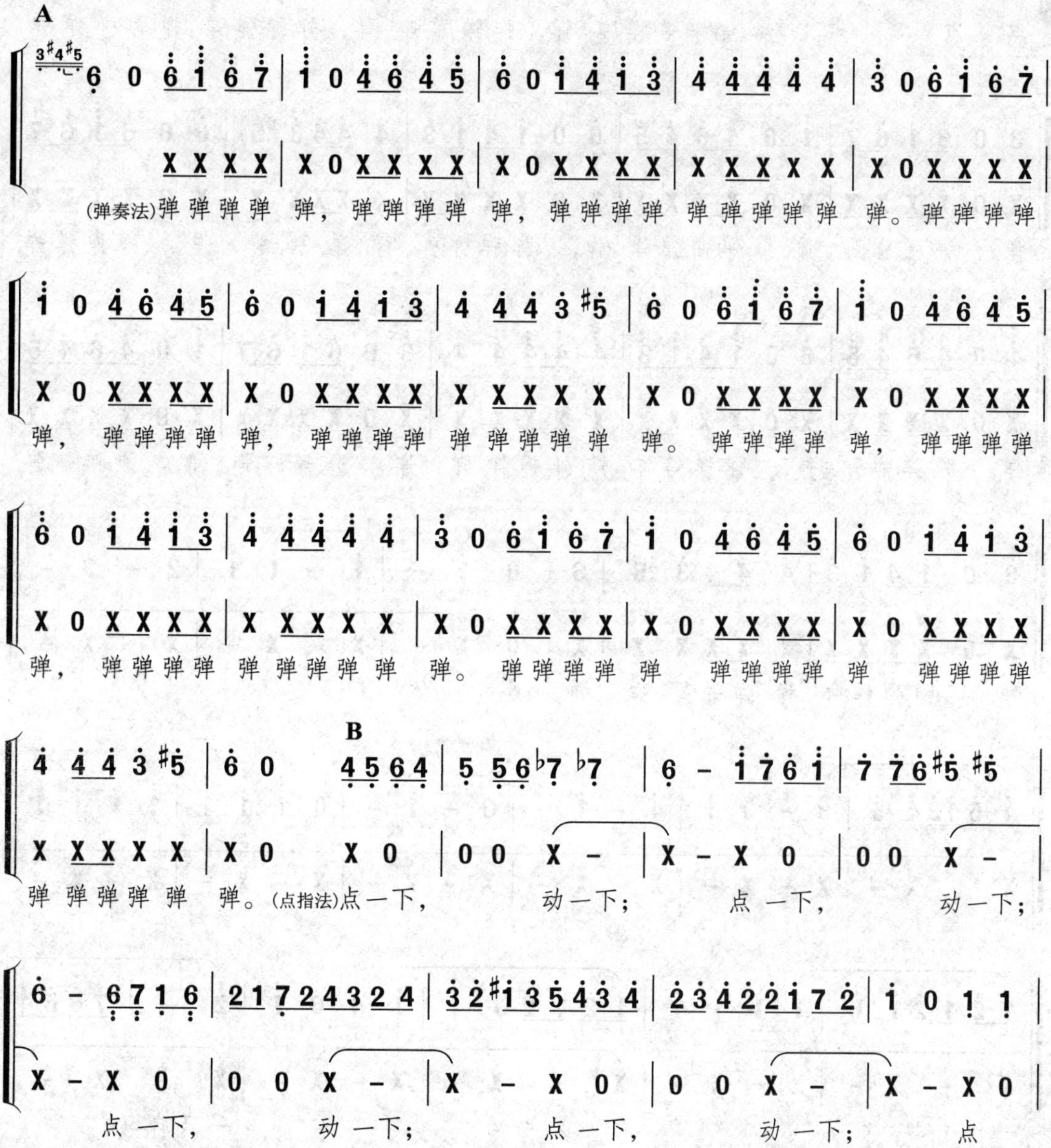

A

| 6 0 6 1 6 7 | 1 0 4 6 4 5 | 6 0 1 4 1 3 | 4 4 4 4 4 | 3 0 6 1 6 7 |
XX XX | X 0 XX XX | X 0 XX XX | X XX X X | X 0 XX XX |

(弹奏法)弹 弹 弹 弹 弹，弹 弹 弹 弹 弹，弹 弹 弹 弹 弹 弹 弹 弹 弹 弹。弹 弹 弹 弹

| 1 0 4 6 4 5 | 6 0 1 4 1 3 | 4 4 4 3 #5 | 6 0 6 1 6 7 | 1 0 4 6 4 5 |
| X 0 XX XX | X 0 XX XX | X XX X X | X 0 XX XX | X 0 XX XX |

弹，弹 弹 弹 弹 弹，弹 弹 弹 弹 弹 弹 弹 弹 弹 弹。弹 弹 弹 弹 弹，弹 弹 弹 弹

| 6 0 1 4 1 3 | 4 4 4 4 4 | 3 0 6 1 6 7 | 1 0 4 6 4 5 | 6 0 1 4 1 3 |
| X 0 XX XX | X XX X X | X 0 XX XX | X 0 XX XX | X 0 XX XX |

弹，弹 弹 弹 弹 弹 弹 弹 弹 弹 弹。弹 弹 弹 弹 弹 弹 弹 弹 弹 弹 弹 弹 弹 弹

B

| 4 4 4 3 #5 | 6 0 4 5 6 4 | 5 5 6 ♭7 ♭7 | 6 - 1 7 6 1 | 7 7 6 #5 #5 |
| X XX X X | X 0 X 0 | 0 0 X - | X - X 0 | 0 0 X - |

弹 弹 弹 弹 弹 弹。(点指法)点 一下，动 一下；点 一下，动 一下；

| 6 - 6 7 1 6 | 2 1 7 2 4 3 2 4 | 3 2 #1 3 5 4 3 4 | 2 3 4 2 2 1 7 2 | 1 0 1 1 |
| X - X 0 | 0 0 X - | X - X 0 | 0 0 X - | X - X 0 |

点 一下，动 一下；点 一下，动 一下；点

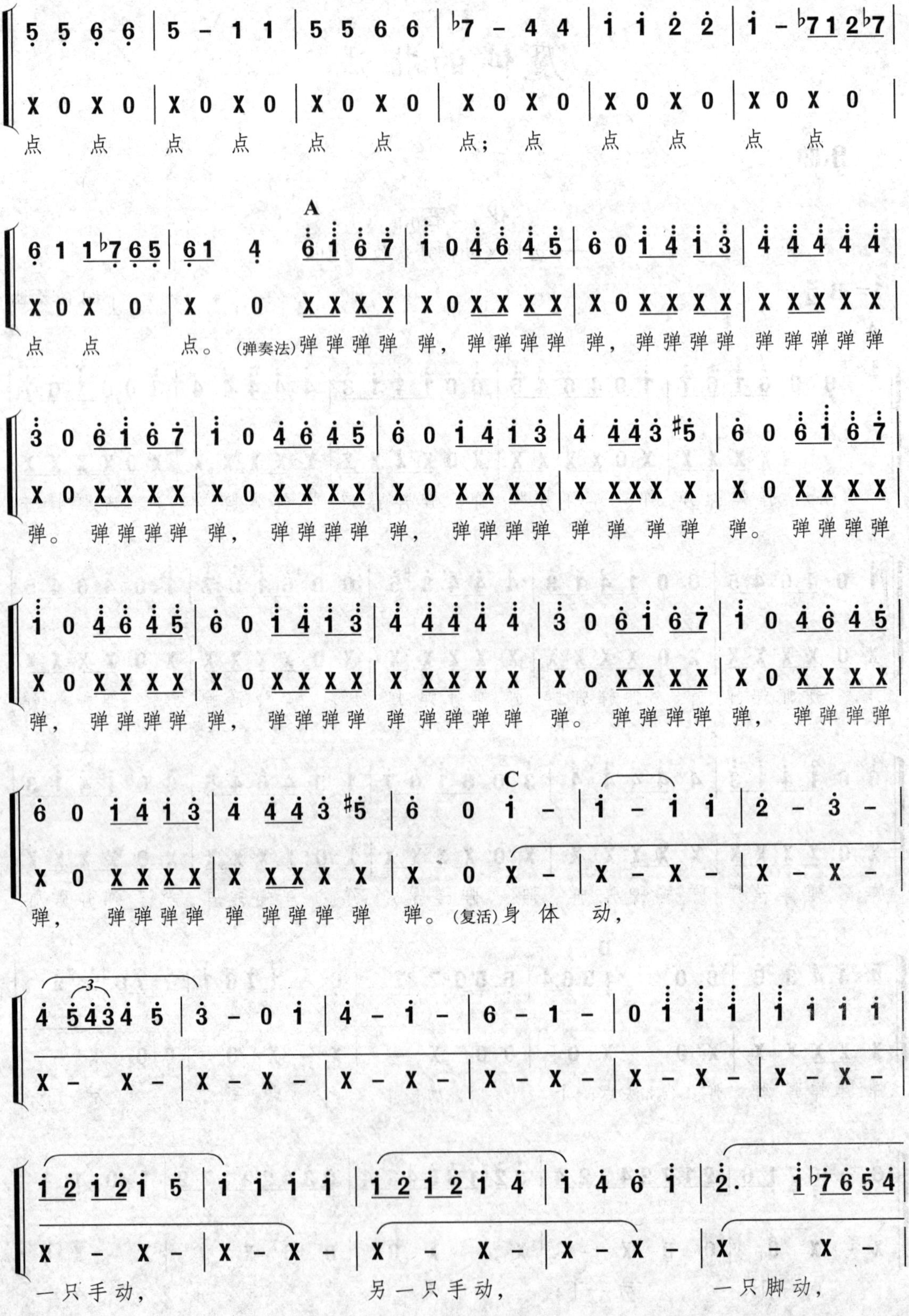

5 5 6 6 | 5 - 1 1 | 5 5 6 6 | ♭7 - 4 4 | 1 1 2 2 | 1 - ♭7 1 2 ♭7 |

X 0 X 0 | X 0 X 0 | X 0 X 0 | X 0 X 0 | X 0 X 0 | X 0 X 0 |

点 点 点 点 点 点 点；点 点 点 点 点

A

6 1 1 ♭7 6 5 | 6 1 4 6 1 6 7 | 1 0 4 6 4 5 | 6 0 1 4 1 3 | 4 4 4 4 4 |

X 0 X 0 | X 0 X X X X | X 0 X X X X | X 0 X X X X | X X X X X |

点 点 点。(弹奏法)弹弹弹弹 弹，弹弹弹弹 弹，弹弹弹弹 弹弹弹弹弹

3 0 6 1 6 7 | 1 0 4 6 4 5 | 6 0 1 4 1 3 | 4 4 4 3 ♯5 | 6 0 6 1 6 7 |

X 0 X X X X | X 0 X X X X | X 0 X X X X | X X X X X | X 0 X X X X |

弹。弹弹弹弹 弹，弹弹弹弹 弹，弹弹弹弹 弹 弹 弹 弹 弹。弹弹弹弹

1 0 4 6 4 5 | 6 0 1 4 1 3 | 4 4 4 4 4 | 3 0 6 1 6 7 | 1 0 4 6 4 5 |

X 0 X X X X | X 0 X X X X | X X X X X | X 0 X X X X | X 0 X X X X |

弹，弹弹弹弹 弹，弹弹弹弹 弹弹弹弹弹 弹。弹弹弹弹 弹，弹弹弹弹

C

6 0 1 4 1 3 | 4 4 4 3 ♯5 | 6 0 1 - | 1 - 1 1 | 2 - 3 - |

X 0 X X X X | X X X X X | X 0 X - | X - X - | X - X - |

弹，弹弹弹弹 弹弹弹弹弹 弹。(复活)身 体 动，

4 5 4 3 4 5 | 3 - 0 1 | 4 - 1 - | 6 - 1 - | 0 1 1 1 | 1 1 1 1 |

X - X - | X - X - | X - X - | X - X - | X - X - | X - X - |

1 2 1 2 1 5 | 1 1 1 1 | 1 2 1 2 1 4 | 1 4 6 1 | 2. 1 ♭7 6 5 4 |

X - X - | X - X - | X - X - | X - X - | X - X - |

一只手动，另一只手动，一只脚动，

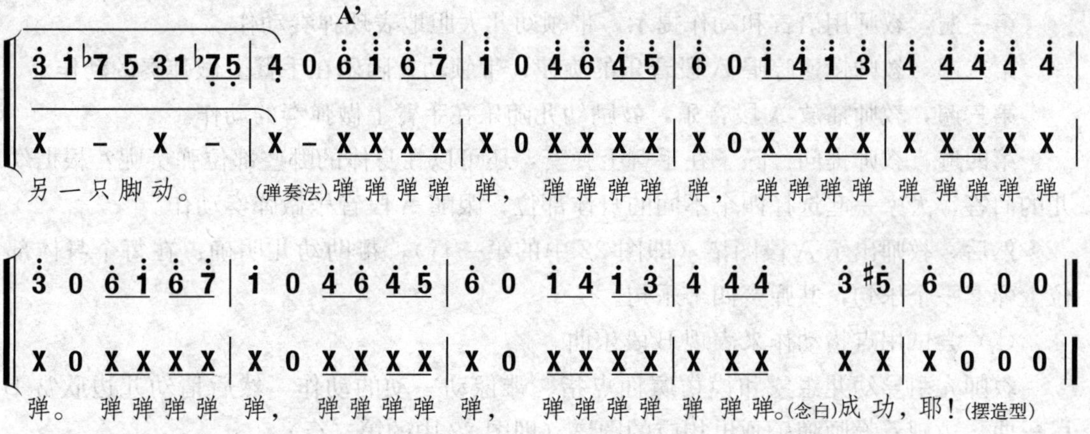

A'

3 1 ♭7 5 3 1 ♭7 5 | 4 0 6 1 6 7 | 1 0 4 6 4 5 | 6 0 1 4 1 3 | 4 4 4 4 4 |

X – X – | X – X X X X | X 0 X X X X | X 0 X X X X | X X X X X |

另一只脚动。 (弹奏法)弹弹弹弹 弹，弹弹弹弹 弹，弹弹弹弹 弹弹弹弹弹

3 0 6 1 6 7 | 1 0 4 6 4 5 | 6 0 1 4 1 3 | 4 4 4 3 ♯5 | 6 0 0 0 ‖

X 0 X X X X | X 0 X X X X | X 0 X X X X | X X X X X | X 0 0 0 ‖

弹。弹弹弹弹 弹，弹弹弹弹 弹，弹弹弹弹 弹弹弹。(念白)成功，耶！(摆造型)

活动分析

乐曲为法国作曲家圣-桑的《动物狂欢节》组曲中的第十二首《化石》片段。教师设计了“魔仙用弹奏法、点指法解救王子和公主”的游戏情节，借助教学图谱，让幼儿在扮演魔仙、王子或公主的游戏过程中充分感受、表现乐曲“A—B—A—C—A'”的回旋结构，体验同伴合作、共同进行音乐游戏的快乐。

活动准备

教学图片（图 19～图 21）及图谱（图 22）。

活动过程

1. 听故事，了解游戏内容

教师讲述故事。故事大意如下。

在很久、很久以前，有一位国王，他有许多活泼可爱的王子和公主。有一天，王子和公主被坏心肠的巫婆用魔法变成了石头雕像，一动也不能动了。国王很伤心，每天都在想办法解救他们，终于感动了天上的魔仙。魔仙有两种神奇的魔法，一种是弹奏法，另一种是点指法。这两种魔法能让王子和公主复活吗？我们一起来听一听。

2. 完整地感受音乐

（1）教师播放完整的音乐，幼儿倾听。

（2）教师请幼儿说一说：

• 你听到音乐里，魔仙好像在干什么？（弹奏、点指）

• 魔仙使用弹奏法和点指法后，王子和公主的雕像怎么样了？

（3）教师根据幼儿的回答出示弹奏、点指、雕像的图片（图 19～图 21）。

3. 尝试用弹奏、点指等动作表现 A、B、C 段乐曲，并与相应的图谱匹配

（1）尝试用弹奏动作来表现 A 段乐曲。

第一遍，教师用语言和动作提示，带领幼儿大胆地表现弹奏动作。

第二遍，教师慢速哼唱 A 段音乐的旋律，带领幼儿随乐在手臂上做弹奏的动作。

第三遍，教师播放 A 段音乐，鼓励幼儿随乐在手臂上做弹奏的动作。

第四遍，教师提问：除了在手臂上弹奏，还可以在身体的哪些部位弹奏呢？根据幼儿的回答，大家一起选择四个不同的身体部位，跟随 A 段音乐做弹奏动作。

然后，教师出示 A 段图谱（即图 22 中的第一行），帮助幼儿明确：在每个身体部位上弹奏一个乐句，共弹奏四个乐句。

（2）尝试用点指动作来表现 B 段乐曲。

教师先引导幼儿想象和模仿魔仙点指、雕像动一动的动作，然后请幼儿边欣赏 B 段乐曲，边观看教师随乐画出相应的图谱（即图 22 中的第二行）。

教师提问，帮助幼儿结合图谱理解 B 段音乐：音乐里，魔仙先慢慢地点了几下？（四下）魔仙快快地点时，每一次点了几下？（八下）重复了几次呢？（两次）每次都是从低往高点的吗？

然后，教师引导幼儿尝试随 B 段乐曲在身体上做点指动作。

（3）尝试用舒展的动作表现 C 段乐曲。

教师带领幼儿随 C 段音乐自由探索用舒展的动作表示王子和公主复活：先是身体动了，接着一只手动了，另外一只手也动了，脚动了，另一只脚也动了。教师根据幼儿的回答或肢体动作，在雕像图上画出简单的图示表示复活（如，说到哪个身体部位，就在雕像图中的相应位置画出线条等）。

4. 借助图谱，感受乐曲的结构

（1）教师带领幼儿完整地随音乐表现故事，并讨论动作的先后顺序。根据幼儿的回答，教师逐行出示相应的图谱（完整的图谱如图 22 所示）。教师可提问：

- 魔仙先用了什么方法？（弹奏法）
- 再用了什么方法？（点指法）
- 又用了什么方法？（弹奏法）
- 王子、公主开始怎样了？（动起来了）
- 最后，魔仙又使用了什么方法？（弹奏法）

（2）教师带领幼儿梳理 A 段音乐里弹奏法出现的次数，以及每一次出现有什么不同。然后，教师与幼儿随乐完整地用弹奏、点指、舒展的动作表现故事情节。

（3）教师扮演魔仙，先请一位自告奋勇者扮演王子或公主的雕像，共同演示魔仙用弹奏法弹完一句、雕像动一下的动作，再请全体幼儿扮演王子或公主，与教师互动游戏一遍。

（4）教师请一名做得较好的幼儿上前扮演魔仙，教师扮演公主，两人共同演示魔仙解救公主的过程。然后，教师引导全体幼儿评价两人的表演，指导幼儿完善动作。

5. 在游戏情境中两两互动，合作表演

（1）幼儿两人一组，一人扮演魔仙，一人扮演公主或王子，合作随乐表现魔仙解救公主或王子的过程。

（2）教师引导幼儿对自己的表演进行回顾和评价：在合作时有没有遇到困难？是怎么解决的？

（3）幼儿互换角色，完整地表现音乐。在音乐结束时，两人一起说“成功，耶”，并合作摆出一个造型，表示庆祝。

活动延伸

在日常游戏中，进一步引导幼儿探索雕像的各种造型和两两合作做动作。

附教学图片

图 19　弹奏　　图 20　点指　　图 21　雕像

附教学图谱

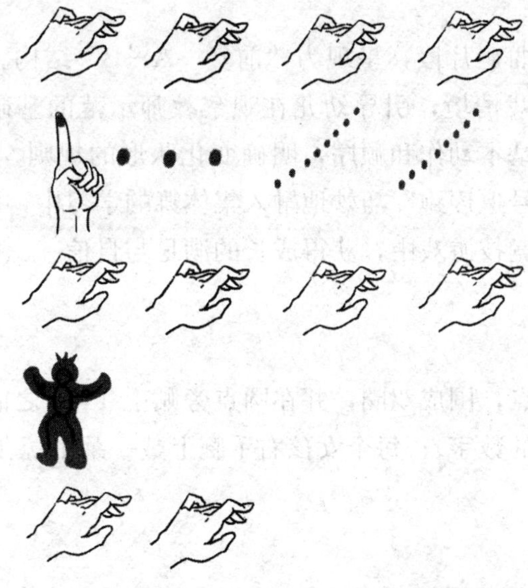

图 22　《魔仙的指法》教学图谱

（江苏省杭州市陶子幼儿园　颜瑶卿）

狡猾的狐狸在哪里

乐曲

瑞典狂想曲(片段)

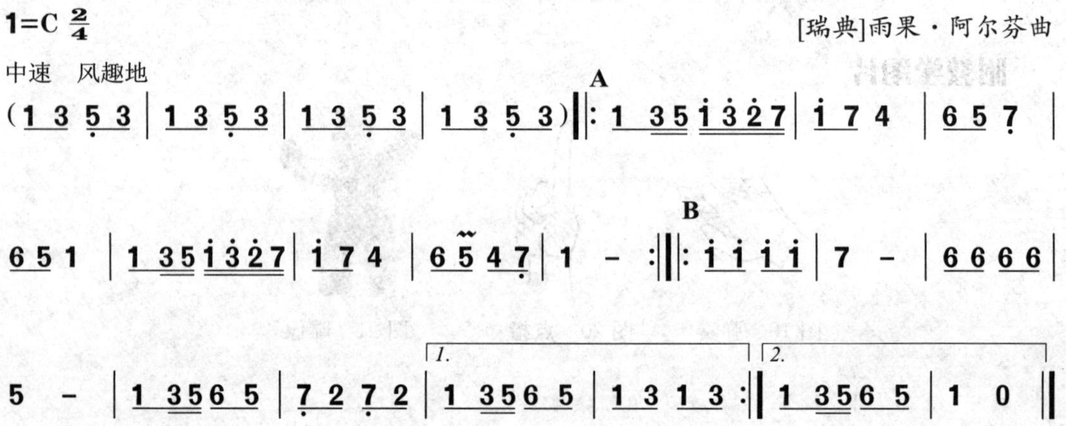

1=C $\frac{2}{4}$ [瑞典]雨果 · 阿尔芬曲

中速 风趣地

(1 3 5 3 | 1 3 5 3 | 1 3 5 3 | 1 3 5 3) ‖: A 1 35 1327 | 1 7 4 | 6 5 7 |

6 5 1 | 1 35 1327 | 1 7 4 | 6 5 4 7 | 1 - :‖‖: B 1 1 1 1 | 7 - | 6 6 6 6 |

5 - | 1 356 5 | 7 2 7 2 | 1. 1 356 5 | 1 3 1 3 :‖ 2. 1 356 5 | 1 0 ‖

活动分析

乐曲为《瑞典狂想曲》片段，呈现为“前奏—A—B”结构。教师通过创设“狐狸混进养鸡场偷鸡”的游戏情境，引导幼儿在观察教师示范的基础上，借助手腕花的提示，逐步掌握集体舞的基本动作和顺序，明确变化队形的规则，体验随乐表演的乐趣。教师还将体育游戏“喊号追逐跑”巧妙地融入集体舞的学习中，增加活动的挑战性，使幼儿在需要快速反应的竞技游戏中，获得成长的满足与自信。

活动准备

在场地上贴等距圆点，围成双圈，并在圆点旁贴上1～9之间的任意数字（内外圈相对应的圆点旁贴同样的数字）；每个女孩右手腕上戴一朵手腕花。

活动过程

1. 了解游戏情境，初步感知音乐

（1）教师介绍游戏情境。大意如下。

有一只狐狸，假扮成公鸡，混进了养鸡场，想要偷鸡吃。母鸡知道后，决定通过仔细地观察，找出狐狸。

（2）教师随着音乐，边有节奏地念游戏儿歌（见附），边表演游戏动作。幼儿欣赏，初步感知音乐的旋律、游戏结构及游戏动作的顺序。

2. 借助儿歌，梳理游戏动作的顺序及动作重复的次数

（1）教师随着音乐再次表演。幼儿边听音乐，边观察教师有节奏地念游戏儿歌与表演游戏动作。

（2）幼儿尝试用语言表述自己观察到的动作顺序，或试着模仿。教师带领幼儿梳理每段动作重复的次数。

3. 学习表演动作

（1）教师边念游戏儿歌，边带领幼儿坐在座位上学做游戏动作。

（2）幼儿跟随儿歌的节奏，坐在座位上练习游戏动作。

（3）幼儿跟随音乐，坐在座位上练习游戏动作。

（4）幼儿跟随音乐，在场地中央散点站立，练习游戏动作。

4. 圈上练习

（1）幼儿站成双圈队形。男孩在外圈扮演公鸡，女孩在内圈扮演母鸡，练习随A段音乐表现“母鸡找狐狸”的情节。

• 教师扮演母鸡，示范随着A段音乐，边说游戏儿歌边沿顺时针方向找狐狸，引导幼儿观察：母鸡是沿着哪个方向找狐狸的？母鸡在音乐的什么位置走到下一只公鸡面前？

• 教师哼唱A段音乐旋律，幼儿尝试随乐表现“母鸡找狐狸”的情节，明确：公鸡在原地做动作；母鸡顺着戴手腕花的右手方向（即顺时针方向）找狐狸（如图23所示）；在每个乐句结束时走到下一只公鸡面前，一共找了四次。

• 幼儿集体跟随A段音乐练习一两遍，进一步明确公鸡和母鸡的游戏动作，特别是说到“嗯？嗯?”时，公鸡和母鸡同时耸肩、摊手，可增加表情互动，以增添游戏情趣。

（2）练习随B段音乐交换位置。

• 教师站在内圈，扮演母鸡，并邀请外圈上一名扮演公鸡的男孩与自己合作，示范随B段音乐交换位置的方法（如图24所示）。其他幼儿观察、学习。

• 幼儿说一说：公鸡和母鸡是怎么交换位置的？

• 教师哼唱B段音乐旋律，幼儿在双圈上随乐练习交换位置。

• 教师播放B段音乐，幼儿集体随乐练习交换位置和其他游戏动作。

5. 表演

教师引导幼儿跟随音乐，完整地做动作，表现游戏情节。

6. 累加“喊号追逐跑”的游戏

（1）了解“喊号追逐跑”的游戏玩法。

幼儿站双圈，明确自己扮演的是公鸡还是母鸡，并认清自己站的是几号数字点。音

乐结束后，教师喊出 1～9 之间的任意一个数字，站在该数字点上的公鸡即刻变成狐狸，去追站在同样数字点上的母鸡。两人在圈外沿同一个方向追逐跑，如果母鸡先回原位，则母鸡胜利；如果狐狸先抓住母鸡，则狐狸胜利。

（2）幼儿跟随音乐，完整地表演和游戏。

活动延伸

在幼儿能熟练地随乐表演后，教师还可以增加队形变化的难度（如母鸡用绕 S 形的方法找狐狸，或母鸡每次隔一个数字点找狐狸等），既增强活动的趣味性和挑战性，又帮助幼儿不断提高在集体舞活动中适应空间变化的能力。

附游戏儿歌

A 段

狡猾的狐狸在哪里？嗯？嗯？狡猾的狐狸在哪里？嗯？嗯？

狡猾的狐狸在哪里？嗯？嗯？狡猾的狐狸在哪里？嗯？嗯？

B 段

仔细看一看，仔细瞧一瞧！狡猾的狐狸，狡猾的狐狸，可能就是你！

仔细看一看，仔细瞧一瞧！狡猾的狐狸，狡猾的狐狸，可能就是你！

附动作建议

前奏

第 1～4 小节：男孩、女孩分别扮演公鸡、母鸡，站在双圈上，做好准备。

A 段

第 5～6 小节：公鸡在外圈上原地小跑步，母鸡在内圈沿顺时针方向小跑步，行进至下一只公鸡面前。

第 7～8 小节：公鸡和母鸡同时有节奏地一边耸肩，一边做摊开双手的诙谐动作。

第 9～10 小节：同第 5～6 小节。

第 11～12 小节：同第 7～8 小节。

A 段重复一遍，动作也重复一遍。

B 段

第 13～16 小节：公鸡和母鸡同时伸出双手的食指和中指，横在眼前，并有节奏地转动，表现仔细看的样子。

第 17～20 小节：公鸡和母鸡同时伸出双手的拇指和食指（做手枪状），一边有节奏地做出搜寻狐狸的样子，一边走步进行内外圈的交换。

B 段重复一遍，公鸡和母鸡在原地重复第 13～20 小节的动作。

当音乐停止后，教师喊号，幼儿根据听到的数字玩追逐跑的游戏。

附队形变化示意图

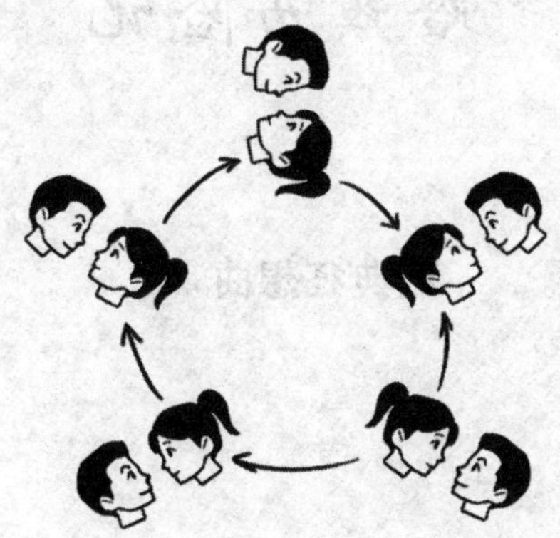

图 23　A 段队形变化

图 24　B 段队形变化

（南京市北京东路小学附属幼儿园　成　媛）

蛤蟆历险记

乐曲

瑞典狂想曲(片段)

1=C $\frac{2}{4}$　　　　　　　　　　　　　　　　[瑞典]雨果・阿尔芬曲

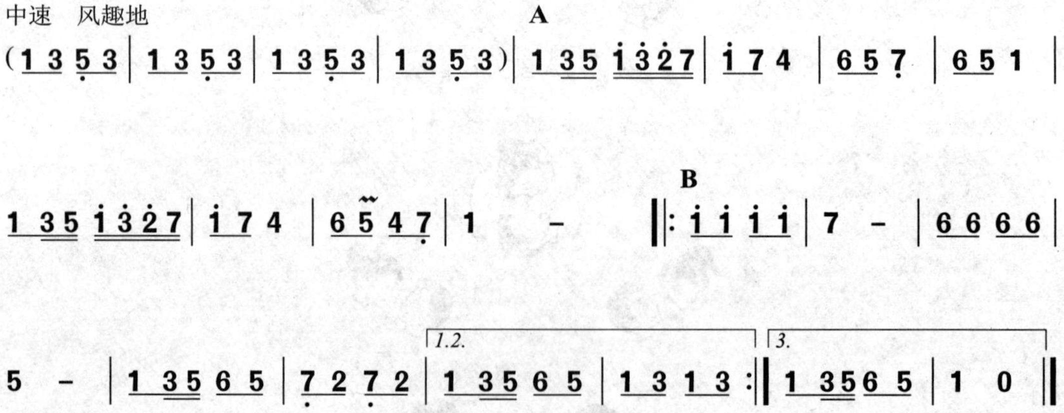

中速　风趣地

(1 3 5 3 | 1 3 5 3 | 1 3 5 3 | 1 3 5 3) | A 1 35 i i 2 7 | i 7 4 | 6 5 7 | 6 5 1 |

1 35 i i 2 7 | i 7 4 | 6 5 4 7 | 1 - ‖: B i i i i | 7 - | 6 6 6 6 |

5 - | 1 35 6 5 | 7 2 7 2 | 1.2. 1 35 6 5 | 1 3 1 3 :‖ 3. 1 35 6 5 | 1 0 ‖

活动分析

乐曲为《瑞典狂想曲》片段，呈现为"前奏—A—B"结构。教师根据活动的需要，将B段音乐重复两次（共播放三次），在每一次开始之前分别增加了不同的音效来表现蛇、鳄龟和怪兽出场，又在最后一次结束后，增加了一段音效来表现怪兽逃跑。活动以图画书《蛤蟆爷爷的秘诀》（［美］庆子・凯萨兹文/图，马爱新译，江苏凤凰少年儿童出版社2016年版）中的故事情节为线索，引导幼儿扮演故事中的角色，跟随音乐表演故事内容，根据故事情节记忆游戏动作的顺序，在充满趣味的律动游戏中加深对文学作品的理解，并享受表演游戏带来的愉悦和满足。

活动准备

幼儿读过图画书《蛤蟆爷爷的秘诀》的前半段，了解其中的故事情节。

活动过程

1. 回顾故事的主要情节

教师拿出图画书，和幼儿一起说一说《蛤蟆爷爷的秘诀》的故事，让幼儿带着对

“爷爷的第三个秘诀是什么呢”的猜测进入游戏。

2. 学习第一段游戏

(1) 教师随乐示范蛤蟆走的动作和说话的神态，幼儿观察、模仿。

(2) 幼儿扮演小蛤蟆，随着A段音乐模仿蛤蟆走路的样子，并尝试跟随音乐节奏念白：饥饿的敌人在哪里？嗯？嗯？饥饿的敌人在哪里？嗯？嗯？

(3) 教师扮演蛇，幼儿扮演小蛤蟆逃进“灌木丛”(即回到座位上)。教师走到一名幼儿跟前，模仿蛇凶恶的样子说“我要吃掉你，我要吃掉你”。这名幼儿就扮演蛤蟆爷爷，要回答“我不怕，我不怕，我的秘诀是勇敢”，并做相应的动作。

(4) 教师播放蛇出现的音效和B段音乐，带领幼儿随乐练习第一段游戏的对话和动作。

(5) 教师从头播放音乐，带领幼儿完整地进行第一段游戏。

3. 学习第二段游戏

(1) 教师扮演鳄龟出现，对幼儿扮演的蛤蟆爷爷说“我要吃掉你，我要吃掉你”。幼儿模仿蛤蟆爷爷的神态和语气，回答“我不怕，我不怕，我的秘诀是机智”，并做相应的动作。

(2) 教师鼓励幼儿大胆地用个性化的动作表现鳄龟凶恶和蛤蟆爷爷机智的样子。

(3) 教师悄悄指定一名幼儿扮演鳄龟，其他幼儿扮演蛤蟆，随着音乐进行第二段游戏。

4. 学习第三段游戏

(1) 教师引导幼儿回顾：故事里，怪兽抓住蛤蟆爷爷后，小蛤蟆是怎么做的？鼓励幼儿大胆地用语言和动作来表现。

(2) 教师带领幼儿随着B段音乐，有节奏地说“怪兽中毒喽，怪兽中毒喽”，并做相应的动作。

(3) 教师悄悄指定一名幼儿扮演怪兽，其他幼儿扮演蛤蟆，随着音乐进行第三段游戏。

5. 完整游戏

(1) 教师播放完整的音乐，带领幼儿随着音乐将三段游戏连起来表演，鼓励幼儿大胆地运用丰富的动作、表情和语气表现故事情节。

(2) 教师和幼儿一起回忆蛤蟆爷爷的前两个秘诀(勇敢、机智)，启发幼儿进行发散性地想象：蛤蟆爷爷的第三个秘诀，会是什么呢？

(3) 教师出示图画书，讲述故事结尾，揭示第三个秘诀(在紧要关头，一定要有一个靠得住的朋友)，引导幼儿再次回顾小蛤蟆在紧要关头表现出来的勇敢和机智，体验阅读和表演的双重乐趣。

附游戏动作建议

前奏

第1～4小节：幼儿扮演蛤蟆，坐在单圈上，面向圆心，做好准备；教师悄悄指定三名幼儿分别扮演蛇、鳄龟和怪兽（这三名幼儿先与蛤蟆做同样的动作，当B段音效响起时，才“曝光身份”）。

A段

第5～6小节：全体幼儿模仿蛤蟆走路的样子，边走边问“饥饿的敌人在哪里”。

第7～8小节：蛤蟆摊开双手，做出互相询问的样子，并问“嗯？嗯？”。

第9～10小节：同第5～6小节。

第11～12小节：同第7～8小节。

B段

第一遍

随着音效，蛇窜到圈内，用各种个性化的动作表现蛇的样子。蛤蟆四散跑回座位。音效结束时，蛇停在谁的面前，谁就是蛤蟆爷爷。

第13～16小节：蛇双手张开，放在嘴边不停地张合，恶狠狠地对蛤蟆爷爷说“我要吃掉你，我要吃掉你”。

第17～20小节：蛤蟆爷爷做出不怕的样子，有节奏地回答“我不怕，我不怕，我的秘诀是勇敢”。

第二遍

随着音效，鳄龟来到圈内，用各种个性化的动作表现鳄龟的样子。音效结束时，鳄龟停在谁的面前，谁就是蛤蟆爷爷。

第13～16小节：鳄龟恶狠狠地对蛤蟆爷爷说“我要吃掉你，我要吃掉你”。

第17～20小节：蛤蟆爷爷做出不怕的样子，有节奏地回答“我不怕，我不怕，我的秘诀是机智”。

第三遍

随着音效，怪兽来到圈内，用各种个性化的动作表现怪兽的样子。

第13～20小节：圈上所有的幼儿扮演蛤蟆，一起跳到圈内，做往怪兽身上扔东西的样子，并说“怪兽中毒喽，怪兽中毒喽，怪兽中毒喽，怪兽中毒喽”。

随着最后的音效，怪兽做出害怕得逃走的样子，蛤蟆欢呼庆祝。

（江苏省江阴市第二实验幼儿园　陈晓萍）

快乐小魔仙

乐曲

瑞典狂想曲(片段)

1=C 2/4 [瑞典]雨果·阿尔芬曲

中速 风趣地

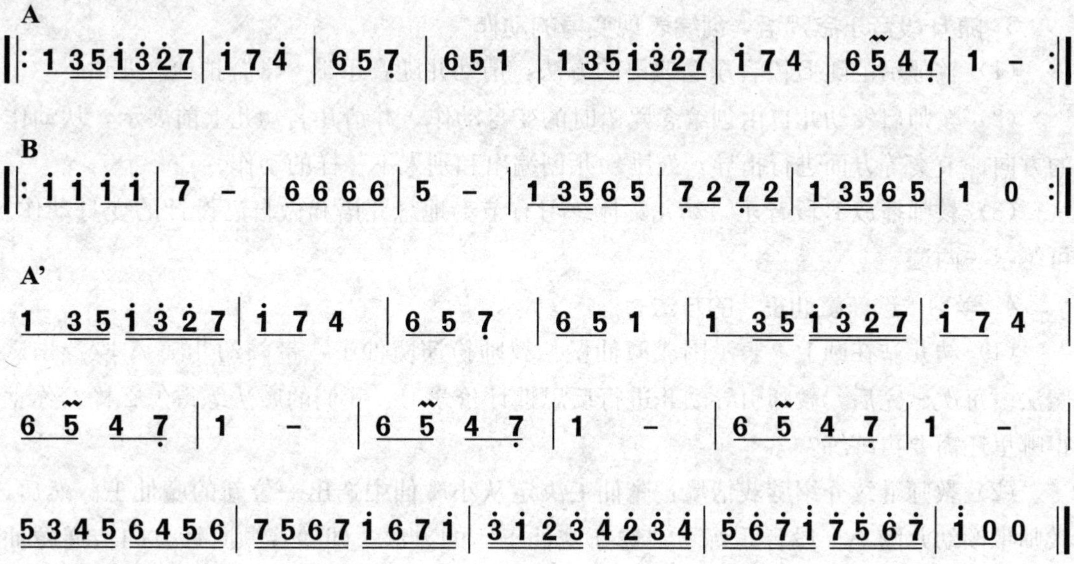

A

‖: 1 35 1 327 | 1 7 4 | 6 5 7 | 6 5 1 | 1 35 1 327 | 1 7 4 | 6 5 4 7 | 1 – :‖

B

‖: 1 1 1 1 | 7 – | 6 6 6 6 | 5 – | 1 35 6 5 | 7 2 7 2 | 1 35 6 5 | 1 0 :‖

A'

1 35 1 327 | 1 7 4 | 6 5 7 | 6 5 1 | 1 35 1 327 | 1 7 4 |

6 5 4 7 | 1 – | 6 5 4 7 | 1 – | 6 5 4 7 | 1 – |

5345 6456 | 7567 1671 | 3123 4234 | 5671 7567 | 1 0 0 ‖

活动分析

音乐呈现为“A—B—A’”三段式结构，旋律欢快跳跃，诙谐有趣。教师设计了“小魔仙跟随魔仙王练本领—念咒语提升能量—选新魔仙王”的游戏情境，让幼儿在听辨、感受音乐旋律和节奏的基础上，学玩音乐游戏，并能随音乐的变化和节奏创编不同的动作，尝试传递两根魔仙棒追逐跑，体验快速反应和律动游戏的快乐。

活动准备

蓝色、红色魔仙棒各一根；幼儿了解动画片《巴啦啦小魔仙》的主要角色和故事情节。

活动过程

1. 开展关于小魔仙的谈话，了解游戏情境

教师手持蓝色魔仙棒，介绍游戏情境。大意如下。

巴啦啦小魔仙们每天在魔仙堡中练魔法。魔仙王点到哪里，小魔仙的哪里就动一动。她们还念起了咒语提升魔力！

2. 学习A段游戏玩法，随指挥和音乐有节奏地活动各个身体部位

（1）教师手持蓝色魔仙棒，扮演魔仙王，边哼唱A段音乐旋律，边有节奏地指向自己的某个身体部位。幼儿扮演小魔仙，看到魔仙王指哪儿，哪儿就随音乐动一动。例如，看到魔仙王指头，小魔仙就随音乐动动头部，可以摇头，可以点头，也可以晃一晃头等。教师鼓励幼儿用不同的动作，有节奏地表现。

（2）由一名幼儿做魔仙王，带领大家随音乐有节奏地练习。教师鼓励幼儿做不一样的动作。

3. 随B段音乐念咒语，创编表现变身的动作

（1）教师示范随B段音乐念咒语的方法，请幼儿随音乐学一学合拍地念咒语。

（2）教师启发幼儿自由创编念咒语时的变身动作，并请几名幼儿上前展示，从动作的方向、节奏等方面进行指导，鼓励幼儿创编出和别人不一样的动作。

（3）教师播放B段音乐，幼儿集体练习有节奏地念咒语和做自己设计的变身动作。可练习一两遍。

4. 学习"选新魔仙王"的方法

（1）幼儿站在圆上，表示围成魔仙堡。教师扮演魔仙王，带领幼儿随A段音乐试魔法。每次试完后，教师引导幼儿进行反思性评价学习：我们的魔法练得怎么样？你觉得哪里还需要再练练？

（2）教师继续介绍游戏情境：魔仙王决定从小魔仙中选出一位新的魔仙王。然后，教师带领幼儿随A'段音乐练习"选新魔仙王"的方法，即随着顺时针方向传递魔仙棒，第六个拿到魔仙棒的幼儿就是新魔仙王，要转身绕圆跑一圈，在音乐结束前跑回原位。

（3）幼儿尝试随A'段音乐练习，教师指导，帮助幼儿明确游戏玩法。

5. 随音乐完整地游戏

（1）第一次，由在刚才的练习过程中产生的新魔仙王（幼儿）带领大家完整地游戏。教师观察，在必要时给予提示，帮助幼儿明确游戏动作和顺序，特别是指导魔仙王听辨乐句，随一个乐句指一个身体部位，将动作做清楚。

（2）第二次，教师不提示，由幼儿独立完成游戏。游戏结束后，对幼儿给予肯定和指导，以"增加魔力"为由，请幼儿与同伴互相击掌，激发幼儿继续游戏的愿望。

（3）第三次，教师出示蓝色、粉色两根魔仙棒，引导幼儿讨论：如果有两个魔仙王，可以怎样带领大家练本领？根据幼儿提出的方法（如轮流指挥、分别指挥一组、商量好以后统一指挥等）再次随A段音乐游戏。在C段游戏环节，同时传递两根魔仙棒，两名新魔仙王进行追逐跑。可重复玩两三遍。

活动延伸

幼儿熟练后，可以尝试同时传递三根、四根魔仙棒进行游戏，锻炼幼儿抗干扰、听辨音乐及快速反应的能力。

附游戏动作建议

全体幼儿站在圆上。其中，由一名幼儿手持魔仙棒，扮演魔仙王，其余幼儿扮演小魔仙。

A 段

第 1～4 小节：魔仙王在第 1 小节的第 2 拍用魔仙棒指定第一个身体部位，小魔仙随第 2～4 小节自选方法活动该身体部位。

第 5～8 小节：魔仙王在第 5 小节的第 2 拍用魔仙棒指定第二个身体部位，小魔仙随第 6～8 小节自选方法活动该身体部位。

A 段重复一遍，小魔仙在魔仙王的指挥下，依次活动第三个、第四个身体部位。

B 段

第 9～10 小节：每拍拍手一次，共拍四次，同时原地踏步。

第 11～12 小节：两臂上举，手心向外，并说“增长能量——”，准备念咒语。

第 13～16 小节：一边有节奏地念咒语“巴啦啦能量忽卡拉卡，小魔仙变身”，边做自己设计的不同的变身动作。

B 段重复一遍，动作也重复一遍。做变身动作时，可重复刚才的动作，也可做不一样的动作。

A’段

第 17～28 小节：顺时针传递魔仙棒（每四拍传一人，共传六次），第六个拿到魔仙棒的幼儿就是新魔仙王。

第 29～33 小节：新魔仙王迅速起身，绕场沿顺时针方向跑一圈，在音乐结束前回到原位。

（海军青岛示范幼儿园　袁贝妮）

野蜂飞舞

乐曲

野蜂飞舞

1=C $\frac{2}{4}$

[俄]里姆斯基-科萨科夫曲

紧凑、密集地

3♯2♮2♯1 2♯1♮17 | 17♭76♯5♮5♯4♮4 | 3♯2♮2♯1 2♯1♮17 | 17♭76♯5♮5♯4♮4 | 3♯2♮2♯1 2♯1♮17 |

3♯2♮2♯1 2♯1♮17 | 3♯2♮2♯1♮143♯2 | 3♯2♮2♯1♮1♯12♯2 | 3♯2♮2♯1♮143♯2 | 3♯2♮2♯1♮1♯12♯2 |

3♯2♮2♯1 2♯1♮17 | 1♯12♯2 3432 | 3♯2♮2♯1 2♯1♮17 | 1♯12♯2 3♯45♯5 | 6♯5♮5♯4♮4♭76♯5 |

6♯5♮5♯4♮4♯45♯5 | 6♯5♮5♯4♮4♭76♯5 | 6♯5♮5♯4♮4♯45♯5 | 6♯5♮5♯45♯4♮43 | 4♯45♯56♭76♯5 |

6♯5♮5♯4 5♯4♮43 | 4♯45♯5 6♭765 | 6666 6666 | ♭7♭676 7676 | ♮6666 6666 |

♭7♭676 7676 | ♮6♭76♯5 6♭76♯5 | 6♭76♯5 6♭76♯5 | 6♭7♮71♯1♮17♭7 | 6♭7♮71♯1♮17♭7 |

2222 2222 | ♭3♭232 3232 | 2222 2222 | ♭3♭232 3232 | 2♭32♯1 2♭32♯1 |

2♭32♯1 2♭32♯1 | 2♯234♯4♮4♯32 | 2♯234♯4♮4♯32 | ♮2♯1♮27♭7♭32♯1 | 2♯1♮17♭7♮71♯1 |

2♯1♮17 17♭76 | ♭7♮71♯1♮1♯12♯2 | 3♯2♮2♯1 2♯1♮17 | 17♭76♯5♮5♯4♮4 | 343♯2 343♯2 |

343♯2 343♯2 | 3 0 343♯2 | 343♯2 343♯2 | 3♯2♮2♯1 2♯1♮17 | 17♭76♯5♮5♯4♮4 |

343#2 343#2 | 343#2 343#2 | 3 0 343#2 | 343#2 343#2 | 3#45 #56#67 |

1#12#2 34#45 | #56#67 1#12#2 | 343#2 343#2 | 3#2♮2#1♮143#2 | 3#2♮2#1♮1#12#2 |

3#2♮2#1♮143#2 | 3#2♮2#1♮1#12#2 | 3#2♮2#1 2#1♮17 | 1#12#2 343#2 | 3#2♮2#1 2#1♮17 |

1#12#2 3#45#5 | 6#5♮5#4♮4♭76#5 | 6#5♮5#4♮4#45#5 | 6#5♮5#4♮4♭76#5 | 6#5♮5#4♮4#45#5 |

6#5♮5#4 5#4♮43 | 4#45#5 6♭76#5 | 6#5♮5#4♮4#45#5 | 6712 343#2 | 3#2♮2#1♮143#2 |

3#2♮2#1♮1#12#2 | 3#2♮2#1♮143#2 | 3#2♮2#1♮1#12#2 | 3#56♭7♮71#1 | 2#1♮17 17♭76 |

#56♭7♮7 1#12#2 | 3♮43#2 3♮43#2 | 3#56♭7♮71#1 | 2#1♮17 17♭76 | #56♭7♮7 1#12#2 |

343#2 3#45#5 | 6#5♮5#4 5#4♮43 | 43#2♮2#1♮17♭7 | 6#5♮5#4 5#4♮43 | 43#2♮2#1♮17♭7 |

6♭76#5 6♮76#5 | 6 ♭7♮7 1#1 2#2 | 343#2 343#2 | 3 #23 4#45#5 | 6 0 0 |

#5 6♭7♮7 1#1 2#2 | 3 4#4 5#5 6♭7♮7 | 1#1 2#2 3#4 5#5 | 6 0 6 0 | 6 0 0 ‖

活动分析

乐曲旋律紧凑，情绪十分紧张、激烈。活动中，教师启发幼儿在感受音乐情绪的基础上，跟随音乐创造性地运用各种不同的上肢快速振动的动作方式，表现野蜂振翅飞舞的动态；将模仿野蜂飞舞的动作与“寻找带头人”的游戏结合，引导幼儿通过多次游戏、观察和思考，总结出掩护和找出带头人的策略，体验探究游戏的发现与快乐，积累合作游戏的经验。

活动准备

幼儿玩过“寻找带头人”的游戏。

活动过程

1. 初步感受乐曲紧张、激烈的气氛

教师播放乐曲，请幼儿在倾听后用语言描述自己的感受，想象可能发生了什么事情。

2. 创编野蜂飞舞的动作，进一步感知、理解乐曲

（1）教师将幼儿想象出来的情节进行梳理和丰富，如野蜂的家园被可恶的敌人侵占，野蜂团结起来打败敌人、夺回家园等，启发幼儿用动作表现野蜂与敌人振翅激战的情景。

（2）教师启发幼儿创编野蜂飞舞时的各种动作，如用单侧翅膀飞，用双侧翅膀飞，朝上、下、左、右、前、后各个不同方向飞，转圈飞，独自飞，结伴飞等，用丰富的、有变化的动作表现野蜂飞舞的热闹场面。

3. 为音乐匹配情绪相似的游戏，并试着玩一玩

（1）教师启发幼儿想一想、说一说：我们玩过的哪个游戏可以配着这首曲子来玩？为什么？通过讨论，明确：玩“寻找带头人”时，情绪也比较紧张，与音乐的情绪相似。

（2）幼儿尝试用各种表现野蜂飞舞的动作玩“寻找带头人”的游戏。

游戏玩法如下。

请一名幼儿蒙住眼睛，当猜的人，教师悄悄选定另一名幼儿当带头人。选定带头人后，猜的人可睁眼。其余幼儿在音乐的伴随下，跟随带头人做各种表现野蜂飞舞的动作。猜的人仔细观察，找出谁是带头人。其余幼儿要尽力掩护带头人。

4. 在反复游戏中归纳、总结出掩护和找出带头人的策略

（1）第一次游戏后，总结经验。

教师根据游戏情况，引导幼儿思考、总结经验。如果带头人被找出，说明掩护失败，可以请猜的人介绍自己是怎么找的。如果带头人没有被找出，说明掩护成功，就请掩护的幼儿说说自己是怎么掩护的，也可以请带头人说说自己是怎样做让自己不被发现的。

（2）反复游戏，进一步探讨掩护和找出带头人的好方法。

通过一次次游戏和反思，教师引导幼儿总结出游戏策略，如：猜的人可以观察大家的面部表情，观察掩护人的目光方向，观察带头人与掩护人动作之间的时间差；掩护的人可以用余光看带头人，当带头人动作一变，马上就跟着变自己的动作；带头人自身不要紧张、面部放松，也可以假装看着其他人做动作；等等。

在一次活动中，幼儿也许发现不了这么多的策略，只要有幼儿大胆提出了自己的发现，教师就应对幼儿给予鼓励和肯定。随着幼儿反复游戏和思考，游戏水平自然会有所提高。

活动延伸

在幼儿熟悉游戏玩法后，教师可以换用其他不同风格的乐曲，让幼儿根据不同的旋律和风格特点创编适合的动作，如随着抒情的乐曲创编舒缓、柔和的动作，随着热情、欢快的乐曲创编节奏感强的动作等，从而丰富幼儿的审美感受。

（江苏省南京市游府西街幼儿园　吴　艳）

小老鼠和胖厨师

乐曲

单簧管波尔卡（片段）

1=♭B 2/4　　　　[波]普罗修斯卡曲

波尔卡速度

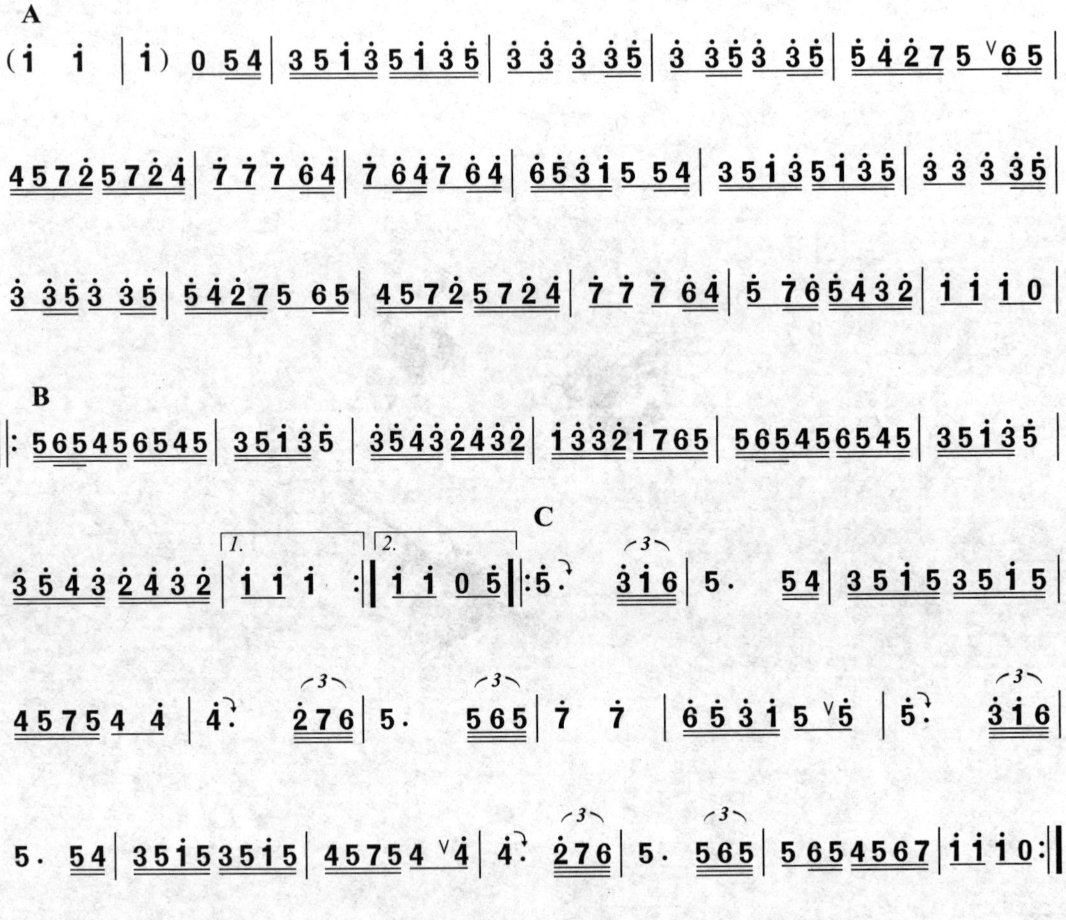

A

(1 1 | 1) 0 5 4 | 3 5 1 3 5 1 3 5 | 3 3 3 3 5 | 3 3 5 3 3 5 | 5 4 2 7 5 ᵛ6 5 |

4 5 7 2 5 7 2 4 | 7 7 7 6 4 | 7 6 4 7 6 4 | 6 5 3 1 5 5 4 | 3 5 1 3 5 1 3 5 | 3 3 3 3 5 |

3 3 5 3 3 5 | 5 4 2 7 5 6 5 | 4 5 7 2 5 7 2 4 | 7 7 7 6 4 | 5 7 6 5 4 3 2 | 1 1 1 0 |

B

‖: 5 6 5 4 5 6 5 4 5 | 3 5 1 3 5 | 3 5 4 3 2 4 3 2 | 1 3 3 2 1 7 6 5 | 5 6 5 4 5 6 5 4 5 | 3 5 1 3 5 |

3 5 4 3 2 4 3 2 | [1.] 1 1 1 :‖ [2.] 1 1 0 5 ‖

C

‖: 5· 3 1 6 | 5· 5 4 | 3 5 1 5 3 5 1 5 |

4 5 7 5 4 4 | 4· 2 7 6 | 5· 5 6 5 | 7 7 | 6 5 3 1 5 ᵛ5 | 5· 3 1 6 |

5· 5 4 | 3 5 1 5 3 5 1 5 | 4 5 7 5 4 ᵛ4 | 4· 2 7 6 | 5· 5 6 5 | 5 6 5 4 5 6 7 | 1 1 1 0 :‖

活动分析

乐曲为回旋曲式结构，轻松欢快、幽默诙谐。教师设计了“小老鼠和胖厨师”的故事情境，引导幼儿在情境表演中感知乐曲结构，充分体验表演游戏带来的乐趣和挑战，在互动合作中收获快乐和愉悦，并能按照一定的游戏规则进行表演。

活动过程

1. 观看情景表演

(1) 教师介绍故事情境，激发幼儿的兴趣——

有一个厨艺非常好的胖厨师正在厨房里准备晚餐，晚餐的香味飘得很远很远。一只很饿的小老鼠闻到了晚餐的香味。你们猜猜会发生什么事情呢?

(2) 两名教师分别扮演胖厨师和小老鼠，随音乐完整地表演动作，幼儿观看、猜想，理解故事内容。

2. 学习小老鼠的动作，随A段音乐表演

(1) 教师带领幼儿讨论，明确A段故事情节和游戏动作。

- 胖厨师是怎么做晚餐的?(先切菜、再炒菜)
- 小老鼠在干什么呢?(躲在洞里偷看)

(2) 配班教师扮演胖厨师，做切菜、炒菜的样子。主班教师一边提示“悄悄地看一看”，一边带领幼儿练习小老鼠的动作。

(3) 配班教师扮演胖厨师，主班教师带领幼儿扮演小老鼠，随着A段音乐有节奏地分别做动作，表现A段故事情节。

3. 创编B段动作并随乐表演

(1) 教师和幼儿一起回顾B段故事内容，并提问帮助幼儿理解：小老鼠忍不住悄悄地溜进了厨房，胖厨师发现小老鼠了吗? 为什么?

(2) 教师再次随B段音乐表演，引导幼儿仔细观察胖厨师和小老鼠的动作及动作规律。

(3) 教师启发幼儿自由创编小老鼠的动作：如果你是小老鼠，当胖厨师四处寻找时，你会变成厨房里的什么物品或食物来伪装呢? 请你做一做。

(4) 配班教师扮演胖厨师，主班教师带领幼儿扮演小老鼠，随着B段音乐做动作。教师重点指导幼儿在规定的音乐处做动作，创造性地表现厨房里的各种物品及食物。

4. 学习并创编C段动作

(1) 教师和幼儿一起回顾C段故事内容。

- 胖厨师有没有发现小老鼠? 他开始做什么了?(品尝晚餐)
- 胖厨师品尝晚餐的时候，小老鼠在干什么?(偷看，很想吃)

(2) 教师启发幼儿创造性地表达想吃食物时的情绪和动作。

- 小老鼠肚子很饿，它也好想吃晚餐，这时候它会怎样呢?
- 小老鼠的口水都要流下来了，怎么表演?
- 除了流口水、摸肚子，小老鼠想吃食物的时候还会怎样呢?

请幼儿回答后，试着做一做。

(3) 教师引导幼儿创编不同的动作，表现小老鼠趁胖厨师睡着时偷吃食物的样子。

- 胖厨师吃饱后睡着了，这时小老鼠在干什么?

• 小老鼠太饿了，它会怎样吃呢？

• 小老鼠还要小心不被胖厨师发现，它会怎么做？

（4）教师带领幼儿继续回顾故事情节。

• 胖厨师醒来，发现了什么？（晚餐全部被吃完）

• 小老鼠赶紧躲到了哪里？（躲回洞里）

（5）教师哼唱C段旋律，带领幼儿扮演小老鼠，练习合拍地表演C段故事内容。

（6）教师播放C段音乐，带领幼儿合拍地表演。

5. 分角色随乐游戏，感受和表现音乐

（1）配班教师扮演胖厨师，执教教师与幼儿共同扮演小老鼠，共同随乐游戏。

（2）教师扮演胖厨师，幼儿扮演小老鼠，共同随乐游戏。

6. 了解故事的戏剧性结尾，完整地表演

（1）教师表演故事的结尾部分，引导幼儿观察：胖厨师用了什么办法抓到了小老鼠？

（2）幼儿随乐游戏，自由创编动作，表现小老鼠醉酒的样子。

（3）教师播放完整的音乐，和幼儿一起完整地随乐表演。

附故事内容

胖厨师正在厨房里准备晚餐，有一只很饿的小老鼠闻到了香味，躲在洞里偷看。小老鼠太想吃胖厨师做的美食了，它悄悄地溜进了厨房。胖厨师好像发现了什么，揉揉眼一看——咦，没有都什么啊！揉揉眼再看——还是什么都没有！胖厨师开始品尝他做的晚餐了。吃一口，真好吃！再吃一口，确实很好吃！小老鼠只能偷偷地躲在后面，看着胖厨师品尝美食。哎呀，是不是真的很好吃啊？小老鼠口水都流出来了！胖厨师吃饱了，美美地睡着了。小老鼠终于可以美餐一顿了！哈哈！小老鼠把胖厨师做的美味晚餐全都吃完了！

附动作建议

A段

胖厨师按照| X X | X X X |的节奏做切菜动作四次、炒菜动作四次，小老鼠躲在洞里偷看。

B段

以每四个小节为单位，前两个小节胖厨师揉眼睛、小老鼠随乐走动，后两个小节胖厨师四处寻找、小老鼠变成厨房里各种各样的物品或食物。共做四次。

C段

第一遍

胖厨师品尝美食，用各种动作表情表示好吃；小老鼠偷看，做出很想吃的样子。每个乐句做一次，共做四次。

第二遍

胖厨师睡着了，小老鼠开始偷吃美食，用各种动作、表情表示非常好吃的样子。每个乐句做一次，共做四次。

乐曲结束时，胖厨师惊醒，发现晚餐全部吃完，这时小老鼠迅速回洞。

C 段（第二层次玩法）

第一遍

胖厨师在食物里放酒，用各种动作及表情表示很得意；小老鼠偷看，做出很想吃的样子。

第二遍

胖厨师睡着了，小老鼠开始偷吃美食，用各种动作、表情表示醉酒的状态，在音乐的最后一个乐句，小老鼠醉倒。

（湖南省长沙市雨花区绿城育华幼儿园音乐课题组）

狮王争霸

乐曲

哦，命运女神(片段)

1=C $\frac{2}{4}$　　　　[德]卡尔·奥尔夫曲

气势宏大地

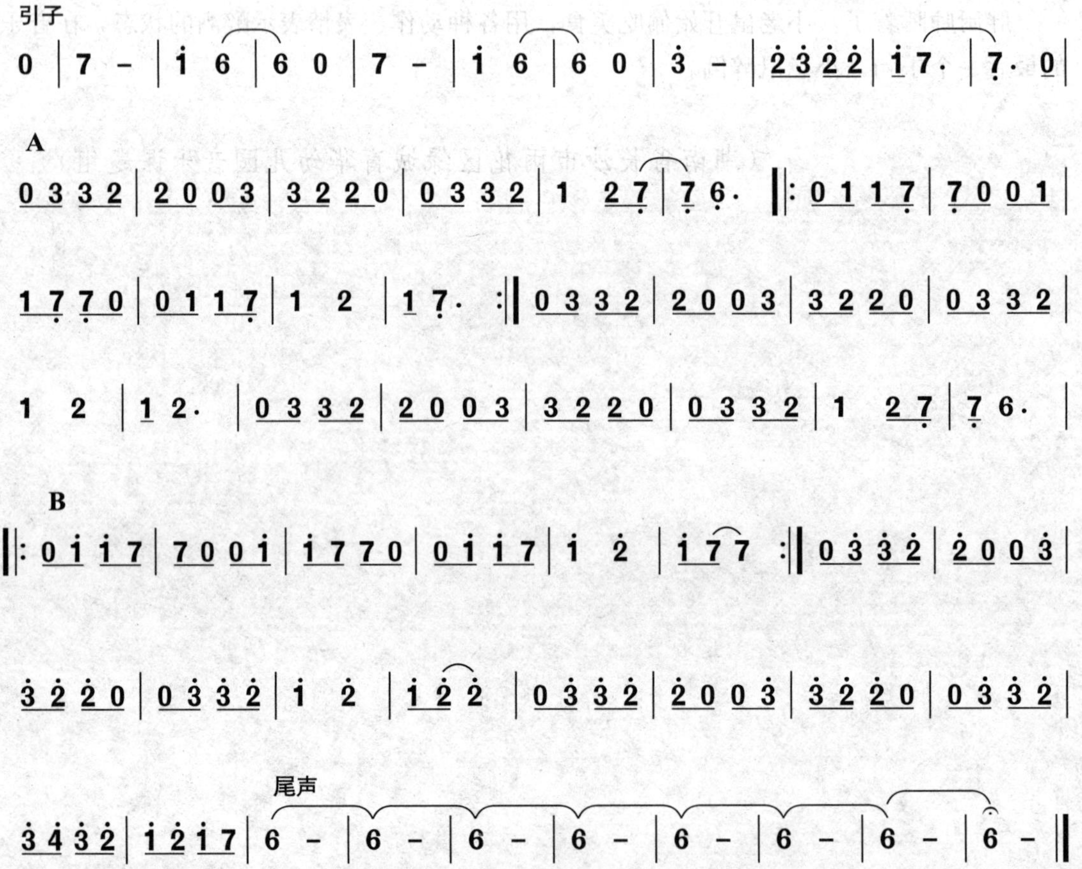

引子

0 | 7 - | 1 6 | 6 0 | 7 - | 1 6 | 6 0 | 3 - | 2 3 2 2 | 1 7· | 7· 0 |

A

0 3 3 2 | 2 0 0 3 | 3 2 2 0 | 0 3 3 2 | 1 2 7 | 7 6· |: 0 1 1 7 | 7 0 0 1 |

1 7 7 0 | 0 1 1 7 | 1 2 | 1 7· :| 0 3 3 2 | 2 0 0 3 | 3 2 2 0 | 0 3 3 2 |

1 2 | 1 2· | 0 3 3 2 | 2 0 0 3 | 3 2 2 0 | 0 3 3 2 | 1 2 7 | 7 6· |

B

|: 0 1 1 7 | 7 0 0 1 | 1 7 7 0 | 0 1 1 7 | 1 2 | 1 7 7 :| 0 3 3 2 | 2 0 0 3 |

3 2 2 0 | 0 3 3 2 | 1 2 | 1 2 2 | 0 3 3 2 | 2 0 0 3 | 3 2 2 0 | 0 3 3 2 |

尾声

3 4 3 2 | 1 2 1 7 | 6 - | 6 - | 6 - | 6 - | 6 - | 6 - | 6 - | 6 - ‖

活动分析

乐曲旋律简单，但节奏强烈，通过大量的反复，营造出紧张的情绪和恢宏的气势。教师截取了其中的片段，并设计了与乐曲情绪相符的游戏情境“狮王争霸赛”，带领幼儿按照固定的节奏型与同伴做身体接触动作，并辅以表情和神态，感受、理解和表现乐曲的情绪和节奏。

活动准备

皇冠一顶，披风一件；教师和幼儿每人右手戴一朵手腕花。

活动过程

1. 情境创设

（1）教师头戴皇冠，身着披风，以狮王的身份带领幼儿入场，随着音乐的引子部分玩“聪明孩子笨老狼”的游戏，即教师一回头，幼儿就摆出表示强壮的造型不动。

（2）教师用狮王的口吻介绍游戏情境——

小狮子们，我一天天年纪大了，没有足够的力量来保护我们这个家族了。今天，我们将举行狮王争霸赛。通过比赛，我要在你们当中选出最有力气和最聪明的小狮子，让他成为未来的狮子王。我将亲自为他戴上皇冠，披上披风。小狮子们，你们想不想成为狮子王？

（3）教师取下皇冠和披风，并介绍比赛规则：今天的比赛共分三场，前两场是资格赛，第三场是决赛，只有在资格赛中表现优秀的选手才能进入决赛。

2. 第一场资格赛：比比谁最威风

（1）教师随A段音乐示范比试的方法：在一个乐句内，先将右手的食指压在对方右手食指上，再将左手食指压在对方左手的食指上，接着将双手食指压在对方双手食指上，然后，双手边抖动手指边从下方经内侧向上、向外逐渐打开。幼儿坐在座位上模仿、学习。教师提示幼儿在手腕花的提示下记忆出手顺序。

（2）教师与一名幼儿示范两两比试的方法，然后请幼儿坐在座位上，两两结伴练习。教师注意营造比试的氛围，重点指导幼儿表现出“双目圆瞪”的神情和“身体前倾”的姿势，增加游戏情趣。

（3）教师启发幼儿回忆以往在圆上交换舞伴的经验，并哼唱A段音乐的旋律，帮助幼儿掌握随乐在圆上交换比试对手的方法，即：向前走，右肩经过同伴，在下一个乐句开始前找到一个新朋友，与他面对面站好。

（4）随着A段音乐，幼儿进行第一场资格赛。

教师：比赛要开始了！第一场资格赛“比比谁最威风”现在开始！

教师鼓励、称赞幼儿威风的样子，宣布全体通过第一场资格赛，进入第二场比赛。

3. 第二场资格赛：比比谁最聪明

（1）教师交待比赛规则，启发幼儿创编比试的动作：刚才，你们是用手指来和朋友比试的，想一想，还可以用身体的哪些部位和朋友比试呢？

（2）教师根据幼儿的回答，提炼四个比试的动作，并帮助幼儿梳理顺序。

（3）幼儿两人一组，面对面随乐练习。

（4）幼儿在圆上，两人一组，随乐练习。

（5）随着B段音乐，幼儿进行第二场资格赛。

教师：现在看谁最聪明的时候到了——谁能记住这四个动作的顺序，还能在圆上交换朋友，谁就最聪明！第二场资格赛“比比谁最聪明”现在开始！

教师鼓励、称赞幼儿能记得动作的顺序，宣布全体通过第二场资格赛，进入决赛。

4. 决赛：比比谁的力气大

(1) 教师与配班教师合作，随着音乐的尾声部分示范决赛的比试方法。

(2) 幼儿两人一组，随着音乐的尾声部分进行比试。教师提醒幼儿控制自己的手部力量，注意游戏安全。

5. 狮王争霸赛

(1) 教师宣布再次比赛——

刚才你们表现得都很威风、很聪明，我还没有想好要选谁当小狮王。这一次，我们将前两场资格赛连起来比。我来选出表现最棒的小狮子，到中间来和我进行决赛。我们在决赛时，其他的小狮子就为我们加油，好不好？

(2) 随着完整的音乐，进行第一轮狮王争霸赛。在这一轮的决赛中，教师故意输掉。

(3) 教师激励其他幼儿继续比赛：这一轮他胜利了，你们服不服气？还有谁想跟他来比一比？那我们就再战一轮！

教师请在上一轮比赛中胜出的幼儿站在圈内：请你认真看，谁在资格赛中表现得最威风、最聪明，就请他到中间来和你进行决赛。

(4) 教师来到圆上，和幼儿共同随着完整的音乐进行第二轮资格赛。胜出者到圈内，和上一轮胜出者进行决赛，最后的胜出者即为小狮王。

(5) 教师为小狮王披上披风，戴上皇冠举行加冕仪式。然后，教师播放音乐的引子部分，请小狮王带领大家绕场一周，结束自然活动。

附游戏玩法与动作建议

幼儿在单圆上两两相对而立。

引子

幼儿扮演小狮子，跟着教师扮演的老狮王进场。每个乐句开始时，老狮王回头，小狮子马上做一个显示自己强壮的造型，然后保持不动。最后一个乐句结束时，所有人刚好走成单圆队形。

A 段（比比谁最威风）

幼儿在单圆上两两相对站立。在第一个乐句内，先用食指进行“比试”，即先将右手的食指压在对方右手的食指上，再将左手的食指压在对方左手的食指上，接着将双手的食指压在对方双手的食指上，然后双手边抖动手指边从下方经内侧向上、向外逐渐打开，同时向前走，右肩经过同伴，在下一个乐句开始前找到一个新朋友，与他面对面站好。

按照上述动作的模式，在第二个乐句内，两人用两根手指进行“比试”，在第三个乐句内用三根手指……依次叠加。在每个乐句内与与一位新朋友比试，共与五名朋友比试。比试时，幼儿双目圆瞪，身体前倾，用眼神和不同幅度、力度的动作来比比谁最威风。

B 段（比比谁最聪明）

按照 A 段动作的模式，幼儿按照教师梳理的动作顺序，在圆上交换朋友进行比试。

尾声（比比谁的力气大）

幼儿两人一组，相对推手而立，相互用力推对方。在音乐结束时，谁能保持自己的双脚稳定、不移动，谁就胜出。

在最后的狮王争霸赛中，尾声部分仅两人在圈内比试，其余幼儿在圆上加油助威。

（湖南省政府直属机关第一幼儿院　龙莺英）

打 字 机

乐曲

打 字 机(片段)

1=F $\frac{2}{4}$ [美]安德森曲

中速 优美地

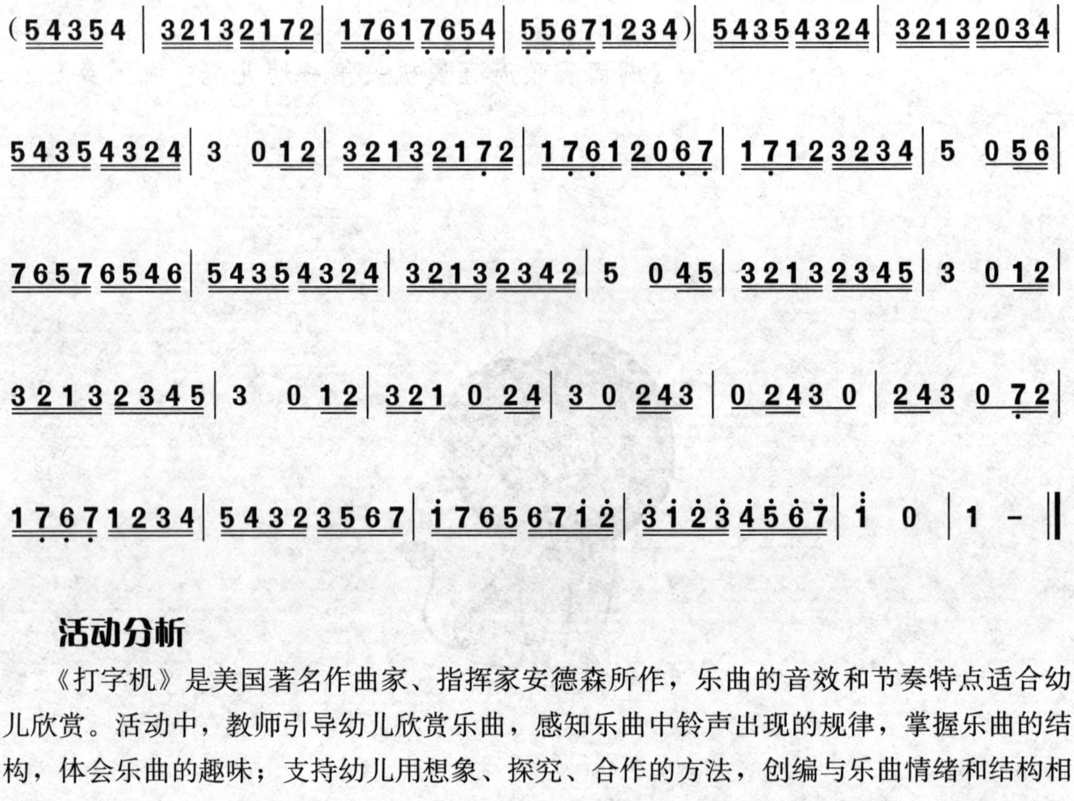

(5435 4 | 3213 2172 | 1761 7654 | 5567 1234) | 5435 4324 | 3213 2034 |

5435 4324 | 3 012 | 3213 2172 | 1761 2067 | 1712 3234 | 5 056 |

7657 6546 | 5435 4324 | 3213 2342 | 5 045 | 3213 2345 | 3 012 |

3213 2345 | 3 012 | 321 024 | 3 0 243 | 0 243 0 | 243 0 72 |

1767 1234 | 5432 3567 | 1765 6712 | 3123 4567 | 1 0 | 1 – ‖

活动分析

《打字机》是美国著名作曲家、指挥家安德森所作，乐曲的音效和节奏特点适合幼儿欣赏。活动中，教师引导幼儿欣赏乐曲，感知乐曲中铃声出现的规律，掌握乐曲的结构，体会乐曲的趣味；支持幼儿用想象、探究、合作的方法，创编与乐曲情绪和结构相符的故事情节和表演方式，充分表达自己对乐曲的理解；引导幼儿用积极的心态接受他人的合理建议，在团队合作时乐意与同伴协商，共同解决问题。

活动准备

表现打字机工作状态的动画或视频；教师提前将乐曲音频作为音乐礼物“送”给幼儿，即在一日生活的过渡环节中请幼儿自由欣赏乐曲。

活动过程

1. 欣赏乐曲

（1）教师请幼儿带着问题欣赏乐曲一两遍：前些天我送给小朋友一份音乐礼物，今天请你再认真地听一听这首乐曲，听后说一说你想到了什么，有什么感觉，或者你认为发生了什么事情。

（2）幼儿专注地倾听乐曲后，自由表达、分享。教师根据幼儿的表达适时追问，如“铃声响起，像是怎么了”等，协助幼儿将零碎的感受进行提取和丰富，引导幼儿充分地用语言表达自己的感受。

（3）教师启发幼儿将自己的感受用动作表现出来，并邀请几名幼儿随着音乐做一做。然后，教师从幼儿想象的场景或故事中，选取一两个进行集体讨论，将乐曲中的铃声与具体的事件相对应，并带领幼儿尝试随乐做一做动作。

2. 分组创编肢体动作，表达对乐曲的理解

（1）教师从幼儿想象的场景或故事中，选取两三个，请幼儿自愿按故事情境分组，分别创编肢体动作，表达自己对乐曲的理解。

（2）教师巡回指导，观察每组幼儿分工、合作、协商、创编、倾听音乐、解决问题等方面的情况，结合每组选择的故事情境，引导幼儿将铃声与具体的事件相对应，并跟随音乐进行练习。在乐曲中的铃声密集处，幼儿的动作容易忙乱，教师可结合故事情境，引导幼儿用放慢动作速度或减小动作幅度等方式，逐渐使动作与音乐合拍。

（3）各小组交流、展示创编成果。教师引导幼儿用欣赏的眼光评价每组的创编成果，并互相提出建设性建议。

（4）各小组根据大家的评价和建议调整本组创编的肢体动作，并再次展示、交流。教师鼓励幼儿对他人提出的建议进行大胆尝试，保留适合的，摒弃不合适的，引导同伴间相互接纳、感恩，不断提高幼儿的表达、表现水平。

3. 欣赏乐曲，画出图谱，理解乐曲结构

（1）教师提问，启发幼儿关注乐曲结构：刚刚我们玩过的游戏里，铃铛一共响了多少次？我们来听一听、画画看。

（2）教师播放完整的音乐，带领幼儿边听音乐边画出图谱（如图 25 所示），理解乐曲结构；引导幼儿体会遇事不可无依据地胡乱猜测，要找到适宜、科学的解决办法，形成科学、严谨的态度及品质。

4. 了解乐曲的相关背景信息

（1）教师介绍乐曲的名称、作曲家以及乐曲背后的故事。

（2）教师播放表现打字机工作状态的动画或视频，请幼儿欣赏，观察打字机是怎么工作的，了解乐曲中的铃声原来是换行的声音。

（3）教师带领幼儿小结：这首有趣的乐曲源于作曲家对生活的细致观察与欣赏，我们要向安德森学习，用心去聆听和发现生活中美妙的声音。

附教学图谱

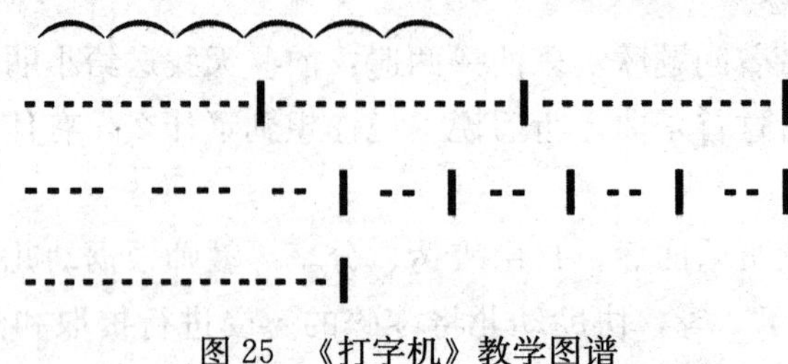

图 25 《打字机》教学图谱

（空军直属机关蓝天幼儿园 周 悦）

晨　曲

乐曲

晨　曲(片段)

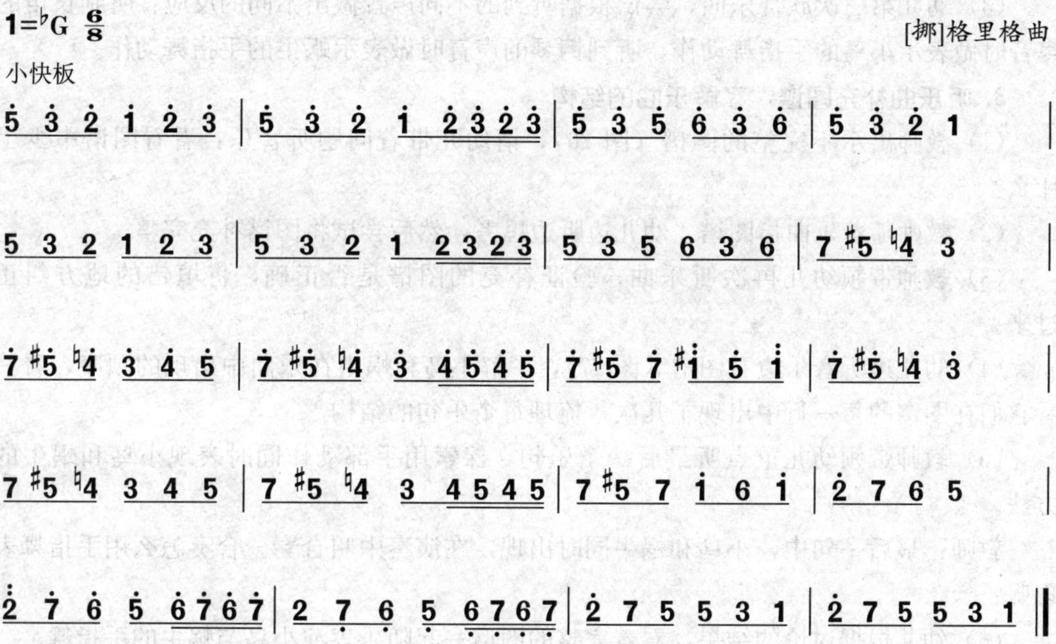

1=♭G $\frac{6}{8}$ [挪]格里格曲

小快板

5 3 2 1 2 3 | 5 3 2 1 2323 | 5 3 5 6 3 6 | 5 3 2 1 |

5 3 2 1 2 3 | 5 3 2 1 2323 | 5 3 5 6 3 6 | 7 ♯5 ♮4 3 |

7 ♯5 ♮4 3 4 5 | 7 ♯5 ♮4 3 4545 | 7 ♯5 7 ♯1 5 1 | 7 ♯5 ♮4 3 |

7 ♯5 ♮4 3 4 5 | 7 ♯5 ♮4 3 4545 | 7 ♯5 7 1 6 1 | 2 7 6 5 |

2 7 6 5 6767 | 2 7 6 5 6767 | 2 7 5 5 3 1 | 2 7 5 5 3 1 ‖

活动分析

乐曲是从挪威作曲家格里格的作品《晨曲》中截取的片段，长笛和钢琴的轮奏与合奏描绘出清晨柔和、清新的美好画面。活动中，教师借助小鸟和小蜗牛的形象，帮助幼儿听辨乐曲中长笛和钢琴的音色，通过补充图谱理解乐曲结构；引导幼儿听辨乐句，完成手指舞的接龙游戏，体验合作玩音乐游戏的快乐。

活动准备

小鸟和小蜗牛形象的道具若干；教学图谱（由若干小图片组成，如图 27 所示）。

活动过程

1. 欣赏乐曲和手指舞，初步感受乐曲旋律

（1）教师随着乐曲表演手指舞，用手部动作表现一只小鸟和一只蜗牛为音乐会做准

备，在清晨进行排练的故事。幼儿欣赏、感受。

（2）教师提问，帮助幼儿明确故事角色：故事中有两只小动物要去参加音乐会，它们是谁？

2. 听辨乐曲中的不同音色，并尝试用手部动作分别表现

（1）幼儿再次欣赏乐曲，尝试听辨长笛和钢琴的音色。教师可提问引导：仔细听一听，小鸟和蜗牛演奏的分别是什么乐器？

（2）幼儿自由回答，教师帮助幼儿明确：小鸟演奏的是长笛，蜗牛演奏的是钢琴。

（3）幼儿第三次欣赏乐曲，尝试根据听到的不同声音做出不同的反应：听到长笛的声音时做表示小鸟的手指舞动作，听到钢琴的声音时做表示蜗牛的手指舞动作。

3. 听乐曲补充图谱，了解乐曲的结构

（1）教师出示不完整的图谱（图 26），请幼儿带着问题听音乐：看看图谱中少了什么？

（2）教师随着乐曲指图谱。幼儿边听边思考，然后尝试将图谱补充完整。

（3）教师带领幼儿再次听乐曲，验证补充的图谱是否正确，将填错的地方纠正过来。

（4）幼儿边听音乐边看图谱（图 27），了解小鸟和蜗牛在乐曲中出现的顺序，看一看它们在图谱的每一行中出现了几次，梳理每个乐句的结构。

（5）教师带领幼儿重点听最后一个乐句，探索用手部动作同时表现小鸟和蜗牛的方法。

教师：最后一句中，小鸟和蜗牛同时出现，在演奏中叫合奏。合奏怎么用手指舞表现呢？

（6）幼儿根据讨论的结果，看着完整的图谱一起随乐表演小鸟与蜗牛的手指舞。

4. 听乐曲，尝试完成接龙游戏

（1）教师介绍接龙游戏的玩法：大家围坐成单圈，由指定的一人开始，每人表演图谱中一张图片的内容。

（2）幼儿根据自己在单圈中的位置，明确自己的角色，然后听着音乐，在教师的带领下一起完成手指舞的接龙游戏。

（3）幼儿自由交换位置，再次随着音乐一起玩手指舞的接龙游戏。

5. 合作表演

幼儿在幕布后自由站成一排，明确自己的角色后，使用小鸟和蜗牛形象的道具，随着音乐合作表演故事内容。

附教学图谱

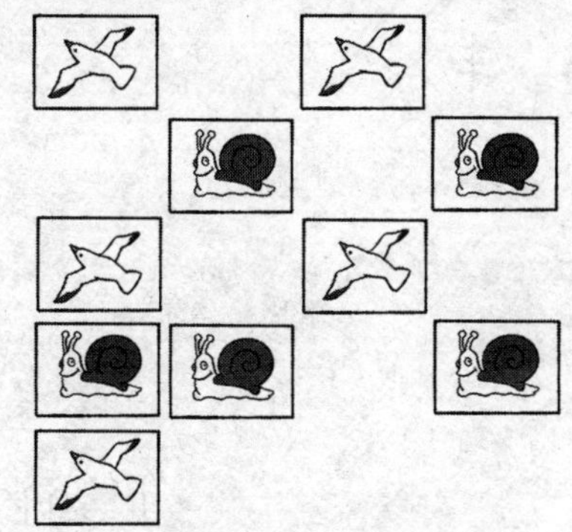

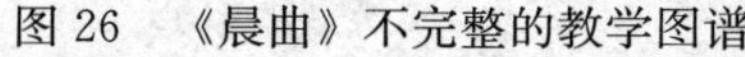

图 26 《晨曲》不完整的教学图谱

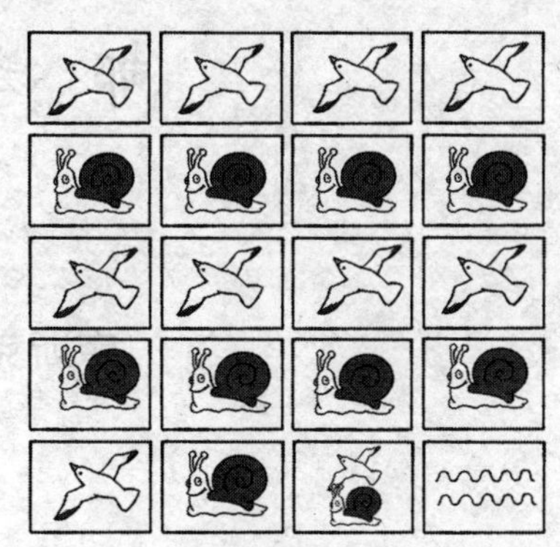

图 27 《晨曲》教学图谱

（陕西省西安市西工大幼儿园 李 茸）

邮递马车

乐曲

库斯克邮车（片段）

1=♭E 2/4

[捷克]卡尔奈克曲

轻松、愉快地

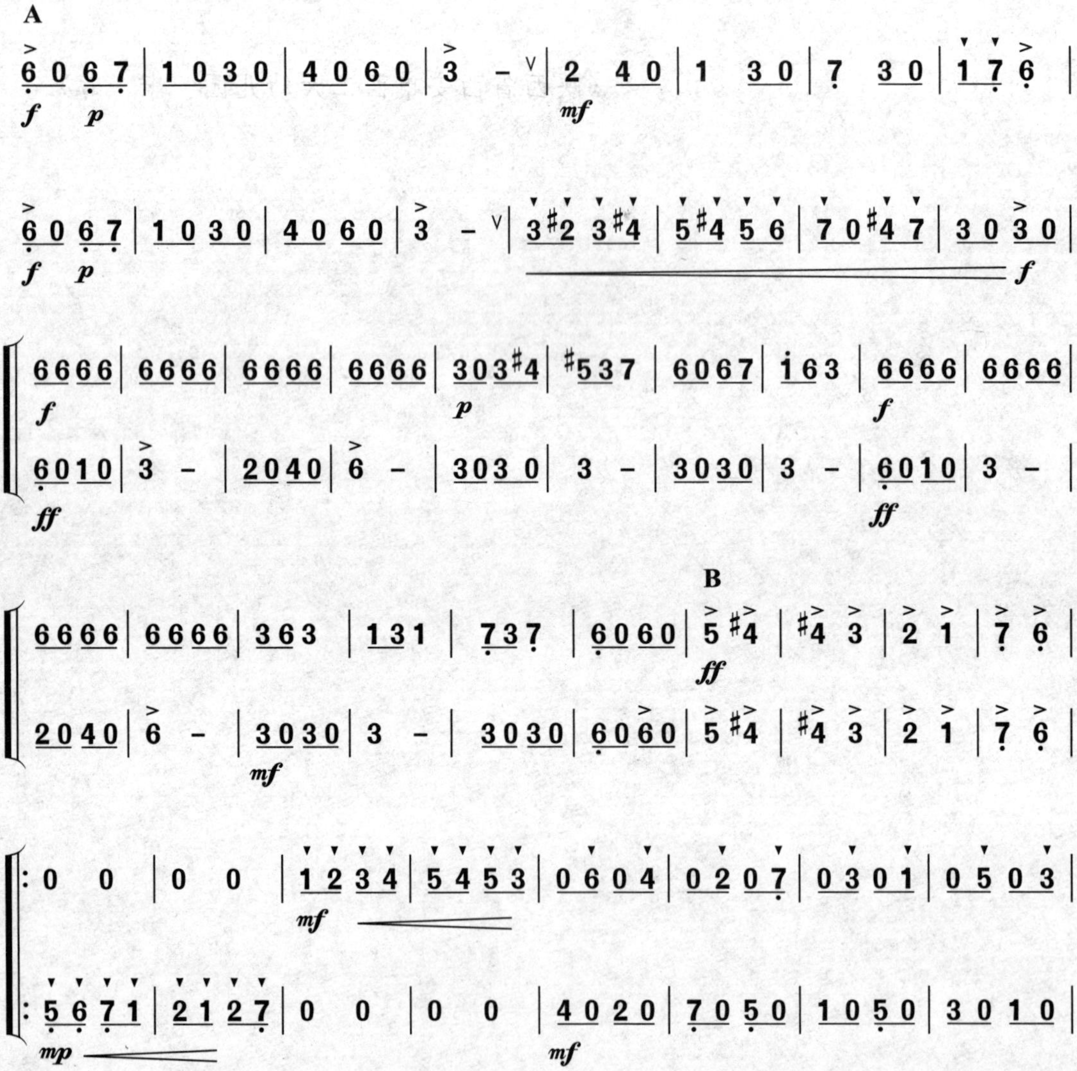

A

6 0 6 7 | 1 0 3 0 | 4 0 6 0 | 3 – ∨| 2 4 0 | 1 3 0 | 7 3 0 | 1 7 6 |
f p mf

6 0 6 7 | 1 0 3 0 | 4 0 6 0 | 3 – ∨| 3 ♯2 3 ♯4 | 5 ♯4 5 6 | 7 0 ♯4 7 | 3 0 3 0 |
f p f

6666 | 6666 | 6666 | 6666 | 303♯4 | ♯537 | 6067 | 163 | 6666 | 6666 |
f p f

6010 | 3 – | 2040 | 6 – | 3030 | 3 – | 3030 | 3 – | 6010 | 3 – |
ff ff

B

6666 | 6666 | 363 | 131 | 737 | 6060 | 5 ♯4 | ♯4 3 | 2 1 | 7 6 |
ff

2040 | 6 – | 3030 | 3 – | 3030 | 6060 | 5 ♯4 | ♯4 3 | 2 1 | 7 6 |
mf

: 0 0 | 0 0 | 1 2 3 4 | 5 4 5 3 | 0 6 0 4 | 0 2 0 7 | 0 3 0 1 | 0 5 0 3 |
mf

: 5 6 7 1 | 2 1 2 7 | 0 0 | 0 0 | 4 0 2 0 | 7 0 5 0 | 1 0 5 0 | 3 0 1 0 |
mp mf

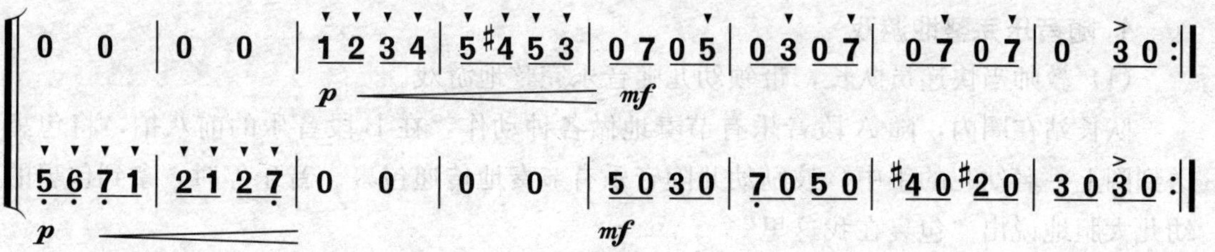

0 0 | 0 0 | 1 2 3 4 | 5 #4 5 3 | 0 7 0 5 | 0 3 0 7 | 0 7 0 7 | 0 3 0 :‖
p ＜ mf

5 6 7 1 | 2 1 2 7 | 0 0 | 0 0 | 5 0 3 0 | 7 0 5 0 | #4 0 #2 0 | 3 0 3 0 :‖
p ＜ mf

活动分析

乐曲经过截取，呈现为“A—B”结构。其中，A 段节奏稳定，情绪欢快，适合表现快递员有条不紊地工作的样子；B 段节奏紧凑，适合幼儿进行传递游戏时使用。活动中，教师引导幼儿结合生活经验，创编不同的动作来表现快递员工作的样子，并跟随音乐节奏玩“传递包裹”和“听音辨人”的游戏。在活动中，幼儿大胆创编、表现，体会音乐的节奏感和与同伴一起玩音乐游戏的快乐。

活动准备

邮递马车的图片一张，快递包裹一个（内装足够幼儿分享的小礼物），带有眼罩的快递员帽子一顶，大小不同的奖章若干。

活动过程

1. 初步欣赏乐曲

（1）教师和幼儿一起坐在围成单圈的椅子上，发起谈话：孩子们，你们知道过去的人是怎样寄东西的吗？

（2）幼儿猜想、回答后，教师出示邮递马车的图片，并进行简单地介绍。

（3）教师与幼儿完整地欣赏乐曲。

2. 结合 A 段音乐，用肢体动作表现快递员工作的样子

（1）教师引导幼儿结合自己的生活经验，说一说快递员是怎么工作的，并尝试随教师哼唱的 A 段旋律用肢体动作来表现。

（2）教师以快递员队长的身份，随乐示范，请幼儿认真观察，并说一说：队长做了几件事情？分别是什么？

（3）教师鼓励幼儿创编出更多不一样的动作，并跟着音乐节奏大胆表现。

3. 结合 B 段音乐，学玩“传递包裹”的游戏

（1）教师出示快递包裹，激发幼儿参与游戏的兴趣，并讨论游戏玩法：跟着音乐传包裹，怎么传？

（2）教师帮助幼儿梳理、明确游戏玩法，即：跟着音乐的节奏，朝同一个方向传；音乐停后，拿到快递的小朋友大声告诉大家“包裹在我这里”。

（3）教师带领幼儿试玩一遍游戏，进一步明确游戏玩法。

4. 随音乐完整地游戏

(1) 教师当快递员队长，带领幼儿随音乐完整地游戏。

队长站在圈内，随A段音乐有节奏地做各种动作，在B段音乐的前八拍，将包裹送到圈上一名幼儿的手中，鼓励幼儿随音乐有节奏地传递包裹。音乐停时，拿到包裹的幼儿大胆地说出“包裹在我这里”。

教师鼓励幼儿大胆尝试，注意引导幼儿遵守游戏规则。

(2) 请一名幼儿自愿到圈内来当快递员队长，带领大家随乐游戏。

5. 增加“听音辨人”的要求，提高游戏难度

(1) 教师出示带有眼罩的快递员帽子，同时坐到圆心的座位上，启发幼儿讨论、建立新的游戏规则：你们看看这是什么？眼罩用来干什么呢？给谁戴？戴上眼罩以后，可以偷看吗？其他人能不能告密？

(2) 教师根据幼儿的讨论，梳理新的游戏玩法：快递员队长送完信后，坐回圆内的椅子上，并戴上眼罩和帽子；在音乐结束时，拿到包裹的幼儿将包裹藏在身后，并大声说出“包裹在我这里”，这时队长才可摘下眼罩，并根据声源，判断包裹在谁的手上。

(3) 幼儿随乐完整游戏。教师根据幼儿的表现给予奖章奖励。

(4) 教师启发幼儿用变声的方式游戏。

- 队长刚才是怎样猜出来的？
- 我们可以用什么办法让他猜不出来？
- 我们先用原来的声音试试。现在要变声音了，怎么说？还可以怎么说？
- 你们太厉害了！如果这样队长都能猜出来，那我一定要奖励他一枚大大的奖章。

(5) 幼儿再次随乐游戏。教师给予更大的奖章奖励，激起幼儿继续挑战的兴趣。可游戏两三遍。

6. 分享包裹，活动自然结束

教师和幼儿一起打开包裹，发现里面是来自远方的礼物（糖果等）。大家共同分享，感受活动的喜悦。

（四川省成都市金牛区机关第三幼儿园　钟　娟）

小精灵与大怪兽

乐曲

《悲怆奏鸣曲》第三乐章(片段)

1=C $\frac{4}{4}$

[德]贝多芬曲

快板

A

0 3 6 7 | i · 2 7 · i | 6 - 6 6 #5 6 7 i 2 | 3 3 3 3 | 3 - - 2 3 |

4 - 7 i 2 | 3 - 6 6 7 | i i 2 7 7 i | 6 - 6 3 6 7 | i · 2 7 · i |

6 - 6 6 #5 6 7 i 2 | 3 3 3 3 | 3 - 3 2 3 | 4 - 7 i 2 | 3 - 6 · 7 |

B

i · 2 7 · i | 6 - 6 6 #5 6 | 7 3 #2 3 7 2 | 2 1 7 6 3 1 6 |

7 5 #4 5 7 5 5 4 | 4 3 2 1 2 3 1 | #1 6 1 3 6 5 | 4 3 2 #1 2 6 #5 6 |

#2 7 2 #4 i 7 6 | 6 · 7 6 #5 - | 3 · 2 1 7 1 2 3 | 1 7 6 #5 6 7 1 6 |

7 · 5 7 5 4 3 2 | 3 2 1 7 1 2 3 1 | b7 · 6 b7 5 b7 4 b7 | 6 5 6 4 6 3 6 2 6 |

C

#2 2 7 2 #4 i 7 6 | 3 7 3 #5 3 #5 7 3 3 7 #5 3 3 7 #5 3 | 3 4 3 4 3 4 3 4 |

D

3 4 3 4 3 4 3 4 | #5 6 #5 6 #5 6 #5 6 | #5 6 #5 6 #5 6 #5 6 | i 0 7 0 6 |

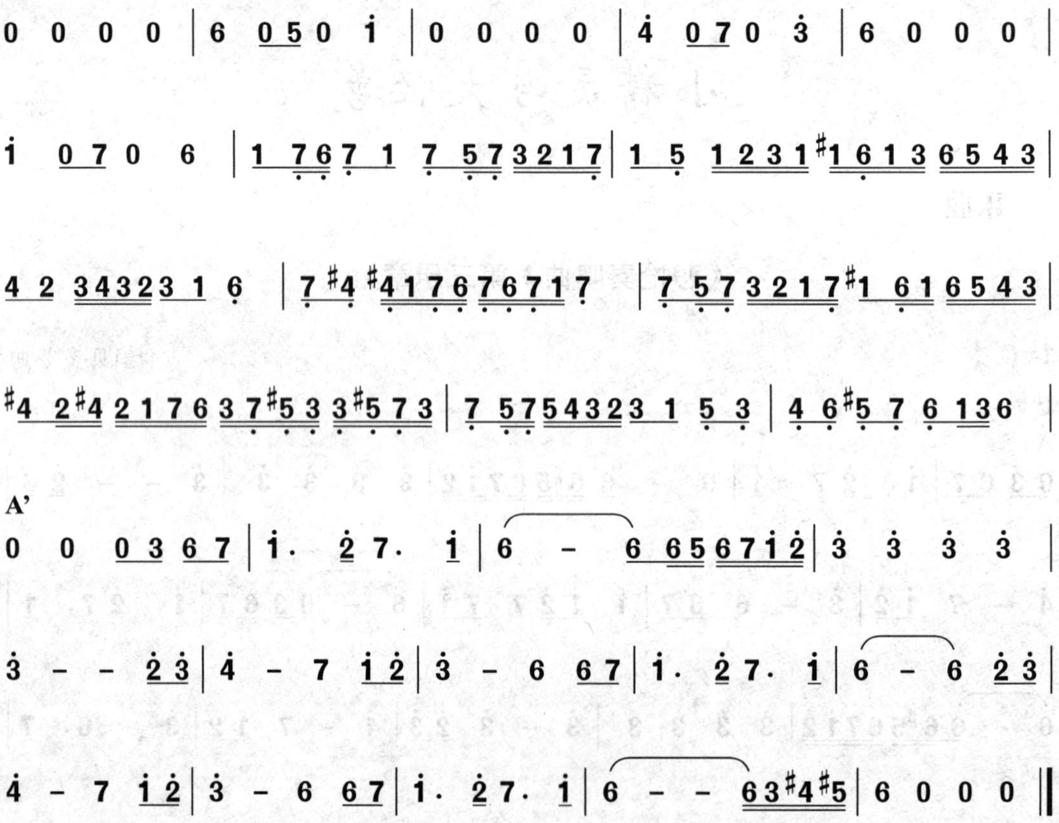

0 0 0 0 | 6 05 0 1 | 0 0 0 0 | 4 07 0 3 | 6 0 0 0 |

1 07 0 6 | 1 767 1 7 573217 | 1 5 1231 #16136543 |

4 2 3432231 6 | 7 #4 #41767671 7 | 7 573217 #1 616543 |

#4 2#4 21763 7#53 3#573 | 7 5754323 1 5 3 | 4 6#5 7 6 136 |

A'

0 0 0367 | 1· 2 7· 1 | 6 – 6 656712 | 3 3 3 3 |

3 – – 23 | 4 – 7 12 | 3 – 6 67 | 1· 2 7· 1 | 6 – 6 23 |

4 – 7 12 | 3 – 6 67 | 1· 2 7· 1 | 6 – – 63#4#5 | 6 0 0 0 ‖

活动分析

乐曲为贝多芬的作品《悲怆奏鸣曲》第三乐章片段，呈现为“A—B—C—D—A’”的结构。教师设计了“小精灵寻找大怪兽并与其决斗”故事情境，并在播放乐曲时配说相应的旁白，帮助幼儿感知、理解音乐结构。活动中，幼儿自由创编表现小怪兽英勇有力的造型，并在C段音乐结束处根据手势的提示快速反应，体验与朋友一起创造性地表演小精灵与大怪兽的快乐。

活动过程

1. 了解故事情境，初步感知音乐

（1）教师讲述故事情境。大意如下。

最近，森林里来了一只大怪兽，常常欺负小动物们。小精灵知道了，决定帮助小动物们。于是，小精灵翻过千山万水，要去找大怪兽决斗……

（2）教师播放完整的音乐，并配说旁白，请幼儿倾听，初步感知音乐的旋律和结构。

2. 再次感知音乐，并随乐展示功夫造型

（1）教师启发幼儿创编表现小精灵和大怪兽会功夫的动作造型：请用四个不同的动

作造型来告诉我你们是会功夫的。

(2) 教师带领幼儿再次完整地感知音乐，并随D段音乐展示自己的功夫造型。

• 我们跟着小精灵再去找找大怪兽吧。

• 当我说到“准——备——变!”的时候，你们就把自己的功夫动作展示出来哦!

3. 讨论D段动作，分角色随乐表演

(1) 执教教师与配班教师分别扮演小精灵和大怪兽，随D段音乐表演，请幼儿带着问题观看，并讨论以下问题。

• 小精灵找到凶猛的大怪兽以后，是怎样决斗的呢?

• 小精灵与大怪兽大战了几个回合?

• 大怪兽中了魔法枪后有什么反应? 是怎么做的?

(2) 教师扮演小精灵，指导幼儿随D段音乐创造性地表现大怪兽的样子。

(3) 教师扮演大怪兽，指导幼儿随D段音乐创造性地表现小精灵的样子。

(4) 教师指导幼儿学习看手势区分角色——

刚刚我得到一个重要的情报，这只大怪兽已经潜伏到我们小精灵中间了，而且它能听懂我们的语言。不过庆幸的是，它看不懂我们的手势，我可以用手势来提醒你们谁是怪兽。当我说到“准——备——变!”的时候，我们一起做一个手势。我的手势跟谁的一样，谁就是怪兽。我们一起来试试!

(5) 幼儿通过看教师、自己和同伴的手势，分配角色，分别扮演大怪兽和小精灵，随D段音乐分角色表演。

4. 随完整的音乐表演

(1) 幼儿分成两大组，轮流上前，随完整的音乐分角色表演。表演后，两组幼儿互相评价，发现对方的亮点并提出改进建议。

(2) 幼儿自选角色，分别扮演小精灵和大怪兽，随完整的音乐表演。

活动延伸

幼儿熟悉音乐后，可站成双圈队形，在指定的音乐处交换对手，进行创造性地表演。

附配乐旁白

A段

小小精灵啊，多么勇敢啊，走过千山走过万水终于找到它!

小小精灵啊，多么勇敢啊，走过千山走过万水终于找到它!

B段

坚持不懈，加油! 坚持不懈，加油!

坚持不懈，加油! 坚持不懈，加油!

坚持不懈，加油！坚持不懈，加油！

坚持不懈，加油！坚持不懈，加油！

C 段

左边找一找，右边找一找。

前面找一找，后面找一找。

小精灵们准备好，怪兽它就要来到！

附动作建议

A 段

第 1 小节：做好准备。

第 2～3 小节：左臂屈肘，立在胸前做举手的样子；右臂屈肘，横在胸前稳住左肘。

第 4～5 小节：单手在胸前做加油的动作。

第 6～7 小节：双手手腕交叠，由下至上转动手腕。

第 8～9 小节：双手同时做开魔法枪的动作。

第 10～17 小节：重复第 2～9 小节动作。

B 段

第 18～19 小节：双手握拳，横在胸前绕环。

第 20～21 小节：双手在胸前做加油的动作。

第 22～33 小节：重复第 18～21 小节动作。

C 段

第 34 小节：向左边找一找。

第 35 小节：向右边找一找。

第 36 小节：向前面找一找。

第 37 小节：向后面找一找。

D 段

第 38～52 小节：创造性地表现小精灵与大怪兽对战的情景。

A’段

第 53～63 小节：重复第 1～11 小节动作。

第 64～66 小节：双手同时做开枪动作。

（湖南省长沙市政府机关第二幼儿园　周粮平　刘宁立　张梦翎）

快乐探戈

乐曲

快乐探戈

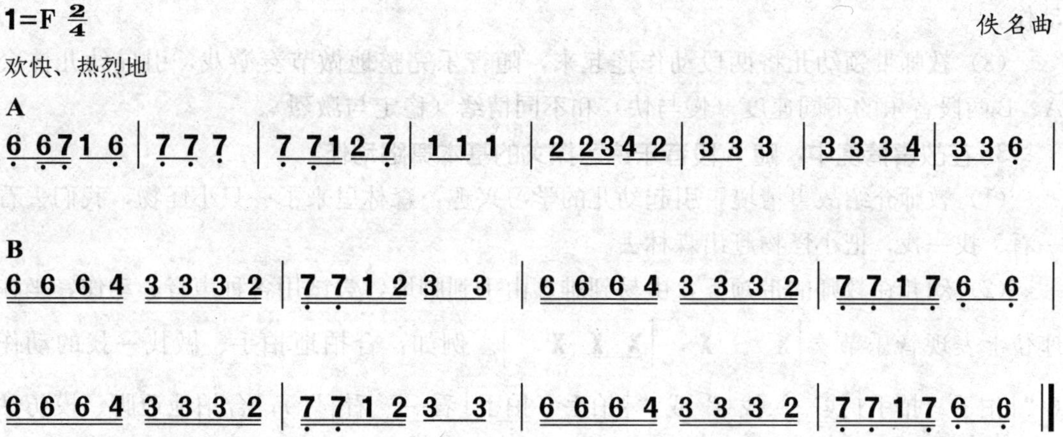

1=F $\frac{2}{4}$

佚名曲

欢快、热烈地

A

6 6̣7̣1 6̣ | 7̣ 7̣ 7̣ | 7̣ 7̣1 2 7̣ | 1 1 1 | 2 23 4 2 | 3 3 3 | 3 3 3 4 | 3 3 6̇ |

B

6 6 6 4 3 3 3 2 | 7̣ 7̣ 1 2 3 3 | 6 6 6 4 3 3 3 2 | 7̣ 7̣ 1 7̣ 6 6 |

6 6 6 4 3 3 3 2 | 7̣ 7̣ 1 2 3 3 | 6 6 6 4 3 3 3 2 | 7̣ 7̣ 1 7̣ 6 6 ‖

活动分析

乐曲节奏感强，A、B 两段情绪和节奏对比分明。活动中，教师通过节奏练习、身体律动和情景游戏让幼儿感受音乐节奏，区分 A、B 两段音乐的不同速度与不同情绪；用类似探戈舞蹈动作的“甩头”、模仿打枪等基本动作激发幼儿对舞蹈的兴趣，探索并尝试结伴舞蹈，在轻松、愉快的学习气氛中爱上舞蹈。

活动过程

1. 玩拍手游戏，感受 B 段音乐的节奏

（1）教师一边有节奏地念“1，2，3，4，5，6，7，8”，一边带领幼儿按照 | X　X | X　X | X　X | X　X | 的节奏拍手，鼓励幼儿在第八拍时自由地做出一个动作。

（2）教师继续带领幼儿随节奏玩拍手游戏，鼓励幼儿在最后一拍时自由地发出一种声音（如“嘿”“嗬”“哈”等）。

本环节的目的是将难点前置，引导幼儿充分地感受 B 段音乐快速的节奏，为接下来在每个乐句的第八拍时合拍地说出“嘿”做准备。可视情况重复多次。

2. 感受A、B两段音乐的不同速度和情绪

（1）教师带领幼儿随A段音乐按照| X X | X X X |的节奏拍手，随后鼓励幼儿在| X X X |处将三次拍手替换为自己想做的其他动作，如拍腿、做鬼脸、发出声音等。可视情况做两三次。

（2）教师带领幼儿随B段音乐按照| X X | X X | X X | X X |的节奏拍手，并在第八拍时说出“嘿”，随后鼓励幼儿将拍手替换成拍腿、锤手等其他动作。

（3）教师带领幼儿将两段动作连起来，随音乐完整地做节奏游戏，引导幼儿体会A、B两段音乐的不同速度（慢与快）和不同情绪（稳定与激烈）。

3. 在故事情境中，随A段音乐练习探戈的基本舞蹈动作

（1）教师介绍故事情境，引起幼儿的学习兴趣：森林里来了一只小怪物，我们去看一看、找一找，把小怪物赶出森林去。

（2）幼儿在教师的带领下，由易到难、由手到脚地，尝试用各种声音、动作，坐在座位上表现音乐节奏| X X | X X X |。例如：合拍地拍手、做找一找的动作（“| 拍手 拍手 | 找一 找 |”或“| 拍手 拍手 | 看一 看 |”）；合拍地迈脚、模仿幼儿创编的动作并发出声音（“| 左脚 右脚 | 啪啪 啪 |”或“| 左脚 右脚 | 嘭嘭 嘭 |”）；等等。可朝不同的方向练习。

（3）两名教师示范随A段音乐跳探戈（如图28～图29所示），幼儿观看。

（4）教师请幼儿说一说：刚才我们俩是怎么找小怪物的？带领幼儿感受并学一学。

（5）幼儿两人一组，重点练习探戈的基本动作“甩头”。先跟着教师的口令提示练习，再跟着A段音乐合拍地练习。在练习过程中，教师注意用“找小怪兽”的游戏情境贯彻始终，鼓励幼儿与同伴一起大胆尝试、探索。

4. 在圆上随乐舞蹈

（1）幼儿站成双圈，内圈和外圈对应的幼儿自动结为舞伴，随A段音乐合拍地迈步、甩头，随B段音乐拍手（或拍腿等），并在每个八拍的最后一拍时集体喊“嘿”。

（2）幼儿自由交换舞伴，再次随乐舞蹈。

活动延伸

幼儿能与同伴合拍、协调一致地做出“甩头”的基本动作后，可带领幼儿探索随B段音乐在双圈上交换舞伴的方法，并随乐舞蹈，进一步体验集体跳探戈的乐趣。

附 A 段动作图示

图 28　A 段动作总体图示（一个四拍）

（一）同一侧脚向外迈一步

（二）另外一只脚跟进

（三）两人头同时向外甩头

（四）两人同时将头甩向面对面

（五）两人同时向外甩头

图 29　A 段动作分解图示

（深圳市南山区蓓蕾幼儿园　张袅娜　陈碧琴）

美丽之门

乐曲

在萨莉花园(片段)

[爱尔兰]菲尔柯尔特曲

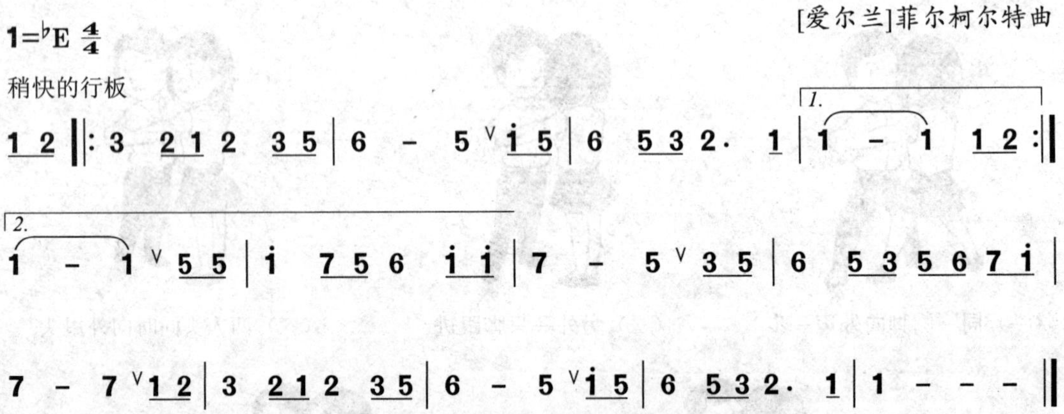

1=♭E $\frac{4}{4}$

稍快的行板

1 2 ‖: 3 2 1 2 3 5 | 6 - 5 ∨ 1̇ 5 | 6 5 3 2. 1 | [1.] 1 - 1 1 2 :‖

[2.] 1 - 1 ∨ 5 5 | 1̇ 7 5 6 1̇ 1̇ | 7 - 5 ∨ 3 5 | 6 5 3 5 6 7 1̇ |

7 - 7 ∨ 1 2 | 3 2 1 2 3 5 | 6 - 5 ∨ 1̇ 5 | 6 5 3 2. 1 | 1 - - - ‖

活动分析

一首优美、抒情、甜美的风笛曲《萨莉花园》，流露出纯洁和洒脱，隐藏着纯朴和美好。活动中，教师设计了套圈游戏“美丽之门”，让幼儿在感受音乐优美、抒情的旋律基础上，用柔美、舒展的动作表达对音乐的感受，体验美、感受美、创造美、表现美。

活动准备

小呼啦圈若干（数量为幼儿人数的一半）。

活动过程

1. 听故事，激发兴趣

（1）教师讲述故事。故事大意如下。

在一个城堡里面，有两个好朋友被巫师施了魔法，变成了雕塑。这两个好朋友非常向往自由，希望能像从前一样快乐地生活、游戏。小呼啦圈知道了他们的愿望，就摇身一变，变成了一扇拥有魔力的美丽之门。当优美、动听的音乐响起时，小呼啦圈就会立刻充满魔力，用爱的能量去破解那些魔法。这样，已经变成雕塑的好朋友，就能够复活啦！

（2）教师激发幼儿参与活动的兴趣：

• 你们想不想跟我一起去拯救那两个好朋友呀？

• 看一看我会用什么方式去那里呢？

2. 观察、体验套圈及身体的旋转状态

（1）教师旋转呼啦圈，请幼儿观察呼啦圈旋转的速度以及“由高到低”的空间变化。

（2）幼儿跟随呼啦圈的旋转速度及空间变化，旋转自己的身体。

（3）幼儿尝试用不同的方式来表现旋转。

3. 尝试用表情和动作表现故事中雕塑的心情

（1）教师进行如下引导：

• 哇！我们已经来到了城堡！“美丽之门”已经迫不及待的想拯救两个好朋友了。

• 在拯救之前，谁能告诉我，这两个好朋友变成雕塑后，他们的心情会怎么样？他们的表情会是什么样子的？

（2）幼儿自由地用表情和动作来表现忧伤、难过、愤怒等心情。

4. 两人一组，用小呼啦圈玩游戏“美丽之门”

（1）教师邀请一名幼儿和自己一同扮演雕塑，示范并介绍游戏玩法。

两人一组，其中一人身上套着小呼啦圈（即“美丽之门”）。在音乐响起前，两人都是忧伤而愤怒的雕塑。音乐响起时，拥有“美丽之门”的雕塑就复活了，他要用最优美、舒展的动作，将“爱的能量”传递给另一个雕塑（即用小呼啦圈将其套住），此时，他自己就会因失去魔力而重新变成雕塑（不能动）。被“美丽之门”套住的雕塑因获得“爱的能量”而复活了。接过“美丽之门”后，他要想办法用最优美的姿态，从“美丽之门”里出来，再用最优美、舒展的动作把“爱的能量”返还给自己的朋友。要套在不一样的地方哦！就这样，你套我、我套你，轮流传递着爱。当音乐停止时，他们又失去了魔力，变成雕塑，一动不动了。

（2）两名幼儿自愿上前，随着音乐游戏。教师重点指导幼儿用优美、舒展、轻缓的动作，每次都套在对方的不同身体部位，并遵守游戏规则。

（3）幼儿两人一组，随音乐进行游戏。教师引导幼儿充分运用上、中、下的不同空间，进行创造性地表现；重点指导幼儿遵守游戏规则并用肢体动作表达自己对乐曲的感受。

5. 多人组合，用肢体动作玩游戏“美丽之门”

（1）幼儿自由探索：身体的哪些地方可以变成“美丽之门”？可以套住好朋友身体的哪些地方？

（2）幼儿两人一组，尝试将自己身体的不同部位变成“美丽之门”，随着音乐去套同伴的身体部位，每次套不一样的部位。教师启发幼儿运用不同的空间创造美，重点指导幼儿用肢体动作表现美、传递美，提醒幼儿在合作时注意肢体在空间上的相互配合。

（3）幼儿三人或四人一组，用肢体动作玩游戏。教师注意提醒幼儿：要遵守游戏规则，才能体验空间造型的美。

6. 雕塑复活，活动自然结束

教师：孩子们，因为我们每个人都无私地把爱献给了别人，这种无私的爱形成了一个巨大的能量团，摧毁了巫师的咒语，现在所有的雕塑都复活了！让我们快乐地欢呼吧！

（广东省深圳市音乐课题组　周　韵　伊丽梅）